# Cómo leer el agua

Primera edición en este formato: enero de 2020
Título original: *How to Read Water*

© Tristan Gooley, 2016
© de la traducción, Víctor Ruiz Aldana, 2018
© de las ilustraciones, Neil Gower
© de las fotografías, Tristan Gooley
© de la fotografía de la pág. 167, Top Photo Corporation/Shutterstock
© de la fotografía de la pág. 221, ChrisVanLennepPhoto/Shutterstock
© de esta edición, Futurbox Project, S. L., 2020
Todos los derechos reservados.

Diseño de cubierta: Sarah Smith - The Experiment
Adaptación de cubierta: Taller de los Libros
Corrección: Unai Velasco y Ana Robla

Publicado por Ático de los Libros
C/ Aragó, 287, 2.º 1.ª
08009 Barcelona
info@aticodeloslibros.com
www.aticodeloslibros.com

ISBN: 978-84-17743-68-0
THEMA: WN
Depósito Legal: B 1286-2020
Preimpresión: Taller de los Libros
Impresión y encuadernación: Black Print
Impreso en España — *Printed in Spain*

# CÓMO LEER EL
# AGUA

## Descubre los secretos
## *de los* lagos, mares *y* océanos

## TRISTAN GOOLEY

Traducción de
Víctor Ruiz Aldana

ÁTICO DE
LOS LIBROS

*Para Gs, Ks, Ms y Bs*

# Índice

# Introducción

## *Extraños comienzos*

Podemos contemplar la misma extensión de agua todos los días durante un año y, aun así, no ver lo mismo dos veces seguidas. ¿Cómo puede un elemento comportarse con tanta diversidad? ¿Y qué significan realmente esas diferencias que vemos de un día para otro y en lugares diferentes? Este es un libro sobre pistas, señales y patrones físicos que podemos buscar en el agua, ya estemos frente a un charco o contemplando el vasto océano.

Con los años, se han escrito muchos libros que afirman hablar sobre el agua, pero incluso a los buenos les gusta engañarnos, pues tratan el agua como un mero recipiente. Consideran el agua como una caja en la que habitan criaturas o como una ventana por la que podemos ver cosas. En este libro no se relegará el agua a esa condición; al contrario, será el tema principal. Los animales y las plantas son muy interesantes y se ganarán su lugar si nos ayudan a explicar el comportamiento del agua que vemos, pero no a la inversa. Y nos centraremos en el agua en su forma líquida, no en el hielo, la nieve o el vapor. Aunque sea inusual en un libro sobre naturaleza, no mostraré ningún tipo de preferencia por lo orgánico frente a lo inorgánico: una boya es igual de válida que un percebe si eso nos ayuda a leer el agua. Eso hace que este libro se aparte de las obras tradicionales de historia

11

natural, pero sigue siendo, sin ningún lugar a dudas, un libro sobre naturaleza.

El impacto del agua desde un punto de vista filosófico, fisiológico e incluso espiritual ha sido explorado exhaustivamente en la literatura. Las grandes mentes han profundizado en las experiencias de observación del agua durante milenios. El ya difunto Roger Deakin señaló que las jirafas eran el único mamífero que no podía nadar, y que tenemos una membrana entre el pulgar y el índice, al contrario que otros simios, lo cual contribuye a los poderosos argumentos que esgrime la popular teoría de que nos vemos atraídos hacia el agua, tanto biológica como filosóficamente. Aparentemente, el agua es beneficiosa para nuestras mentes, cuerpos y almas.

El antropólogo Loren Eiseley dijo una vez:

> Si existe la magia en este planeta, esta se encuentra en el agua.[1]

Quizá sea cierto, pero lo que me fascina es nuestra habilidad para dar con un significado cuando analizamos las causas físicas que provocan los patrones que vemos en el agua. Ambas perspectivas, la filosófica y la práctica, dependen de dedicar tiempo a la observación, y creo firmemente que hay muchas más posibilidades si tenemos algo que buscar.

Entender las cosas que vemos y sus razones no disminuye la belleza del conjunto, sino todo lo contrario. Como descubrí hace unos años, cuando aprendes que puedes medir el tamaño de una gota de lluvia mirando los colores del arcoíris —cuanto más rojo, más grandes son las gotas— estos adquieren una nueva belleza, no la pierden. Lo mismo pasa con todas las señales que encontramos en los cuerpos de agua. Las mentes poéticas y las analíticas se encontrarán en el mismo muelle. Podemos apreciar la belleza del brillante camino que dibuja una puesta de sol y también gozar con la lectura de las pistas que hay en su forma.

En un Oslo sorprendentemente caluroso ayudé a limpiar los percebes y algas de la parte inferior de una lancha hinchable. Se estaban llevando a cabo los preparativos para enviar una de las embarcaciones más bellas que he visto jamás desde Noruega hasta Inglaterra.

Un viejo amigo no había podido ocupar su puesto como miembro de la tripulación para el trayecto, y yo no podría haber estado más contento de ocupar su lugar en aquel pontón noruego. Delante de mí tenía casi treinta metros de líneas perfectas, un yate moderno diseñado siguiendo el estilo clásico de los icónicos barcos clase J de los años treinta. El sol rebotaba contra el agua y contra el casco de un blanco inmaculado que soportaba maderas oscuras y de latón perfectamente bruñido.

Se rumoreaba que este precioso yate era la niña de los ojos de un arquitecto naval estadounidense que había contraído matrimonio con una rica heredera, cosa rara donde las haya: un sueño se cruzó con la cuenta bancaria adecuada. Se rumoreaba que la estufa de leña del lujoso salón tuvo que construirse de tal manera que fuera única, con un panel de cristal frontal encargado para la ocasión y con un coste de miles de dólares, para asegurarse de que esa excepcional estufa quedara perfecta en su nuevo hogar.

Una de nuestras tareas antes de levar anclas consistió en colocar unas cubiertas de plástico hecho expresamente a medida, grueso y transparente, sobre cada centímetro del lustroso interior forrado en caoba. Los marineros tenían permiso para mirar la madera a través del plástico, pero no para tocarla. Incluso el hecho de poner el pie en una embarcación como aquella era un privilegio, así que navegar en ella como tripulación al poco de comenzar mi carrera era casi demasiado bueno para ser cierto.

Soltamos amarras y guardamos las impecables estachas y las defensas blancas, puesto que no volveríamos a necesitarlas hasta la semana siguiente. El yate se deslizó a través del fiordo hacia el mar.

Pasaron un par de días y nos instalamos en la rutina de mar abierto. No tardamos demasiado en serpentear entre plataformas petrolíferas de acero, los apocalípticos dragones industriales del mar del Norte. El viento se detuvo y una neblina veraniega nos envolvió y comenzó a convertirse en una niebla en toda regla. Ocultó las plataformas de petróleo y gas, que solo se dejaban intuir mediante brillantes puntos de luz en la pantalla del radar y las ocasionales y enfurecidas llamas naranjas que rugían hacia el cielo a través de una neblina tan fiel a esa zona que tiene nombre propio: *haar*. Pasamos el rato preguntándonos unos a otros sobre arcanos conocimientos náuticos.

—Una bola, un bicono, una bola —me gritó desde el otro lado de cubierta Sam, el patrón escandinavo de pelo rubio vikingo, mientras me dirigía a mi turno en el timón.

—Un navío con maniobra restringida —contesté.

Sam sonrió y asintió. Hubo un breve silencio, que rompí con lo siguiente: «Una luz roja sobre una luz blanca y sobre dos luces amarillas, que destellan con intermitencia».

Sam se detuvo durante un segundo, mientras ajustaba un nudo, y miró hacia arriba.

—Un pesquero… entorpecido por las redes de pesca al cerco con jareta.

Esbozó una sonrisa. Creo que solo quería hacerme creer por un momento que lo había pillado. Pero era imposible que pasara, ni en ese momento, ni durante el viaje, ni nunca, probablemente. Era demasiado bueno. Sam me ponía a prueba solo para satisfacer mi orgullo de novato por los conocimientos que aún tenía frescos. Él sabía que hacía poco que había aprobado el examen de patrón de embarcaciones de recreo. Quizá tenía buenos recuerdos de ese momento en su propia carrera.

Sam me entretenía con algo más espantoso que las historias sobre la vida en el mar. Nada de lo que había visto en el mar era más terrorífico que enfrentarse al tribunal de la prueba oral de patrón en la Warsash Maritime Academy. Era obvio el placer que sentía Sam al narrar el ridículo nivel de detalle requerido en ese rito de acceso profesional. «Puede ser que te permitan un error, pero no dos, seguramente. Y si se huelen cualquier debilidad en tus conocimientos, son despiadados… ¡como depredadores!».

El rito de paso náutico me parecía bello en sí mismo.

Las calificaciones mitigan la baja autoestima que cualquier veinteañero confesaría sentir. Si alguien te da un pedazo de papel y te dice que has aprobado un examen, ellos saben más que tú, así que seguramente tú sabes algo. Y si sabes algo, quizá es que vales para algo.

Aunque debería haber disfrutado al máximo de aquel primer viaje profesional, aún albergaba una extraña duda. Incluso con aquel trozo de papel, junto con una fotografía identificativa, guardado en una bonita cartera de la Royal Yachting Association. Todavía me reconcomía una duda, que me asfixiaba como una cuerda de cáñamo escapándose de las manos. Esa ansiedad tomó la forma del capitán Abharah.[2]

Allá donde miraba, veía al capitán Abharah. No importaba por encima de qué barandilla cubierta de salitre echara un vistazo o a qué porción líquida de aquel gris mar del Norte dirigiera la mirada, allí estaba él. Incluso se retiraba conmigo cuando acababa mi guardia y venía conmigo a mi litera. Era un compañero persistente que me desconcertaba, y el pequeño detalle de que hubiera muerto mil años antes de que yo naciera no contribuía a menguar mi turbación.

El capitán Abharah empezó a trabajar como pastor en la provincia persa de Kermán. Un empleo en un barco pesquero lo llevó al mar y a trabajar como marinero en uno de los navíos que hacían la ruta comercial hasta la India, antes de lanzarse a navegar las traicioneras rutas marítimas de China. Por aquel entonces, se creía que nadie había sido capaz de viajar hasta allí y volver sin sufrir graves accidentes. Abharah lo hizo siete veces, y eso fue hacia finales del primer milenio.

¿Y cómo sabemos tanto de un hombre con unos orígenes tan humildes, de una parte tan remota del mundo y después de tantos años? Porque hizo algo que demostró unos conocimientos y un desparpajo extraordinarios. Lo bastante como para que su historia llegara hasta nuestros días.

Una vez, un marinero que también navegaba la temida ruta hacia China, el capitán Shahriyari, estaba en una preocupante calma en medio de la temporada de tifones cuando otearon un objeto oscuro en la lejanía. Bajaron un bote y enviaron cuatro marineros a investigar la misteriosa mancha. Cuando alcanzaron el objeto oscuro, descubrieron un rostro familiar: el respetado capitán Abharah estaba tranquilamente sentado en una canoa, con tan solo un odre lleno de agua.

Cuando volvieron e informaron de esa surrealista estampa a Shahriyari, este les preguntó por qué no habían rescatado al otro respetado capitán, que además estaba en apuros, y lo habían traído al barco. La tripulación contestó que lo habían intentado, pero que el capitán Abharah se había negado a cambiar su pequeña canoa por el majestuoso navío y había asegurado que se las apañaría bien por su cuenta y que solo vendría si le pagaban la sustancial suma de mil dinares.

El capitán Shahriyari y su tripulación le dieron vueltas a esa extraña petición, pero, teniendo en cuenta lo que se decía sobre la sabiduría de Abharah y su miedo a las extrañas condiciones meteorológicas que predominaban —y su preocupación por lo que les esperaba dada aquella calma—, aceptaron subir a Abharah a bordo. Ya en su nuevo barco, el capitán no tardó ni un segundo en reclamar sus mil dinares, y se los pagaron debidamente. Entonces les dijo al capitán Shahriyari y a su tripulación que se sentaran, escucharan y obedecieran sus órdenes. Y eso hicieron.

—¡Al-daqal al-akbar! —declamó el capitán Abharah.

Abharah le explicó al capitán y a su tripulación que corrían un grave peligro: debían lanzar por la borda el cargamento pesado, serrar el mástil principal y arrojarlo también. Además, les pidió que cortaran la cuerda del ancla principal y dejaran el barco a la deriva. La tripulación obedeció las órdenes de Abharah y se pusieron manos a la obra, aunque no tuvo que ser nada fácil: las tres cosas que un mercante valoraba por encima de todo lo demás eran el cargamento, el mástil y el ancla principal. Eran los símbolos tangibles de riqueza, transporte y seguridad, la razón de que hubieran arriesgado sus vidas y medios por protegerlos. Pero hicieron lo que les habían dicho y luego esperaron.

El tercer día se levantó una nube que parecía un faro, para luego disolverse y desplomarse de nuevo en el mar. Y, entonces, el tifón —*al-khabb*— los golpeó. Su furia duró tres días y tres noches. La nueva ligereza del barco permitió que se balanceara y deslizara entre olas y arrecifes como un tapón de corcho, y eso los salvó, en vez de inundarlos, destrozarlos y ahogarlos. El cuarto día, el viento se apaciguó y la tripulación fue capaz de continuar su camino sana y salva hasta su destino en China.

En el camino de regreso, ahora con un nuevo cargamento en el barco, el capitán Abharah ordenó detener el navío. Bajaron el bote de remos y enviaron a unos cuantos marineros a buscar y recuperar la gran ancla que habían soltado antes de la tormenta y abandonado en el arrecife.

La tripulación estaba estupefacta y preguntó al capitán Abharah cómo había sabido dónde buscar el ancla y cómo había previsto el tifón con tanta precisión. Les explicó que era algo extremadamente sencillo si conocías la luna, las mareas, los vientos y las señales en el agua.

Y así fue como la profunda intuición y entendimiento del capitán Abharah me atormentaron en aquel viaje desde Noruega. La sabiduría que permitía a Abharah leer las señales no se encontraba en ninguno de los exámenes que había aprobado; pero existía, sin lugar a dudas. Los antiguos marineros árabes disponían de una palabra para esa área de conocimientos que

te permite leer las señales físicas en el agua: los pocos que go-
zan de esta habilidad poseen el *isharat.*[3]

Obviamente, pensé, esa sabiduría procede de fuentes diferentes a las de los exámenes oficiales: se halla, con el tiempo,
en el mar. Y, por tanto, allí es adonde fui a adquirir dicha sabiduría pasando días, noches, semanas y meses.

Pero me equivocaba. Pasar tiempo en el mar en un yate
moderno te enseña cómo gestionar un barco y una tripulación, cómo leer las líneas de una previsión del tiempo si-
nóptica, cómo hornear pan en una cocina que se tambalea
y cómo disfrutar de pescado crudo con la ayuda de un poco
de zumo de lima. Todo eso es utilísimo, pero, en esta era de
asombrosos avances electrónicos, se aleja completamente de
la visión de Abharah. Ya ninguna enseñanza nos ofrece esa
sabiduría profunda: nada nos enseña a leer el agua. Lo he
debatido a menudo con capitanes modernos con años de experiencia y todos opinan lo mismo, casi siempre con tristeza
en sus ojos clavados en el horizonte.

Encantado por el tiempo que había pasado en el mar e igualmente frustrado por la falta de conocimientos que me había
aportado para descifrar los patrones del agua a mi alrededor,
cambié de rumbo. Hace muchos años me embarqué en un
viaje similar, esta vez en busca de dicha sabiduría. Y, en cuanto
comencé aquel viaje, pasó una cosa muy extraña: descubrí casi
de inmediato que las pistas que desvelaban un conocimiento
profundo sobre el agua que nos rodea no aumentaban a medida que nos alejábamos de la costa. Lo que vemos en las gotas
de agua, los charcos y los riachuelos es igual de profundo y útil
para entender lo que sucede que lo que puede detectarse desde
un barco en medio del Atlántico.

En segundo lugar, y esto es consecuencia de lo primero, en
realidad es más fácil aprender cosas sobre el agua con los pies
en tierra firme que en un barco, aunque luego sea allí donde
pretendas utilizar esos conocimientos. Por lo tanto, en este li-

bro, y siempre que sea posible, ilustraré cómo estas lecciones no solo pueden aprenderse en tierra firme, sino también cómo experimentarlas y disfrutarlas allí. Puede que esto parezca algo completamente ideal e incluso descabellado, pero resulta que es un enfoque probado y demostrado que utilizan algunos de los más grandes lectores del agua que ha dado la humanidad.

Los navegantes de las islas del Pacífico han asombrado a los occidentales durante siglos.[4] El capitán Cook se encontró con estos increíbles marineros en Tahití en 1774, cuando vio zarpar 330 navíos y 7760 hombres, ante lo cual Cook y sus compañeros quedaron «completamente absortos de admiración».

Sin cartas náuticas, brújula ni sextante, los habitantes de las islas del Pacífico se orientaban a lo largo de enormes extensiones de océano, confiando tan solo en su interpretación de las señales naturales. En particular, la lectura del agua de los nativos del Pacífico nunca la ha superado nadie en ningún lugar de la Tierra. Conoceremos sus métodos en los próximos capítulos, pero los menciono aquí para comentar cómo transmiten esa habilidad única de generación en generación.

De igual manera que en árabe existe una palabra para el área de conocimiento sobre las señales del agua, también existe una expresión en el Pacífico: *kapesani lemetau,* el 'habla del mar', la 'sabiduría del mar'.[5] Los jóvenes estudiantes de las islas del Pacífico de este tipo de sabiduría salían a navegar con sus tutores, pero las partes más importantes de ese arte se transmitían en tierra firme. Muchas lecciones sobre las estrellas, el viento y las olas se impartían tierra adentro. Teeta Tatua, un *tia borau* o 'navegante', de las islas Gilbert y Kiribati del Pacífico, aprendió sus habilidades de su abuelo en la *maneaba,* una especie de casa comunal.[6] Muchos otros las aprendieron usando una «isla de piedra» o «canoa de piedra». Esto es solo una simple ayuda para la enseñanza usada para demostrarle al estudiante cómo se comportaría el agua a su alrededor y cómo interpretarla estando cómodamente sentados en la playa.

Los habitantes de las islas del Pacífico deberían inspirarnos a apreciar lo que es posible y lo mucho que podemos aprender estando en tierra firme. Pero no debemos sentirnos intimidados por sus habilidades. En las ya clásicas palabras del legendario aborigen australiano y conservacionista Harold Lindsey: «No penséis que los nativos poseen poderes negados al hombre civilizado».[7]

No solo somos capaces de emular los métodos tradicionales, sino que podemos combinar esos conocimientos con la ciencia, conocimientos, experiencia y sabiduría más recientes. Ian Proctor, un estratega naval enormemente respetado que ha ayudado a equipos a ganar los premios más importantes del mundo, declaró que muchas carreras de vela se ganaban mucho antes de que nadie pusiera un pie en el barco.[8] ¿Cómo? Leyendo las señales en el agua.

En las páginas siguientes he condensando los ejemplos del comportamiento del agua que creo que vale la pena observar. He seleccionado mis favoritos de entre una larga lista confeccionada durante años. Estas son las joyas que creo que sintetizan todo lo que es interesante y útil. Sin embargo, para ofreceros la mejor oportunidad de disfrutar este arte, hay dos obstáculos que debemos superar.

El primero es la manera en que los historiadores naturales han dividido el agua en sus reinos: se supone que estanques, ríos, lagos y mares son muy diferentes los unos de los otros. Si te centras exclusivamente en los animales y las plantas, es una aproximación bastante sensata: hay muy pocas criaturas o plantas que puedan encontrarse tanto en un lago de agua dulce como en el mar, aunque solo los separen unos pocos cientos de metros. A pesar de eso, el agua no respeta demasiado esos límites, y podemos aprender muchísimo sobre lo que sucede en el océano más grande del mundo mirando el estanque de un pueblecito. Así que, sea cual sea tu masa de agua preferida, las cosas que verás no estarán, y no pueden estar, restringidas a ningún capítulo en particular.

En segundo lugar, el estudio de las señales del agua no encaja a la perfección en un enfoque impaciente, con casillas de verificación. El agua no se mueve a tu antojo. Si encuentras una señal que te guste en este libro y vas a buscarla, quizá la encuentres al primer intento, pero lo más probable es que aparezca en el momento que sea, siempre que conserves la curiosidad suficiente como para continuar buscándola. Esto significa que el mejor enfoque es concebir este arte en su conjunto. Este libro está estructurado de tal manera que te permita embarcarte en una búsqueda para conocer todas las señales mientras seas consciente de que cada una es una pieza de un puzle mayor. Te preparará no solo para identificar señales individuales, sino también para conocer el agua en todos sus modos y bajo cualquier apariencia.

Habrá desafíos, frustraciones y, posiblemente, incluso un poco de confusión cuando descubras por primera vez algunos de los patrones más complejos. Te animo a pensar en las señales y pistas que nos encontraremos como «personajes»: algunos son directos, pero los más complejos a menudo son, con el tiempo, los más interesantes.

Por último, quizá te preguntes, con razón, por qué querrías hacer el esfuerzo de lanzarte a esta extraña búsqueda. Dejaré que Chad Kālepa Baybayan, un *Pwo* moderno —un maestro navegante— del Pacífico, responda a esa pregunta. Cuando entrevistaron a Chad en 2014 y le preguntaron si tenía algún sentido estudiar esos métodos en el mundo moderno, respondió:

> Ciertamente es un conjunto de habilidades bastante especial que cualquiera querría dominar. Lo que permiten realmente es aguzar la mente, el intelecto y la habilidad humanos para descifrar códigos en el entorno [...]. Para mí, no hay nada que me produzca más euforia.[9]

Los habitantes del Pacífico dan una gran importancia al proceso de aprendizaje de estas habilidades. La entrada en ese mundo selecto de extraños conocimientos y la iniciación que lo acompaña están llenos de ceremonias tradicionales. Los detalles de este entrenamiento y la iniciación difieren de una isla a otra, pero hay algunos puntos en común. Llevan un taparrabos especial, al iniciado lo espolvorean con cúrcuma e intercambian regalos con amigos y familiares. Durante el proceso, que puede durar hasta seis meses, se espera que permanezca célibe, beba pociones especiales de coco y se abstenga de beber agua. Con lo que me gustan los ritos de iniciación que aportan sabiduría, probablemente el lector se puede imaginar lo mucho que me fascina este.

Podrás elegir de qué manera quieres celebrar el aprendizaje sobre cómo leer el agua. Sin embargo, si vuelves a ver el agua de la misma manera después de leer este libro, entonces habré fracasado en mi misión y no habrá pociones de coco para mí.

Espero que disfrutes de la aventura.

Tristan

# Capítulo 1

## *Preparativos*

Nuestro viaje, como el de tantos otros grandes exploradores que vinieron antes, comienza en la cocina.

Una de las pocas expectativas que tenemos al observar el agua es que debería mantenerse horizontal, pero eso es algo que pasa en contadas ocasiones. Mira fijamente un vaso de agua y te darás cuenta de que la superficie del agua en el vaso no es plana, sino que se encorva ligeramente en las paredes: tiene un «menisco». La causa de esta curvatura de menisco es la atracción del agua hacia el vaso: el vaso la atrae y la fija a las paredes. La atracción entre el agua y el vaso convierte lo que en otras condiciones sería una superficie plana en un cuenco muy suave con un pequeño borde.

¿Qué utilidad tiene darse cuenta de algo así? En sí mismo, quizá no demasiada. Pero, si unes varias piezas, puede significar la primera piedra que nos ayudará a entender por qué llegan a desbordarse los ríos.

Una de las características del agua es que es atraída por el cristal. El cristal repele algunos líquidos, como el mercurio, el único metal líquido, y esto hace que se cree una forma de cuenco invertido o un «menisco convexo». La mayoría de líquidos muestran atracción o repulsión hacia otras sustancias. Los líquidos también se atraen débilmente a sí mismos: si no lo hicieran, se separarían y se volverían gaseosos. El agua atrae el agua.

Las moléculas de agua, con lo que nos machacaban nuestros profesores de ciencias, tienen dos átomos de hidrógeno y

23

uno de oxígeno unidos firmemente. Pero lo que los profesores no nos contaron, al menos no los míos, es que los átomos de hidrógeno en una molécula de agua se ven atraídos por los átomos de hidrógeno de otras moléculas de agua cercanas. Y eso hace que el agua se una al agua. Quizá puede ayudarnos pensar en dos globos que se han frotado con un jersey de lana y que se atraen débilmente debido a la electricidad estática. La ciencia es similar, aunque a una escala diminuta.

Es muy fácil demostrar esta cualidad, que llamaremos la pegajosidad del agua. Coge un vaso de agua y vierte unas pocas gotas en una superficie plana, suave e impermeable, como la encimera de la cocina. Ahora baja la cabeza hasta que esté al nivel de las gotitas. ¿Ves que el agua se convierte en delicados y abultados charquitos? No se hunde hasta que está completamente plana y entonces se escurre de la mesa (un poco se escurrirá, si viertes la suficiente, pero también quedará otra poca). En vez de aplanarse por completo y escurrirse, verás un grupo de charquitos invertidos.

Esto sucede porque la atracción del agua entre sí, su pegajosidad o tensión, es suficientemente fuerte como para resistir la fuerza de la gravedad. La gravedad está intentando empujar el agua hacia abajo para aplanarla y hacer que caiga al suelo, pero la tensión del agua tiene la fuerza necesaria para resistirse. Es una de las razones por las que es más probable que debamos coger un trapo a una fregona si alguien tira un vaso de agua. El agua que permanece en la mesa atrae el resto e impide que se deslice toda hacia el suelo.

Elige dos de los charquitos más grandes que estén suficientemente cerca el uno del otro. Si pones un dedo en uno y lo arrastras hasta el otro y lo apartas, no pasará casi nada, el charco quizá se estira un poco, pero ya está. Fíjate en cómo tiende a retroceder un poco, mientras el agua que has deslizado con el dedo va volviendo lentamente a su lugar por la atracción del agua que ha dejado atrás. Si lo intentas en diferentes superficies, verás que la cantidad de agua y la velocidad a la que retrocede varían de una superficie a otra, porque depende de cuánto atrae cada superficie el agua. Pero prueba ahora a mover el dedo un poco más allá, hasta que los dos charquitos se toquen, y mira lo que pasa. El agua que retrocedía hacia su charquito inicial ya no vuelve. Ahora es atraída por su nuevo amigo: los diminutos charcos se unen y forman uno solo gracias a la pegajosidad del agua.

Tras uno de estos experimentos, cuando me disponía a limpiarlo todo y pasé el trapo sobre los charquitos, el agua hizo algo que hace siempre, pero en lo que no me había fijado hasta aquel momento. El paño absorbía un montón de agua, que para eso es su trabajo, pero el agua restante se quedaba planchada en una fina capa. Dicha capa tarda poco en volver a juntarse, lo cual forma cientos de diminutos charcos otra vez. A menudo están conectados, cosa que confiere a la zona mojada una apariencia moteada. Pruébalo y verás a qué me refiero.

A Leonardo da Vinci le fascinaba el agua, y estudió concienzudamente su pegajosidad. Le gustaba ver como las gotitas no siempre caían inmediatamente de la parte inferior de las ramas de los árboles. Da Vinci se fijó en que, cuando una gota es suficientemente grande, se resiste un poco a caer. Alrededor de 1508 percibió que, antes de que una gota caiga definitivamente, se estira hasta que forma un hilo de agua y que, cuando este es demasiado delgado como para soportar el peso de la gota, entonces, y solo entonces, cae.

Tú también puedes observar este efecto, ya que aparece de una manera bellísima en el borde de las hojas tras la lluvia. Si todavía está lloviendo mucho, el agua fluirá con fuerza por las ramas, las ramitas y las hojas, pero poco después de que pare de llover echa un vistazo a las puntas de las hojas de un árbol de hoja ancha o un arbusto. El agua se acumula y normalmente se desliza a través del fino nervio del centro de la hoja, antes de juntarse en la punta. La gota se queda ahí, donde la tensión o la pegajosidad del agua está luchando contra la gravedad: antes de que se acumule suficiente agua, la gravedad gana la batalla y la gota cae. En ese momento, la hoja a menudo rebota con elegancia y el proceso vuelve a comenzar.

El lugar en el que la tensión del agua es más evidente es la superficie. Dado que las moléculas de agua cercanas a la superficie se están sintiendo atraídas por las moléculas que se encuentran debajo, pero no hay otras moléculas que las estén haciendo subir, eso hace que la superficie se tense, lo cual a su vez otorga al agua una especie de fina piel. Hay un sencillo experimento que puedes realizar para demostrar dos cosas fundamentales: que el agua tiene una piel formada por la tensión de la superficie y que esa tensión es el resultado del débil enlace entre los átomos de hidrógeno en cada molécula de agua.

Para este truco —es decir, para este serio experimento— vamos a demostrar que la tensión de la superficie del agua crea una piel suficientemente resistente como para aguantar un ligero peso metálico. Para ello vamos a observar cómo flota una aguja en el agua. La única parte complicada es la primera, porque debemos dejar la aguja muy lentamente y con cuidado, porque de lo contrario atravesará la superficie del agua y se hundirá hasta el fondo. Hay un truco para hacerlo: coloca la aguja sobre un trocito de papel secante (es algo complicado encontrarlo hoy en día, pero suele haber en la mayoría de papelerías). El papel secante se irá saturando poco a poco y se hundirá hasta el fondo, y la aguja se quedará flotando.

Esto demuestra que la tensión de la superficie del agua es suficientemente fuerte como para aguantar una pequeña pieza de metal, pero ahora tenemos que demostrar que es el enlace eléctrico de las moléculas lo que crea esa piel. Podemos debilitar los enlaces entre las moléculas de agua añadiendo un poco de detergente al agua. Cualquier lavavajillas servirá; los detergentes funcionan, en parte, porque tienen cargas que anulan la atracción eléctrica del agua. La aguja se hunde.

Si te acercas a una gran extensión de agua dulce, como un estanque o un lago, cuando se aproxima el verano, es probable que te encuentres todo un mundo de insectos. Y observándolos comprobarás el experimento de la capa del agua a gran escala. Dirígete hacia el sol y agáchate si quieres obtener los mejores efectos; estos insectos son muy sensibles a las cosas que se abalanzan sobre ellos, así que tu mejor opción si quieres pillarlos de improviso es que te muevas lentamente y con sigilo con la luz de frente. En un día soleado, si tu sombra está detrás de ti cuando llegues al agua, verás muchos más insectos.

Habrá muchos insectos voladores y muchos bajo el agua, pero algunos de los más interesantes son los que descansan sobre la superficie. ¿Por qué no se hunden? Nosotros nos hundiríamos, sin lugar a dudas. Es debido a que la tensión superficial del agua es más fuerte que la fuerza de la gravedad sobre los insectos pequeños. Para unos seres torpes como nosotros es justo lo contrario, pero al menos hace que nadar sea bastante más divertido. No te preocupes demasiado por lo que son estos insectos en este punto: lo descubriremos a su debido tiempo, pero vale la pena admirar cómo la naturaleza ha evolucionado para aprovechar al máximo la tensión superficial del agua. Esta es una de las muchísimas razones por las que los detergentes y el agua en su estado salvaje no se llevan demasiado bien.

La misma tensión que hace que el agua se pegue a sí misma y a las paredes de los vasos también es la responsable de algo llamado *capilaridad*. Todos estamos mínimamente familiarizados con la idea de que los líquidos no siempre obedecen a la gravedad: cuando metemos la punta de un pincel en agua vemos como el agua sube por las cerdas, a pesar de que nuestro conocimiento sobre la gravedad nos diga que el agua no debería ascender de esa manera.

El motivo de esta capilaridad es la simple combinación de los dos efectos que hemos visto. El agua es atraída por varias superficies, como el cristal o las fibras de un pincel, y también se atrae a sí misma. Así que, cuando una abertura es lo suficientemente estrecha, sucede algo curioso: el efecto menisco hace que la superficie del agua sea atraída por el material que la contiene y que, por lo tanto, ascienda; y, puesto que la abertura es estrecha, toda la superficie del líquido se eleva. Entonces, como el agua se está adhiriendo a sí misma, el agua que está por debajo de la superficie también es atraída y sube. Cuanto más estrecha sea la abertura, hasta cierto punto, más espectacular será el efecto.

Cada planta que nos rodea, desde una brizna de hierba hasta un fuerte roble, depende de la capilaridad para conseguir que el agua suba desde la tierra hasta las hojas más altas. Sabemos que no hay bombas en los árboles y, sin embargo, miles de litros, toneladas de agua, llegan de alguna manera del suelo a la copa de árboles altísimos; esto no sería posible sin la capilaridad.

Volviendo a la cocina, la razón por la que las bayetas, el papel y otros materiales meticulosamente tejidos van tan bien para secar el agua es que los han diseñado específicamente para maximizar su capilaridad. Hay algo extrañamente satisfactorio en cómo un trapo de calidad absorbe el agua que lo envuelve, como un imán, sin que tengas que moverlo. Esa es la satisfacción de la capilaridad.

Ya es hora de observar ese efecto en un contexto más salvaje. La próxima vez que pases cerca de un riachuelo, un arroyo o una zanja que tenga barro en los márgenes, échale un vistazo. Lo normal sería que el barro fuera oscuro y estuviera mojado en las partes que salpica el agua, pero fíjate en que sigue estando mojado por encima de donde salpica, muy por encima de donde parece capaz de llegar.

El barro que hay por encima del nivel del agua es una mezcla de partículas y huecos llenos de aire, algo así como un pequeño panal de finos tubos. El agua sube por esos huecos debido a la capilaridad, lo que da como resultado que el barro se sature por encima del nivel del agua en una zanja o arroyo. La distancia hasta la que puede ascender el agua depende de diversos factores, como la pureza —el agua limpia sube más alto que el agua contaminada—, pero el principal es el tamaño de los huecos entre las partículas. El agua sube muchísimo más alto en suelos de partículas redondeadas, como el limo, que en otros tipos de suelos, como los arenosos. En los extremos, el agua puede ascender mucho en la arcilla, pero a duras penas subirá en la grava.

La presión atmosférica también afecta a la cantidad de agua que asciende a través del suelo y que se mantiene en suspensión. Esto significa que cuando hay una bajada repentina de la presión atmosférica, como cuando se acercan tormentas, el suelo es incapaz de mantener esa agua capilar y esta se drena muy rápidamente hacia los arroyos, lo que aumenta la posibilidad de inundaciones durante la tormenta.[1]

Vale la pena hacer una pequeña digresión en este momento para demostrar cómo se puede combinar la observación de cosas pequeñas con observaciones más grandes para obtener un conocimiento más profundo sobre lo que sucede. Vamos a ver cómo un experimento de cocina rudimentario puede combinarse con un paseo por la playa para ayudarnos a predecir si un río puede desbordarse.

La altura del mar está influida por el estado de las mareas, que a su vez se ven influidas por muchas cosas que iré explicando, pero por ahora solo mencionaré que entre ellas se encuentra la presión atmosférica. Cuando hay una baja presión atmosférica, el mar estará más alto que cuando la presión es alta; es habitual una diferencia de unos 30 cm entre sistemas de presiones muy altas o muy bajas. Para ayudarte a recordarlo, piensa en un sistema de alta presión y sus preciosos cielos azules presionando el horizonte hacia abajo haciendo descender el mar.

Imagina que estás en una zona costera que conoces bien y que, de repente, reparas en que el mar parece más alto de lo que jamás lo habías visto, incluso en pleamar. Eso puede llevarte a sospechar que la presión atmosférica ha disminuido bastante. Eso, a su vez, significa que eres capaz de predecir no solo que se acerca el mal tiempo, que es lo más probable si el barómetro ha bajado, sino también el riesgo de inundaciones, ya que una parte del agua que estaba manteniéndose gracias a su capilaridad por encima de todos esos arroyos, zanjas y ríos está a punto de liberarse, mucho antes de que caiga la primera gota de lluvia.

Cuando aprendemos qué mirar y en qué influye cada cosa, cualquier porción de agua que vemos será preciosa y fascinante, y podremos obtener pistas de algo más. Aprendemos a ver el agua como parte de una intrincada red, o una matriz, si lo prefieres. Ha habido épocas en que a estos conocimientos se les ha llamado *magia* y, más recientemente, *física:* no es ni lo uno ni lo otro. Son el fruto de tener un poco de curiosidad, conciencia y voluntad para unir el dibujo de puntos.

En el torbellino de conocimientos de este capítulo hemos observado el agua en la cocina, en las hojas, en los arroyos y en el mar. En nuestro viaje para emular a los grandes, como Superaga, el experto del agua hindú del siglo IV que «disponía de un profundo conocimiento del valor de las señales», debemos acostumbrarnos a la idea de que comprender la naturaleza del agua en una zona nos ayudará a comprenderla en otra.

# Capítulo 2

## *Cómo ver el Pacífico en un estanque*

A pesar de nuestros frecuentes viajes a la costa para nadar en el mar, la pasión de mi familia por el agua y la natación nos poseyó definitivamente hace unos años y comenzamos a maquinar un plan. En un país con suelos de creta no hay demasiada agua estancada, ya que tiende a filtrarse hacia abajo, y las opciones para nadar al aire libre en estanques son limitadas. Nos pareció que era un claro caso de Mahoma y la montaña. Si no podíamos encontrar un estanque salvaje en el que bañarnos, pues… Ahora hay un estanque la mar de digno en nuestro jardín en el que nos bañamos la mayor parte del año.

Hay un montón de trabajos de jardinería que detesto; el mantenimiento del estanque, sin embargo, me fascina. Siempre hay cosas que hacer cualquier fin de semana: cepillarlo, quitar la suciedad, limpiarlo de plantas acuáticas, poner coto al excesivo entusiasmo de las algas. Lo extraño es que nunca me canso de esas faenas. El resultado de esa diversión, sumado a mi amor y fascinación por el agua, es que me he pasado una ingente cantidad de tiempo mirando mi estanque. Solo esta mañana he contado catorce ranas y me he maravillado con el negro que rezuman sus huevos al llenar los agujeros en las bases cortadas al ras de las plantas que anteceden a la primavera.

El año pasado estaba a punto de salir porque había quedado con alguien, pero me detuve a mirar en el borde del estanque, como hago siempre, incluso cuando llego tarde a los

31

sitios. Entonces intenté «abandonar la escena», como diría un policía. Pero fui incapaz. El magnetismo habitual que siento por el agua era incluso más fuerte de lo normal. Mirando el reloj, el trocito sensato de mi cerebro incordiaba a la parte más grande, la irreverente, para que se moviera, pero había algo en el agua que no me dejaba marchar. Fue en ese momento cuando lo vi, o, bueno, cuando comprendí qué era, porque ver y comprender no son lo mismo en absoluto.

Nuestros cerebros están tan ocupados recibiendo tal cantidad de información de nuestros sentidos que confían en un filtro para poder con todo. Existe un sistema automático de priorización en el *software* de nuestras cabezas que criba constantemente la información que nuestros ojos les transmiten para cosas de importancia urgente. En términos evolutivos, hubo un momento en que lo que más nos interesaba eran los depredadores y las presas (amenazas y oportunidades). Y tanto los depredadores como las presas se mueven, de ahí que nos demos cuenta del movimiento en cualquier escenario antes de detectar pistas más sutiles. Por ejemplo, todo el mundo ve el conejo que cruza la carretera, pero son muy pocos los que detectan el montón de hojas a un lado; eso sí, al menos hasta que el viento atrapa las hojas y genera un movimiento que las hace volar y cruzar la carretera.

Cuando miramos una extensión de agua, el mismo filtro está en funcionamiento. Veremos antes el movimiento que cualquier otro cambio sutil en los colores o las sombras. El viento soplaba con fuerza aquel día y agitaba la superficie del estanque. En uno de los extremos hay unas cuantas rocas sumergidas a medias que usamos como pasiles. Lo que atrajo mi mirada fueron las ondas que el viento estaba creando en la superficie del agua del estanque, pero no era el simple efecto que hemos visto miles de veces lo que me cautivó. Lo que estaba observando, e intentando descifrar, era que los patrones en el agua alrededor de las piedras resonaban con el conocimiento de cómo se comporta el agua en una parte muy diferente del mundo.

En 1773, el capitán Cook estaba en alerta extrema al navegar cerca de una traicionera zona del Pacífico llamada el archipiélago Tuamotu. Las islas recibieron el apodo de «Archipiélago Peligroso» por marineros que habían sabido de demasiados barcos destrozados en sus arrecifes.[1] Cook no veía las islas o los arrecifes que las rodeaban, pero sabía que estaban allí porque era capaz de sentirlas. Cook no tenía un sexto sentido, sino que se había adaptado al comportamiento del agua y se había dado cuenta de que el oleaje que debería haber venido del sur, las olas que normalmente son fáciles de sentir, sencillamente no estaban. Dedujo automáticamente que el archipiélago debía de estar al sur y estaba protegiéndolo de esas olas. Cook concluyó que las aguas estaban más calmadas porque se encontraban en una «sombra de oleaje». En cuanto notó que las olas habían vuelto, Cook se relajó un poco, puesto que sabía que habían atravesado la zona de peligro.

Mirando uno de los pasiles del estanque pude observar cómo lo alcanzaban las ondas en grupos por el viento que soplaba sobre el agua. Sin embargo, a sotavento, en la parte a favor del viento de la piedra, había una zona de aguas tranquilas, y era la única cerca del centro del estanque. Eso era una «sombra de ondas», una zona protegida por el pasil de las ondas que genera el viento, y me recordó a la «sombra de oleaje» que Cook había percibido.

A pesar de que Cook era un marinero y un navegante extraordinario, solo estaba familiarizado con las técnicas de lectura del agua más básicas, pero desconocía muchas de las más complejas que ya estaban más que establecidas en el Pacífico en aquel momento. Nosotros ahora somos capaces de comprender mucho más de lo que Cook habría sido capaz de comprender jamás gracias a las investigaciones académicas del siglo pasado. Fueron precisamente algunos de esos patrones más refinados y bellos que observé en el estanque esa primera vez los que hicieron que me sintiera feliz, y también que llegara tarde. Después de esa primera vez, detecté esos patrones en estanques, lagos, ríos y mares cerca de casa y lejos de ella. Son señales que todos podemos encontrar, siempre que decidamos buscarlas.

Había cinco patrones evidentes en el agua alrededor de una de las piedras. Por un lado estaban las «aguas abiertas», la parte principal del estanque, en la que el viento enviaba ondas por toda la superficie de manera ordenada. Por otro, estaba esa «sombra de ondas» en uno de los lados de la piedra al que no llegaban las ondas y donde el agua estaba en calma. Se podían reconocer tres patrones más en el agua.

Cuando las ondas chocaban contra el pasil, una parte de la energía rebotaba, como el eco. Eso hacía que en el lado de la piedra desde donde llegaban las ondas —el lado opuesto a la «sombra de ondas»— hubiera una zona en la que el agua estaba agitada, a causa de las ondas que llegaban y chocaban contra las ondas que estaban rebotando. En esa pequeña zona el agua se comportaba de una manera completamente diferente al resto del estanque. Mirando a ambos lados de la piedra me di cuenta de que había dos trozos de agua que se comportaban de manera similar, pero que eran diferentes al resto del estanque. Finalmente, había una línea en que las ondas se volvían a encontrar en la parte más alejada de la piedra y, al juntarse, creaban su propio patrón.

De repente me percaté de que estaba observando un «mapa de ondas», donde los patrones de las ondas estaban relacionados con el lugar exacto de la piedra, siguiendo estrictas reglas y leyes de la física. Estos mapas de ondas se corresponden a la perfección con los mapas de oleajes que los navegantes de las islas del Pacífico han utilizado durante siglos para encontrar su isla de destino, una habilidad vital cuando buscas una pequeña mota en un enorme océano. Ante mis ojos, los pasiles se transformaron en una isla del Pacífico.

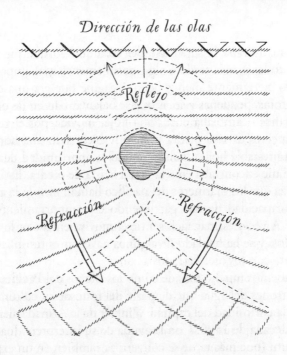

*Dirección de las olas*

*Reflejo*

*Refracción*

*Refracción*

Las ondas alrededor de una piedra en un estanque se parecen
a las olas alrededor de una isla en el mar.

Llegados a este punto vale la pena introducir el concepto de
que existe una diferencia entre ondas, olas y oleaje. Los tres son
olas de agua creadas por el soplo del viento en el agua. Las ondas aparecen casi instantáneamente y mueren igual de rápido
cuando el viento deja de soplar. Tú mismo puedes crear ondas
soplando una taza de té. Las olas requieren que el viento sople
en una zona más amplia y no desaparecerán inmediatamente
cuando el viento cese, aunque lo harán unas horas más tarde.
El oleaje es el nombre de aquellas olas que tienen suficiente
energía como para viajar más allá de la zona del viento. Nos
detendremos más en cada tipo de ola en el capítulo «Leyendo
las olas», pero por ahora pensemos en las ondas en un estanque
como si fueran las olas en el mar.

Mientras miraba la superficie del estanque, lo que me haría llegar todavía más tarde a algo posiblemente más importante pero ciertamente menos bello, imaginé que era una de las hojas rotas, pequeñas y secas que se balanceaban en las ondas. El balanceo cambiaba cuando la hoja, movida por el viento, pasaba cerca de una piedra y, si yo hubiera sido una hormiga en esa inestable hojita, habría tenido la oportunidad de saber dónde me encontraba en relación a la isla de piedra. Esta es la destreza que los marineros del pacífico llaman *meaify*, la asombrosa capacidad de navegar leyendo el comportamiento del agua.[2] A veces es más fácil sentir el movimiento con los ojos cerrados, y se ha hablado de algunos navegantes tumbados en cubierta con los ojos cerrados.

Sabemos mucho más de cómo los isleños del Pacífico leen los patrones del agua que de parte del resto de su cultura gracias a la curiosidad del capitán Winkler de la Armada alemana en la década de 1890. Con la ayuda de su intérprete, Joachim de Brum (que más tarde se convertiría también en un experto navegante), los estudios de Winkler en las islas Marshall conservaron un ejemplo único y sublime de sabiduría acuática.

Las islas Marshall se encuentran cerca del ecuador, en el Pacífico, y forman parte de la Micronesia. Al no tener cadenas montañosas, estas islas tienen poca altitud y no se divisan hasta que estás muy cerca. En un mundo náutico, que dependía de viajar por el mar y encontrar islas, pero que carecía de brújulas, mapas o sextantes, las condiciones eran las idóneas para que floreciera una rica y sofisticada cultura de lectores del agua.

El capitán Winkler descubrió que los marshaleses veían el agua de una manera muy similar a como podrían ver la tierra los cartógrafos europeos: no como una masa de agua que varía con los cambios meteorológicos, sino como un terreno dispuesto con una sucesión de características reconocibles. La profundidad del mar siempre ha sido de una importancia capital y, a veces, se han hecho registros de la naturaleza del lecho marino, porque ayudaba a navegar y a elegir lugares para echar el ancla, pero la idea de que merecía la pena registrar las características de la superficie del mar abierto era algo insólito fuera del Pacífico. Esta fue la sabiduría recibida de los marineros europeos durante gran parte de nuestra historia. Quizá la única excepción a esa visión es que las condiciones del agua cambian cerca de la costa. Los mares pueden convertirse en algo confuso y agitado, pero, de todas maneras, a esas alturas uno ya debía estar viendo tierra, así que se solía considerar poco importante o relevante para comprender dónde estaba el barco en travesías más largas.

Privados de cualquier otro enfoque alternativo, los marshaleses optaron por la visión contraria. Para ellos, una vez en tierra, la navegación había terminado, sus desafíos estaban entre las islas, en el mar, por lo que aprendieron a ver el mar desde un punto de vista más forense.

Los isleños observaron que es bastante fiable que el viento venga de unas determinadas direcciones, lo que llamamos direcciones de vientos preponderantes; todos los lugares de la Tierra tienen sus tendencias. Estos vientos preponderantes establecen unos grupos de oleaje predecibles en el océano y, cuando esas olas chocan contra una isla, lo que pasa también es igualmente seguro. A cada lado de la isla, el agua es delatora. Las olas que la golpean de frente rebotarían y se mezclarían con el oleaje que se acerca. Las olas que pasaran cerca de la isla se torcerían y formarían un patrón nuevo a cada lado y, en el más alejado, habría una sombra de oleaje.

Lo sorprendente de estas habilidades radica en dos simples observaciones interconectadas. En primer lugar, los vientos son estacionales, así que las olas que crean son altamente predecibles, así como los patrones que se crearán alrededor de las islas. En segundo lugar, estos patrones pueden usarse para deducir dónde habrá tierra según el comportamiento del agua. Igual que un navegante terrestre puede intuir que la dirección de un río probablemente se encuentre por la suave pendiente de una colina, los habitantes del Pacífico podían deducir la dirección en la que se encontraba una isla por el balanceo concreto de su barco.

Se ha visto que estos conocimientos y las habilidades que los acompañan están extendidos por las islas del Pacífico. Las comunidades de cada isla pueden tener su propia serie de patrones para interpretar, aprender y transmitir, pero los estudiosos han llegado a la conclusión de que las similitudes son mucho más grandes que las diferencias, incluso entre grupos de islas distantes. No debería sorprendernos: se han enfrentado a condiciones similares, han tenido necesidades similares, han carecido incluso de la tecnología de navegación más básica, y la sabiduría se ha extendido porque había mucho intercambio cultural entre las islas. Y, sobre todo, el agua obedece las mismas leyes alrededor de una isla que de otra, incluso aunque esté a kilómetros de distancia; incluso aunque sea de diferente tamaño. Incluso aunque, como descubrí, la isla consista en un pasil de un estanque inglés.

En las islas Marshall, Winkler encontró algo único en la historia humana. Fue en esas islas donde Winkler, o cualquier otra persona, habría encontrado un objeto físico que representaba esa sabiduría acuática. Los navegantes marshaleses hacían «mapas de palos» usando costillas de palmera unidas con un tipo de cordaje trenzado hecho de fibras secas para fabricar algo que representara los diferentes patrones de oleaje interconectados que los marineros podrían encontrarse en el mar. Los «mapas de palos» no eran mapas como se entienden en Occidente, nunca los llevaban al mar ni representaban el mundo real con precisión, sino que eran una herramienta de aprendizaje para que los navegantes marshaleses experimentados enseñaran a los iniciados.

Si fue el capitán Winkler el que encendió la mecha del interés occidental por los métodos del Pacífico, fue el inglés David Lewis, criado en Nueva Zelanda, marinero e investigador, el que lo hizo explotar.[3] Lewis pasó largos períodos en la década de 1970 navegando y entrevistando a los isleños, e hizo más que nadie por provocar el resurgir del interés occidental en este ámbito.

La sabiduría que contenían los mapas de palos marshaleses no había muerto del todo, y David Lewis viajó con los últimos navegantes para conservar ese conocimiento. Lewis se unió al *tia borau* o navegante Iotiebata Ata en una breve travesía desde la isla de Tarawa hasta la vecina Maiana. Arriaron las velas de la canoa de treinta metros de Iotiebata, una embarcación rápida y elegante que utilizaba para competir y pescar tiburones, para un viaje de tan solo treinta kilómetros, pero la distancia era lo de menos. Durante el camino, Lewis observó cómo Iotiebata señalaba dónde se encontraban en relación con cada isla, todo explicado en referencia al comportamiento de las olas.

Iotiebata le mostró cómo cambiaba el agua cuando el oleaje oriental se curvaba en cada una de las islas y, mientras lo hacía, la masa azul del mar se iba convirtiendo en un mapa ante los ojos de Lewis. Iotiebata también era capaz de señalar los lugares en los que las olas más pequeñas surcaban las más grandes, lo que superponía su patrón al oleaje más grande y dominante. Leyendo las olas temporales y el oleaje que subyacía y detectando cómo les habían influido las islas lejanas, Iotiebata podía sentir y «cartografiar» la localización de tierras invisibles.

En otro viaje de investigación, Lewis describió al navegante Hipour como alguien capaz de reconocer patrones de oleaje familiares como «los rostros de las personas».[4] Algunos eran suficientemente familiares como para convertirse en amigos y ganarse su propio nombre; a uno de ellos, que le era muy familiar, se lo conocía simplemente como la Gran Ola y tenía un significado especial, puesto que venía de «debajo del Gran Pájaro». En la navegación de las islas del Pacífico no se hablaba de la dirección en términos de norte, sur, este u oeste, sino que utilizaban los nombres de las estrellas que surgían o decaían en esa dirección. El Gran Pájaro era el nombre para Altair, la estre-

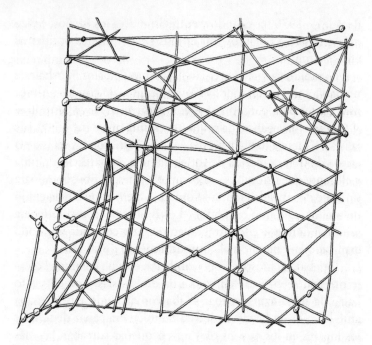

Un mapa de palos de las islas Marshall.

lla que surge en el este. De esa manera, describiendo el oleaje como la Gran Ola bajo el Gran Pájaro eran capaces de identificar tanto las características del oleaje como su dirección.[5]

Debemos reflexionar sobre lo extraordinarias que son esas habilidades. Todos los marineros neófitos aprenden a sentir la diferencia entre los diferentes estados del mar, y hay suficientes anécdotas de capitanes que han deducido algo sobre su localización a partir de un cambio casi imperceptible en el movimiento del océano. También está la leyenda del siglo XVIII del capitán Edmund Fanning, quien, supuestamente, se despertó una noche, se dirigió corriendo a cubierta y ordenó a la tripulación ponerse a la capa, el equivalente a dar un frenazo en una embarcación. No fue hasta la mañana siguiente cuando Fanning y su tripulación se dieron cuenta de que había un arrecife que los habría hecho naufragar a poco más de un kilómetro. Fanning había sentido el arrecife por el cambio en el comportamiento del agua, ¡mientras dormía!

Pero esto es solo una leyenda con fuentes vagas, y con razón. Es muy poco habitual para un marinero occidental leer el mar de esta manera. He intentado practicar esa habilidad en muchas ocasiones y solo he conseguido que aumente mi respeto por los navegantes del Pacífico. Se trata de una habilidad increíble y, a decir verdad, muy compleja como para llegar a desarrollarlas hasta los niveles de los nativos del Pacífico sin consagrar nuestras vidas a ese propósito. Sin embargo, no deberíamos sorprendernos ni desanimarnos: puede que sea difícil usar dichas habilidades para cruzar el Pacífico, pero se trata de patrones que de todas formas podemos ver y reconocer cuando observemos el agua cerca de nuestro hogar. No deja de maravillarme que ahora sea capaz de ver la manera en que las ondas se reflejan y curvan alrededor de las piedras en nuestro estanque, a pesar de no haber reparado antes en ello, durante las cientos de horas que pasé observándolo. Como comentaba anteriormente, existe una diferencia entre lo que vemos y aquello de lo que somos realmente conscientes.

Volveremos a este campo en los capítulos de «La costa» y «Leyendo las olas», para profundizar un poco más y mirar una multitud de señales y patrones diferentes, pero, antes de marcharnos del estanque, me gustaría que intentaras localizar un par de patos chapoteando en un estanque relativamente calmado.

Los patos son criaturas sociales y, muy a menudo, verás a las hembras acompañadas por los machos, más coloridos. Los patos macho son los que exhiben los colores más vistosos, la cabeza verde oscuro, el anillo blanco alrededor del cuello y el pico de un amarillo brillante; las hembras, sin embargo, reciben los colores más sobrios. La razón es que las hembras necesitan un camuflaje mejor para las épocas en que son vulnerables mientras incuban los huevos.

Observa con atención lo que está haciendo el agua alrededor de los patos. Puede que esté plácida si es un día tranquilo y no hay otras aves complicando las cosas. Aunque es más probable que lo que haya sea una mezcla de ondas provocadas por la brisa y otras perturbaciones de otras aves. Sea lo que sea lo que veas, dedica un momento a conocer las formas y ritmos del agua, no solo los cercanos a los patos, sino los de toda la zona que estés observando, en general. Este es el «punto de referencia del comportamiento del agua», es decir, esto es lo que el agua está haciendo antes de verse perturbada por nuestra pareja elegida de patos.

Ahora, echemos un vistazo al agua detrás de uno de los patos mientras chapotea. Se detecta rápidamente una estela en forma de V a sus espaldas, una serie de ondas creadas por esa ave en particular que se extienden por el agua, superponiéndose a los patrones que hubiera antes. A continuación, mira las ondas similares que crea el compañero del primer pato y cómo recorren la superficie del agua tras ellos mientras nadan.

Examina el lugar en el que esos dos patrones se tocan y se solapan, y estudiémoslas durante unos segundos. ¿Puedes ver cómo se crea un patrón totalmente nuevo gracias a la combinación de los grupos de ondas que genera cada pato, pero que son diferentes entre ellos? Deberías ser capaz de ver un nuevo patrón entrecruzado.

El comportamiento del agua donde los dos grupos de olas se superponen es único, y por eso los navegantes de las islas del Pacífico eran capaces de determinar dónde están cuando dos conjuntos de oleajes chocan entre ellos cerca de las islas. Por ejemplo, las olas que rebotan contra una isla y se encuentran con las que se acercan crean una pauta, o las que rodean un lado de una isla y se cruzan con las del lado contrario, y se encuentran finalmente en la parte más alejada de la sombra de oleaje creando otro patrón más allá de la sombra.

Cuando las olas se arrollan entre sí de esta manera y crean nuevas pautas, los científicos lo llaman «interferencia de olas».

Las estelas de los patos forman un nuevo patrón
cuando se encuentran.

En el lugar en el que coinciden dos crestas, el agua dobla su
tamaño y, cuando se unen dos valles, se genera uno el doble
de profundo; sin embargo, si la cresta de un grupo de ondas
u olas se encuentran con el valle de otras, estas se anulan. El
resultado es una porción de agua que ha nacido a partir de
dos grupos de olas, pero que, sin embargo, parece diferente a
cada una de ellas. Veremos este importante efecto en lugares
diferentes y a escalas diversas más adelante, pero que nos lo
introduzcan los patos y los nativos del Pacífico no está nada
mal, en absoluto.

# Capítulo 3

## *Ondas terrestres*

En 1885, el Gobierno de Australia Meridional envió a David Lindsay y un pequeño equipo de topógrafos de Adelaida a la árida región mesetaria de Barkly. En el mes de febrero del año siguiente todavía estaban manos a la obra cuando se enfrentaron al archienemigo del viajero del desierto, un enemigo que los aborígenes conocen por el nombre de *quatcha queandaritchika*. Podría traducirse libremente con las palabras españolas, mucho menos eufónicas, «toda el agua se ha ido».[1]

El lecho del río Todd se había secado y los alrededores estaban resecos y polvorientos, así que el equipo solo contaba con unos pocos litros de agua; estaban en una situación seria de supervivencia. Uno de los miembros del equipo se adelantó en camello a buscar agua, pero volvió poco más tarde, exhausto y completamente desalentado, sin haber encontrado ni una sola gota. Y aún peor, tampoco había visto ni rastro de los aborígenes. Hacía tiempo que los topógrafos habían aprendido que, en estos entornos desafiantes, la relación de los habitantes con el paisaje era una pista de lo hospitalario, o no, que podía llegar a ser. Los restos de hogueras indicaban que los aborígenes habían acampado allí, lo que significaba que debería haber agua cerca. Pero no había ninguna señal de ningún campamento en kilómetros a la redonda. La cosa pintaba mal.

Por suerte, hay una pista de la localización de agua cercana que es incluso más fiable que la presencia de aborígenes. Los exploradores comenzaban a sentir los primeros y peligrosos signos de desesperación cuando Lindsay divisó una solitaria paloma bravía salvaje por un desfiladero. Movido por lo que él consideró de inmediato una señal divina, se dispuso a perseguirla. El pájaro pudo haber desaparecido de su vista, pero Lindsay había percibido la trayectoria de su vuelo y la siguió hasta lo alto de una colina. En un lugar improbable, en el que jamás se les habría ocurrido mirar, encontró un agujero entre las rocas en el que había más agua de la que él y su equipo podrían beber en un año.

Las probabilidades de que nos encontremos en una imperiosa necesidad de agua en el *Outback* (el interior semiárido de Australia) o en cualquier otra parte pueden ser mínimas, pero la oportunidad de saber leer dónde hay agua, en relación con nosotros, es una parte importante del arsenal de un lector del agua. Nuestra visión del entorno puede estar de nuevo influida por los extraordinarios navegantes del Pacífico, y pueden ofrecernos una perspectiva que puede ser utilísima en cualquier parte del mundo, desde el centro de una ciudad hasta las regiones más áridas. En este capítulo nos centraremos en cómo es posible ver el agua antes de verla.

Los navegantes del Pacífico no se dirigen con precisión hacia su isla de destino, sino que navegan lo mejor que pueden hacia la zona del océano en la que saben que está esa isla. Una vez que el navegante juzga que no puede estar demasiado lejos, por la longitud del pasaje y otras señales como la posición de las estrellas, comienza a rastrear el mar y el cielo en busca de pistas que le ayuden a hacer que aparezca la tierra invisible. De igual forma que con los patrones de oleaje que veíamos antes, una de las pistas principales eran las especies de aves que podían verse, puesto que cada una de ellas podía usarse para estimar la distancia hasta tierra. Los charranes, los alcatraces y los rabihorcados tienen su propia zona de confort cerca de tierra, así que cualquier bandada de cualquiera de ellos forma parte del radar de un navegante. Es posible que los rabihorcados deambulen hasta una distancia de 112 kilómetros desde tierra, mientras que los charranes eran un regalo para los ojos, ya que raramente se les veía a más de 30 kilómetros desde tierra, lo que indicaba que la recalada podía estar cerca. Este uso de las aves para determinar la distancia hasta tierra firme es una parte tan fundamental del arte natural de la navegación que ha aparecido en historias tan diversas como el Antiguo Testamento —en el que Noé soltó una paloma para comprobar si las aguas habían bajado— o la mitología nórdica. En el Pacífico, esta técnica se ganó un nombre propio: *etakidimaan*.

La vida marítima también cambiaba sustancialmente a medida que se aproximaba la tierra, ya que los peces, los delfines y las medusas, como el resto de animales, siempre han preferido hábitats que estén notablemente influidos por los bajíos cercanos a la costa. Pero también había otras señales, como el comportamiento de las nubes, que cambiaba por el aire cálido que subía de la tierra comparado con el que tenía sobre las frías aguas.

Todas estas señales hacían que una isla pequeña como una mota se expandiera al navegante y se volviera detectable incluso aunque estuviera mucho más allá del rango de su visión, y le permitían encontrarla en medio del vasto océano Pacífico. Nos interesa el agua, no la tierra, pero se pueden aplicar los mismos principios. Podemos aprender a detectar las señales que indican que el agua no puede estar muy lejos. Es muy gratificante desarrollar ese hábito, ya que hace posible recoger las «ondas» que el agua envía a lo largo de la tierra. Una vez aprendas a sentir esas señales, el precioso y pequeño lago alejado del camino más concurrido, el que la mayoría de gente ignora al pasar junto a él, irradiará señales y te enviará sus ondas, atrayéndote cada vez más para que lo investigues.

La presencia de cada flor silvestre, árbol o animal dependerá de la cantidad de agua en la zona. En el caso de los insectos, los cambios pueden ser minúsculos. Muchos insectos se encuentran a escasos metros de agua dulce (echaremos un vistazo a algunos más adelante). La mosca común suele verse como poco más que una molestia, pero intenta darte cuenta, en un caluroso día de verano, de cómo fluctúan las cantidades cuando pasas cerca de fuentes de agua. En el Sáhara descubrí que eran una pista fundamental y una de las señales más fiables de que habría un oasis cerca. Las abejas pueden ser de gran ayuda, dado que vuelan cientos de metros en línea recta hacia y desde el agua, lo que forma una débil señal en el cielo que guía hasta ella.

Las aves no tienen glándulas sudoríparas, así que pierden agua a un ritmo muy inferior al de muchos mamíferos, lo que implica que pueden alejarse mucho más del agua que algunos insectos o mamíferos, pero nunca más allá de ciertos límites. Las grandes aves, las rapaces y las carroñeras, como los cuervos, obtienen un montón de agua de la comida y, por eso, no la necesitan tan regularmente como las aves que se alimentan de semillas, como las palomas, los pollos, las golondrinas y los vencejos, que deberán visitar el agua a menudo cuando se estén alimentando. Además de entender la relación que tiene cada ave con el agua, también es posible obtener pistas de su comportamiento. Si ves aves volando bajo a gran velocidad, es probable que se dirijan a buscar agua, pero si vuelan de rama en rama entre los árboles, es posible que estén saciados y estén volando cerca de su límite de peso.

Muchas aves viven en hábitats bastante específicos: el martín pescador es un ave de río territorial que siempre vuelve a su hogar en su parcela del río, así que son una garantía de la cercanía de agua dulce. Los aviones zapadores son otra pista que debería hacernos sospechar que hay un río cerca. La gran mayoría tienen preferencias muy determinadas en lo que respecta al agua dulce o salada: a los frailecillos el agua dulce les importa un bledo, y las fochas sienten lo mismo por la salada.

Los árboles, como gran parte del resto de plantas, están enraizados en un lugar concreto, lo que tiene para ellos importantes consecuencias y es igualmente revelador para nosotros. Las raíces del árbol deben conseguir un delicado equilibrio con el suelo en el que permanecerán toda su vida: tienen que aguantar el árbol, quizá contra fuerzas enormes como los vendavales, y deben proveerle de minerales y miles de toneladas de agua. Es ese equilibrio precario entre necesitar un anclaje firme y grandes cantidades de agua lo que hace que los árboles se especialicen y busquen su nicho. Las hayas han evolucionado hasta tolerar niveles de agua en el suelo mucho más reducidos comparados con la mayoría de árboles de climas templados, y disponen de raíces que no aguantarían períodos largos de estar inmersas en agua, lo que les otorga una gran ventaja en lugares donde el agua es escasa; las hayas, por lo tanto, son una buena señal de que te encuentras en tierra seca. Los sauces y los alisos solo crecen en condiciones en lugares en los que sus raíces están regularmente húmedas, así que son un buen indicador de que el agua no puede andar muy lejos.

Absolutamente todas las plantas inferiores, desde los hierbajos más feos hasta las flores silvestres más atractivas, tienen su grado de humedad favorito, lo que revela la existencia de agua en el subsuelo y la probabilidad de que la haya cerca. Muchas hidrófilas desvelan sus preferencias en su propio nombre, como el amarillo chillón de la caléndula acuática hasta el balanceo de las cabezas de las orejuelas de arroyo.

En lo que respecta a encontrar, rastrear o predecir la localización de agua en tu zona mediante el uso de las plantas, el truco está en no lanzarse en un ritual masoquista de aprendizaje de los nombres de todas las plantas que indican agua cercana —las hay por cientos—, sino en comenzar a interesarse en cómo cambian las plantas a medida que te acercas al agua en una zona que conozcas bien. En ese momento empezarás a construir una colección de amigas amantes del agua, reconocibles a simple vista, y, a su debido tiempo, los nombres vendrán solos gracias a esa familiaridad. Suelo criticar a los naturalistas que creen que saber el nombre de una planta es más importante que conocer su comportamiento.

Todos tenemos una habilidad básica e inconsciente en esto, que quizá se ve perjudicada por el estilo de vida moderno, pero que es suficientemente fundamental como para sobrevivir a la avalancha diaria de correos electrónicos y monitores. Desde una edad temprana vemos cómo la hierba de los prados se va volviendo marrón en épocas de sequía estivales, y cómo vuelve el verde brillante con las primeras lluvias en condiciones. No hay una gran diferencia entre ser capaces de observar esto y ver que la hierba estival marrón va verdeando a medida que nos acercamos a los ríos.

Sauces a lo largo de una ribera.

Hace unos meses mi hijo mayor se ofreció voluntario, aunque con reservas, a acompañarme en un viaje a las Winnall Moors en el condado de Hampshire. Nuestra misión conjunta era encontrar algún rastro de nutrias, y nos pasamos bastante tiempo olfateando bultos sospechosos con la esperanza de notar el olor a té de jazmín de sus excrementos. No sonó la flauta aquella vez, pero durante una pausa entre dos investigaciones de caca señalé el final de un largo camino y le pregunté qué creía que había al otro lado. Estaba señalando un largo camino recto por el que no habíamos pasado y de cuyo final lo único que podíamos ver era un alto muro de juncos marrones. Los juncos son una señal certera de agua, pero no se me ocurría ninguna manera de que él pudiera saberlo.

—¿El río? —contestó para mi alegría, lo que demostraba que o bien esas habilidades se adquieren inconscientemente con bastante facilidad, o bien el pobrecillo había estado demasiado sometido a esa manera de ver el mundo, más de lo que es justo para un chaval de la generación Xbox.

Incluso sin la coacción parental, este es un hábito que vale la pena desarrollar. Nos ofrecerá un incontable número de pequeñas alegrías, ocasiones en las que en una visita a un río o lago detectaremos el cambio en las plantas a medida que te acercas y cómo nos veremos casi de inmediato atraídos a forjar una amistad con un nuevo ejemplar en particular. Jamás olvidaré el placer que me generó aprender a asociar las extrañas nieves de finales del verano con los perezosos arroyos cercanos. El álamo negro es el árbol maderero nativo del Reino Unido más amenazado, según la Comisión Forestal británica.[2] La primera vez que me encontré con estos raros ejemplares fue gracias a sus extraordinarias semillas: una alfombra de lana de algodón blanco cubría el barro oscuro de un caminito que discurría por el lado de un riachuelo. Las dos veces siguientes que me crucé con aquellas semillas algodonosas volví a percatarme de lo mismo —había agua cerca—, así que era cuestión de tiempo que les cogiera cariño a aquellas semillas de algodón llevadas por el viento y que la curiosidad sobre su origen me llevara a asociar las semillas y su árbol progenitor con la existencia de agua cercana.

En etapas tempranas probablemente querrás dedicar todos tus esfuerzos a las señales más grandes y llamativas, esas que pueden leerse a más distancia y con mayor facilidad, como la hilera de sauces que señalen un río no muy lejano, quizá. Pero con el tiempo lo más probable es que, como a mí, lo que te acabe satisfaciendo más sean las señales más sutiles. Los líquenes son sensibles a muchas cosas, incluida la humedad, y hay una en particular que es una señal inequívoca de que hay agua cerca. Las personas que no salen a la calle demasiado lo llaman *Fuscidea lightfootii,* pero el resto de los mortales nos podemos referir a él como «liquen *lightfoot»,* por el nombre de su descubridor, John Lightfoot. Es bastante fácil de reconocer, sobre todo porque su brillante tono verde chillón no pasa desapercibido, ni las manchitas negras dispersas que lo completan. Al *lightfoot* le encantan las atmósferas y condiciones húmedas, lo que hace que crezca muy bien cerca del agua.

Desde el extremo de la cadena alimentaria, podemos interesarnos por los hábitats de los insectos que vemos. Reconocer insectos voladores en el aire es todo un desafío, pero matarlos para poder estudiarlos mejor es un poco salvaje, y capturarlos es un poco, bueno, cruel. La naturaleza nos soluciona este problema: échale un vistazo a los insectos que se han quedado atrapados en telarañas y verás que son muy diferentes según si se encuentran a pocos metros del agua o a kilómetros, y que habrá cambios graduales en medio.

Confiamos en nuestra visión para la mayoría de señales que indican que nos acercamos al agua, pero es tan satisfactorio ver cómo pueden ayudar los demás sentidos que vale la pena cultivarlos. El olor del mar es el más conocido, pero solo porque es el más evidente. Los aromas más tenues son mucho más satisfactorios, como los de las suaves brisas en los arroyos o incluso los que se perciben al pasar de una zona seca a otra en la que acaba de caer una llovizna muy localizada. La lluvia eleva aceites esenciales hacia la atmósfera que son una parte de ese olor tan característico de la lluvia sobre tierra seca que conocemos tan bien. Si la lluvia cae tras una larga temporada de sequía, se genera un aroma particularmente potente conocido como «petricor».

Profundizaremos un poco más en algunos de estos métodos en los próximos capítulos, pero mientras tanto asegúrate de que escuchas las pequeñas explosiones de la *Impatiens glandulifera* en las riberas de los ríos, ya que las vainas estallan hacia el último trimestre del año. La explosión normalmente se activa al tocarlas, y notarás un pequeño pinchazo si eres tú el que lo provocas. Esa energía disparará las semillas hasta unos siete metros y hacia el agua, y es por eso por lo que se llevan tan bien con las orillas de los ríos. La *Impatiens glandulifera* es una planta no nativa odiada por algunos, ya que es una invasora implacable. Como lectores del agua no hay ninguna necesidad de entrar en sus virtudes y defectos; podemos disfrutar de sus flores púrpuras y de los estallidos que indican la posibilidad de agua cercana.

En las regiones secas y calientes del mundo los exploradores ya hace tiempo que se aprendieron las plantas que indican la existencia de agua (la mayoría en los desiertos más áridos), pero también las que contienen agua. La palma del viajero forma hileras de este a oeste, pero es probable que se ganara su nombre por su hábito de contener agua en la base de sus hojas de palmera. Cerca de casa también es posible divertirse conociendo las plantas que también lo hacen, aunque no sea necesario para la supervivencia. Los cardos son plantas comunes que habrás visto cientos de veces, incluso aunque no supieras su nombre. Es habitual que crezcan hasta los dos metros o más y son reconocibles fácilmente por su tallo espinoso, sus hojas y, sobre todo, su cabeza: sus flores rosas o púrpuras en verano dejan paso a una característica cabeza marrón el resto del año. El cardo es una de esas plantas cuyo nombre científico en latín es esclarecedor: el nombre del género es *Dipsacus,* que significa 'sediento de agua', y hace referencia a la manera que tiene el agua de acumularse en una especie de tacitas en la base de las hojas, donde se unen al tallo principal.

Si te cuesta encontrar agua en la ciudad, pero ansías ver aunque sea un poco, quizá algo de pensamiento lateral pueda solucionar todos tus problemas. Los helicópteros monomotor tienden a dirigirse rápidamente hacia el suelo si su motor sufre una avería. Eso implica que es habitual (y a menudo de cumplimiento legal) que ese tipo de helicópteros se limiten a rutas en que se minimice el riesgo de estrellarse sobre zonas densamente pobladas ante un posible accidente. Sin embargo, la tierra en las ciudades está densamente poblada por definición salvo contadas excepciones, y una de ellas es cualquier río que atraviese la ciudad. Fíjate en los helicópteros en una ciudad como Londres y verás que la mayoría siguen curvas sinuosas a través de la ciudad. Lo que están haciendo esos helicópteros es dibujar la línea del Támesis por ti.

El agua tiene por costumbre colarse en topónimos, así que junto a nombres bastante obvios, como Bridge Lane ('el camino del puente'), habrá otros con pistas bastante más sutiles en sus títulos: palabras inglesas como *bourne, burn, brook* o *gill* (que hacen referencia a arroyos o riachuelos), *strath* (préstamo del gaélico que significa 'valle fluvial'), *mill* ('molino') y muchas otras indican la posibilidad de agua cercana. También en inglés, las raíces célticas *aber* y *inver* hacen referencia a la boca de un río, o el lugar en el que las aguas fluyen juntas, así que no debería sorprender que tanto Abergavenny como Inverness tengan río.[3]

Todas estas técnicas pueden perfeccionarse hasta llegar a dominar el divertido arte de aprender a ver el agua mucho antes de verla. Mi último consejo sería que vuelvas sobre tus pasos de vez en cuando. Si ves que has encontrado agua cuando no lo esperabas, eso es una oportunidad de oro para dar media vuelta y volver caminando lentamente hacia ella, solo que esta vez debes azuzar los sentidos en busca de pistas en el entorno que indiquen la existencia de agua cercana. Hacer trampas estando completamente seguro de que el agua está ahí es una de las mejores maneras de pulir tus habilidades hasta el punto en que al agua le costará mucho pillarte desprevenido en el futuro.

# Capítulo 4

## *La falsa humildad del charco*

La perdición de los charcos radica en su humildad. Ahí están, a ras de suelo y aparentemente inmóviles, resignados a llamar nuestra atención. El único momento en que un charco forma parte de una historia es cuando un coche pasa por encima y todas las culpas van para el maleducado del conductor. Pero todo el mundo ignora el charco. ¡Se acabó!

Un charco es una prueba: hay bastante agua en un lugar en concreto, pero no a su alrededor. ¿Por qué? Los charcos no son azarosos. En este capítulo echaremos un vistazo a diferentes tipos de charcos, que a su vez forman parte de un árbol genealógico que incluye los charcos en depresiones, los charcos de rastreo y de navegación, y los charcos de salientes, de manantial y sismógrafos.

Todo charco es una señal de que algo ha bloqueado el agua y ha impedido que atraviese el suelo. Así que, si un charco es persistente, lo primero que podemos deducir es que el suelo o es impermeable o está saturado. Esto es interesante sobre todo cuando viajamos por zonas rurales y nos damos cuenta de que la cantidad de charcos ha empezado a incrementarse de golpe, a pesar de que no ha vuelto a llover. Eso es una señal de que las rocas bajo tus pies probablemente han cambiado, incluso aunque la apariencia del barro sea la misma. Dado que las rocas son las responsables de un gran número de características del suelo de la zona y que este a su vez influye poderosamente en los tipos de plantas y animales que encontrarás, un cambio

55

súbito en la cantidad de charcos, sin que haya habido un chaparrón muy localizado, indica que las rocas, el suelo, las plantas y los animales a tu alrededor también habrán cambiado.

Cuando nos centramos en una zona concreta para preguntarnos por qué hay charcos en lugares específicos y no en otros, no tardamos demasiado en darnos cuenta de que cada charco está indicando una depresión en el paisaje local. La gravedad hace que el agua se sienta atraída hacia abajo, así que siempre intentará viajar por pendientes hasta que algo la detenga. Es por eso por lo que cualquier depresión de una zona en un terreno impermeable tendrá un charco.

Las carreteras suelen diseñarse con un peralte que hace que el agua se deslice del centro hacia los lados, precisamente para evitar que se formen charcos en el centro. Esta agua se acumula en los límites de la carretera y debería continuar fluyendo tranquilamente hacia un desagüe. Sin embargo, el tiempo tiende a pervertir y tergiversar los planes de los constructores de carreteras y es fácil ver cómo esa suave línea del centro de la carretera que va hasta el desagüe ha sido deformada y abollada por los coches, las personas y el hielo, entre otros. A veces en los lugares en que les gusta a los vehículos pesados descargar su mercancía se forman depresiones y charcos.

Siempre que se levanta una carretera, ya sea por reparaciones o cableados, vuelven a sellarla con un material que, la mayoría de veces, es diferente al que originalmente usaron para construirla. Con el paso del tiempo, este material se dilatará y contraerá a diferente ritmo que el resto de la carretera, y por eso es muy habitual encontrar charcos en las uniones del viejo asfalto y el nuevo. A veces los desagües dejan de funcionar, el equivalente urbano de una roca no porosa que impide que el agua continúe su trayectoria descendente, lo que generará un charco, normalmente bastante grande.

Los urbanistas y los constructores de carreteras parten con el objetivo de eliminar por completo los charcos, así que encontrarse con uno en cualquier parte de una ciudad es una señal de que algo ha fallado en alguna parte, y no suele ser demasiado complicado descubrir quién es el culpable. De las observaciones más obvias puede nacer el conocimiento.

Los charcos en depresiones son muy comunes, pero no todos son fascinantes. Encontraremos una rama dentro de la familia de charcos mucho más interesante si nos percatamos de que la razón de que una porción de tierra esté por debajo del nivel del suelo es porque algo la ha erosionado. Es en ese momento cuando un charco se convierte en una pista hacia algún tipo de actividad, lo que significa que es una parte de la familia de charcos de rastreo. Estos charcos forman un grupo que nos dará algunas pruebas sobre quién ha pasado por allí antes que tú y qué se ha dedicado a hacer.

Siempre que alguien se traslada por el suelo, ya sea una bicicleta o un castor, dejará marcas que, si son más comunes en un lugar que en otro, acabarán provocando que el suelo se erosione y se forme una pequeña depresión. Cuando llueva, esa depresión recogerá agua. En el extremo más obvio y dramático, el agua se acumulará en rodadas y rugosidades provocadas por los tractores y se formarán esos charcos que hemos visto mil veces y que siempre intentamos evitar. Pero no todos los charcos tienen una historia tan evidente.

En las zonas en que se cruzan dos caminos o carreteras habrá una porción de suelo que se desgastará mucho más que en cada uno de los caminos por separado, porque todo el tráfico, venga de donde venga, tendrá que pasar por el cruce. Eso genera que se multiplique la erosión en esa encrucijada y que el desgaste forme una depresión, o una serie de depresiones. Por tanto, siempre que vayas por un camino y llegues a un cruce, valdrá la pena que te detengas un momento a observar los charcos de cruces, parte de la familia de los de rastreo, y generalmente fáciles y gratos de detectar.

Ahora, fíjate en cómo en las curvas el suelo está más desgastado y roto. Los giros requieren una gran cantidad de fuerza que provoca que el suelo se erosione. En todos los cruces habrá pruebas de los giros que se han hecho. A menudo habrá charcos curvados, grandes y llamativos si los culpables son vehículos; algo más sutiles si han sido ciclistas; y aún menos evidentes si han sido caminantes, pero siempre es posible encontrar pruebas de ellos. Determinar la dirección más habitual que toma la gente es bastante fácil por las formas del barro y los charcos. Siempre que un caminito se junta con uno más grande intento descubrir la dirección más común que debe de tomar la gente, ya que normalmente será hacia donde haya un pueblo o una ciudad. Un charco de giro es un tipo curvado específico de charco de cruce, y ambos forman parte de la familia de los de rastreo.

El concepto de los charcos de rastreo es sencillo: cuanta más erosión haya provocado el paso de algo o alguien, más posibilidades de que haya charcos en un lugar concreto. Pero que sea sencillo no hace que no pueda ser bello, y cuanto más suaves sean las huellas, más divertido será detectar qué charco han creado.

La próxima vez que vayas por un camino rural y detectes un charco en una extensión de barro, detente para ver si puedes resolver el rompecabezas de por qué está ahí. Echa un vistazo a la broza a ambos lados del camino y busca pruebas de que alguien ha estado haciendo cosas. Los animales tienen sus propias redes de caminos, y los de los tejones son grandes y rectos y, por tanto, fáciles de detectar, sobre todo si te agachas y lo observas al nivel de un tejón. Sin embargo, hay también muchos otros, como los ciervos o los conejos, que tienen sus propias carreteras que, al cruzarse con las nuestras, harán que, lógicamente, el camino esté más desgastado. De hecho, será muy poco si lo comparamos con los cruces de vehículos o personas, pero lo suficiente como para que una porción de tierra se erosione un poquito, lo que a su vez la convierte en el lugar lógico para que se acumule agua tras el siguiente chaparrón.

Después, esos minicharcos crecerán, gracias a dos factores: en primer lugar, la pequeña cavidad que se ha generado por la

Charcos de giro y de cruce.

intersección humana, que permanecerá blanda y mojada durante más tiempo que el barro que la rodea. Así, la próxima vez que una extremidad aterrice en ese lugar, ya sean las torpes botas de un caminante o las ligeras patitas de un topillo, revolverá un poco más el barro que la tierra seca que lo rodea, y eso erosionará a mayor velocidad la tierra en ese sitio. Habrá comenzado un ciclo de autorrefuerzo que hará que el charco crezca un poquito.

En segundo lugar, todos los charquitos funcionan como depósitos de agua minúsculos para los animales de ese hábitat. Los animales sedientos buscarán esos charcos mientras viajan hacia estanques y lagos más grandes, y eso provocará que haya todavía más pisadas que animarán con delicadeza al bebé charco a crecer. Mi perro suele desviarse de su camino para sorber de los charcos durante nuestros paseos, sobre todo hacia el final, a medida que su sed va aumentando, y solo es uno de los millones de animales que usan esas fuentes naturales.

La primera vez que leas esto sentirás, sin lugar a dudas, cierto escepticismo sobre si las delicadas pisaditas de un conejo pueden realmente generar un charco. Sin embargo, es cierto, y el problema es que tendemos a pensar en un único caso de ese animal con el que nos cruzamos, pero los patrones de la naturaleza suelen producirse por ciclos y repeticiones. Es probable que un solo conejo que se cruce en nuestro camino no cree un charco, pero cuando lo hagan unos cuantos varias veces al día durante meses, quizá sí. Y, por las razones anteriores, una vez ha nacido el más pequeño de los charcos, es más probable que tienda a crecer a que desaparezca.

Estos charcos de rastreo están por todas partes, una vez has aprendido a encontrarlos. Son una de las razones por las que un charco no debería verse como un pequeño obstáculo aleatorio, sino como una pistita sobre lo que está ocurriendo a nuestro alrededor. Si queremos añadir más capas a nuestros conocimientos sobre la naturaleza, el acto de detenernos a considerar el porqué de un charco a menudo nos conducirá al siguiente nivel, porque es posible que cerca del charco detectemos las huellas de sus creadores.

El barro tierno cerca de la mayoría de charcos es un lugar ideal para buscar rastros de animales, lo que hará que la historia sea mucho más detallada. Este no es un libro sobre rastreo, pero vale la pena conocer un poco sobre sus principios básicos cuando veamos un charquito embarrado, porque forma parte de su historia. Intenta descubrir los animales que se han acercado, es muy probable que seas capaz de ver e identificar las marcas de las almohadillas y las garras de los perros, por ejemplo.

A continuación prueba a ver si puedes deducir si el charco era el destino de ese animal o no. ¿El rastro pasa junto al charco o se dirige directamente hacia él? Es bastante sencillo que eso nos ayude a descubrir si el animal estuvo bebiendo o solo pasaba por allí, intentando no mojarse las patas. Y ahora dedica unos segundos a intentar ver si puedes descifrar de dónde vino el animal y hacia dónde se dirigió después. ¿Siguió el camino en el que estás, bastante probable si era un perro, o atajó por los matorrales a los lados en algún sitio cercano, muy probable si era un animal salvaje?

El año pasado estaba dando un paseo cuando, al girar una esquina, me encontré con un charco grande lleno de ondas que reverberaban. Era el típico charco grande de giro que se había creado en un cruce embarrado al pasar el tractor de algún granjero y que normalmente no me habría llamado demasiado la atención, pero me detuve a mirar las ondas. El centro del charco estaba en calma, rodeado por una serie de breves ondas que se dirigían a los bordes. Era un día muy tranquilo, así que supe que podía descartar el viento, y aun así el patrón de las ondas era erróneo. Además, tenía otro posible culpable en mente. Me retiré y me escondí con cuidado en los arbustos en la dirección por la que había venido, y esperé en silencio mientras observaba el charco y escuchaba. Como había sospechado, un minuto después volvió el culpable y me pase un par de minutos maravillosos mirando cómo se bañaba un trepador azul.

Las ondas de un charco nos revelan cosas, de igual manera que las que vemos en un estanque, o las olas en el mar. Lanza una piedra a un charco y observa cómo las ondas se alejan rápidamente de la perturbación. Si el charco es lo suficientemente grande, verás como el centro vuelve a la calma antes de que las ondas reboten en los bordes y regresen las ondas reflejadas, lo que a veces creará un patrón en forma de diamante y crestas cuando esas olitas se golpeen entre ellas. La breve calma del centro es la prueba de que fuera lo que fuera que estuviera perturbando el charco ya se ha ido, y uno de los ejemplos más bonitos puede ser un pájaro o un insecto que se acaba de ir.

Hace algo más de cien años, Arthur Mason Worthington, director y catedrático de Física del Royal Naval Engineering College de Devonport, Plymouth (Inglaterra), aprovechó la nueva tecnología de fotografía de alta velocidad para investigar qué eran las salpicaduras, cómo se formaban y qué pinta tenían. Anotó los resultados en un libro que se publicó en 1908, con el apropiado título de *A Study of Splashes*.* Hay una enorme cantidad de conocimiento de gran interés en el libro, pero la mayoría es difícil de ver sin fotografías rápidas, así que me ceñiré a mencionar solo aquello que pueda tener algo de relevancia en nuestros estudios.

Worthington descubrió que a veces se formaban burbujas tras una salpicadura y que eso estaba relacionado con la altura desde la que caía el líquido. Si una gota se precipita desde una distancia suficientemente alta, es posible que se forme una burbuja; sin embargo, si la altura no es suficiente, no se formará ninguna. También se dio cuenta de que el agua y la leche formaban diferentes patrones de ondas cuando les caía una gota encima, y admitió que la consistencia y la tensión superficial de un líquido le dará su patrón de ondas distintivo. No tenemos por qué estudiar las salpicaduras al mismo nivel de detalle que el profesor Worthington, pero puede que valga la pena dedicarle un momento a sus palabras, por la simple razón de que nos ayudará a recordar que pasan una cantidad ingente de cosas que o bien somos incapaces de detectar o nos negamos a ello.

Dejemos que el lector, la próxima vez que le ofrezcan una taza de té o café sin leche, lleve a cabo el sencillo experimento de echar con una cuchara, desde una altura de unos cuarenta centímetros sobre la superficie, una única gota de leche. No le supondrá ninguna dificultad observar que la columna que emerge lleva la gota blanca de leche en la parte superior, tan solo un poco manchada por el líquido en el que ha caído.

* No ha llegado a traducirse nunca al español. La traducción literal del título sería 'Un estudio sobre salpicaduras'. *(N. del T.)*

De la misma manera, una observación a simple vista revela el cráter que genera la entrada de una gota grande de lluvia en una piscina de agua. En cualquier caso, lo que vamos a ser capaces de vislumbrar es una fase «estacionaria». La columna de agua alcanzará una altura máxima, se mantendrá suspendida durante un instante, y descenderá. Pasa lo mismo con el cráter. Es la duración relativamente larga del momento de suspensión lo que provoca en el ojo una impresión clara cuando el resto es pura borrosidad provocada por los rápidos cambios.

A pesar de todo, con frecuencia se produce una intrigante ilusión. A menudo tenemos la sensación de ver el cráter con la columna alzándose justo en el centro. Ahora ya sabemos que el cráter desaparece antes de que la columna haya aparecido. Pero a la imagen del cráter no le da tiempo a desvanecerse antes de que la columna se le superponga.[1]

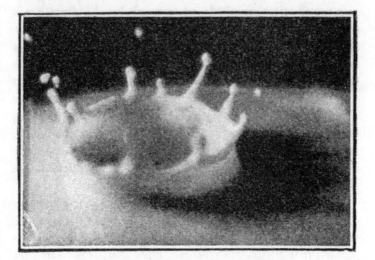

Una salpicadura de Worthington.

¿Y qué pasa si ves un charco que no es el resultado obvio de animales o personas que han erosionado el suelo y que tampoco es el típico que se ha formado en una depresión? Quizá el culpable sea el charco de salientes. Es habitual que la lluvia se acumule y la canalicen los árboles o cualquier otra cosa que sobresalga por encima del suelo. Una buena señal de que estás delante de un charco de salientes es la línea de musgo que indica que la corriente de agua desciende de un árbol o de alguna parte de un edificio, ya que el musgo garantiza que esa zona está regularmente húmeda.

Algunos de los charcos más interesantes tienen que ver tanto con el suelo como con el cielo, y para comprenderlos debemos tener en cuenta cómo llega el agua en forma de lluvia y cómo la seca el sol. Esto nos lleva a la familia de los charcos de navegación.

Hay dos suposiciones muy extendidas y muy poco serias que el lector de charcos que quiera tener éxito debe rechazar. Contrariamente al imaginario popular, es muy extraño que la lluvia caiga en vertical y, fuera de los trópicos, el sol nunca está justo encima de nuestras cabezas. Las lluvias más copiosas suelen venir acompañadas de fuertes vientos, lo que afectará al agua y esta golpeará en diagonal los edificios, los árboles y las vertientes. Esto hará que el agua se acumule más en unos lugares que en otros. Si vas en la dirección del viento durante una tormenta, la interpretación de los charcos y su dirección será bastante inmediata. Durante largos períodos la lluvia llegará casi siempre con los vientos dominantes, lo que provocará que se acumule y forme charcos a ese lado de cualquier obstáculo, y que a su vez también conducirá a una prevalencia de charcos en ese lado.

En el Reino Unido suelen formarse un montón de charquitos en la parte suroeste de los edificios, los árboles y las rocas, sobre todo tras un chaparrón o cuando el suelo está especialmente predispuesto. Sin embargo, estos charcos tienden a ser efímeros, porque normalmente se secan enseguida con el sol de la tarde. El primo del charco generado por la lluvia arrastrada por el viento es el charco de nieve o de hielo fundido. La nieve yerra y se acumula en ciertos lugares, y cuando la temperatura aumenta lo único que queda son fríos charcos.

En mis libros anteriores hablé en detallé sobre la dirección del sol en los diferentes momentos del día. Es una parte fundamental de los conocimientos del navegante natural, pero, en lo que respecta a los charcos, lo mejor es no complicarse. En todas partes al norte de los trópicos, lo que incluye toda Europa y Estados Unidos, el sol está orientado hacia el sur al mediodía. Es, además, el momento en que nos proporciona la mayor parte de su calor y luz, así que es cuando seca más. Esto implica que todo lo que esté a la sombra durante ese sol sureño de mediodía tardará más en secarse y, con el tiempo, a menudo provocará que haya más charcos en un lado concreto.

Espero que esto sea sencillo, pero a pesar de todo nos puede conducir a unos resultados verdaderamente sorprendentes

Es más habitual que haya charcos en el lado sur de los caminos.

cuando usemos los charcos para navegar. Si el obstáculo es alto, como un edificio, la cosa está clarísima. Habrá más charcos y serán más duraderos en la parte norte, a la sombra. La próxima vez que llueva después de que haya hecho sol, echa un vistazo a las carreteras de cualquier ciudad y verás este efecto en todo su esplendor. El asfalto y las aceras expuestos al sol secan todo mucho más rápido que la parte norte de los edificios; en un día frío algunas veces verás como el vapor solo asciende desde uno de los lados de la carretera. Todo esto hace que haya más charcos en la zona norte de los edificios.

Cuando los obstáculos son un poco más bajos, como los arbustos a los lados de los caminos, pasa exactamente lo mismo, pero hay algo que es un poco contraintuitivo para muchos navegantes naturales del medio rural. Los charcos siguen estando en el lado norte del obstáculo, pero eso significa que acabarán en el lado sur del camino. La mayoría de personas esperarían ver más charcos en la parte norte, pero en este caso es el lado sur el que está a la sombra, como se muestra en la ilustración inferior.

El uso de los charcos para la navegación es mucho más fácil de lo que muchos podrían llegar a imaginar. Lo único que hace falta es tener conocimientos del origen de los vientos y la lluvia y recordar que el sol del sur secará el suelo de manera asimétrica, lo que dejará charcos en el lado norte de cualquier obstáculo que proyecte sombra.

Alrededor de los bordes de los charcos verás que la vida varía un poco, igual que con el resto de extensiones de agua. Las hierbas que dependen de ella suelen crecer muy bien en los límites de los charcos que hayan sobrevivido durante un tiempo. Encontrarás muchos insectos encima de los charcos, o cerca, y de vez en cuando te cruzarás con vida en su interior. En zonas secas, a veces, los charcos darán cobijo a huevos de rana, pero, por desgracia, serán pocos los renacuajos que consigan convertirse en ranas. Los renacuajos que sean capaces de salir del huevo se comerán todas las algas que haya disponibles, para más tarde morirse de hambre y acabar cometiendo canibalismo entre ellos.

La forma de vida más grande que es probable que encuentres cerca de un charco es un ser humano. Algunos charcos, a veces enormes, se crean con agua del subsuelo más que con agua del exterior, y esos charcos de manantial fueron una vez una fuente clave de agua fresca. Cuando se encuentra una roca porosa como la creta con una capa de roca impermeable, a menudo aparecerá un manantial y, si hay, es muy probable que haya muchos más a la misma altura.

Si están en un ambiente árido, no costará nada detectar estos manantiales, porque la tierra cercana estará verde y exuberante comparada con el campo que la rodea. Si miras en cualquier mapa de la Ordnance Survey* o cualquier otro buen mapa, en ocasiones verás en letras azules la abreviación *Spr,* del inglés *spring* ('manantial'). Si hay más de una fuente de agua fresca en las cercanías, es muy probable que también haya un pueblecito o cualquier otro tipo de civilización cerca de esos charcos de manantial. Los humanos se congregan cerca de las preciadas fuentes de agua fresca, igual que las moscas.

En las partes húmedas del planeta, como Gran Bretaña, esta íntima relación entre asentamientos humanos y manantiales borboteantes suele infravalorarse, pero en las zonas más secas del mundo, como el sur de Europa, los testimonios son abrumadores. El escritor Adam Nicolson descubrió que en griego la palabra para manantial se había entrelazado con el significado de huerto.[2] En Grecia, si dices que vas a los *vryses,* los manantiales, significa no solo que vas hacia el agua, sino también hacia el lugar en que hay crecimiento, comida y vida.

---

* La Ordnance Survey es la agencia estatal británica dedicada a cartografiar el territorio. El equivalente en España sería el Instituto Geográfico Nacional. *(N. del T.)*

Hay algo puro, primario y exquisito en el hecho de beber agua de un manantial. Incluso en arroyos de aguas cristalinas podemos llevarnos una decepción, ya que no sería la primera vez que nos podemos encontrar, al girar una curva, un riachuelo de una transparencia tentadora, con una oveja muerta pudriéndose o cualquier otro tipo de putrefacción. Pero un manantial no nos puede engañar de esa manera. El agua cae en forma de lluvia y se va filtrando a lo largo de muchas semanas por las piedras para llegar a tu mesa, ya no solo cristalina, sino casi con una pureza virginal.

—¿Está usted bien? —me preguntó una empleada bajita en el aparcamiento por encima de la máquina, una de las pocas muestras de simpatía que esta especie me había mostrado nunca.

—Sí, gracias. Muy bien —respondí, y volví a ponerme manos a la obra. Saqué una cámara, no porque la necesitara o la quisiera. Lo que pasa es que he aprendido que suele tranquilizar a la gente en estas situaciones y te ahorra tediosas explicaciones que, de todas maneras, tampoco se creerían. Tenía la barriga fría después de haber pasado unos cuantos minutos tumbado en la acera en el barrio londinense de Knightsbridge. Quizá no era el mejor sitio para este experimento. Lo más probable es que pareciera el terrorista más vago del mundo, pero es que tampoco está claro que hubiera un lugar perfecto. Después de estar un rato tumbado y entrecerrando los ojos, me levanté y di un paso atrás, y entonces me agaché y eché un vistazo. Finalmente, encontré lo que estaba buscando.

Los charcos sismógrafos son los que pueden utilizarse para detectar cualquier ligero movimiento en el suelo o el aire. Los indios navajos tenían cierta reputación de ser capaces de discernir si se acercaban caballos, incluso la cantidad, su velocidad y la distancia, y si llevaban jinetes o no tan solo colocando la oreja en el suelo. El principio detrás de un charco sismógrafo es muy similar. Si somos capaces de sentir las delicadas vibraciones en el suelo, podremos aprender a predecir acontecimientos que los urbanitas no podrán detectar. Por ejemplo, si el autobús está a punto de llegar o si acaba de pasar el metro por debajo de nosotros. Para entender cómo funciona este charco tenemos que pensar un momento en unos prismáticos.

¿Te has dado cuenta de lo difícil que es mantener unos prismáticos fijos en un objeto muy lejano que se mueva, como un pájaro, y cómo cada vez que respiras te da la sensación de lo que has perdido? Probablemente sepas que los tiradores competitivos que usan rifles están casi más pendientes de su respiración que del rifle. El motivo es que, cuanto más lejos está algo, más efecto tendrá en lo que ves un pequeño cambio de ángulo.

Volviendo al charco en la acera, si miramos nuestro propio reflejo, veremos que hace falta una perturbación considerable, como un pisotón o una ráfaga potente de viento, para que tenga un impacto importante en la imagen. Pero si miramos algo distante en el reflejo, percibiremos cambios de ángulo mucho más sutiles, lo que significa que serán visibles movimientos mucho más pequeños en la superficie del agua. Y el mejor de los casos será si alineamos algo pequeño, brillante y que esté a mucha distancia.

En uno de los últimos atardeceres de primavera, mientras caminaba por el campo, me di cuenta de que podían verse Venus y Júpiter en los charcos que me iba cruzando. Aprovechando la oportunidad de los charcos sismógrafos, me apoyé con cuidado contra un árbol y comencé a observar la imagen de Júpiter en uno de los charcos más grandes. Durante unos minutos no pasó nada, pero entonces percibí una perturbación débil en el agua. Al cabo de unos segundos, volvió a pasar.

Al principio pensé que habría sido un insecto, pero conozco la mayoría de patrones que crean y no me cuadraba con ninguno. El patrón desapareció durante unos minutos, para luego volver. Estuvo un rato así hasta que finalmente detecté la fuente de la pequeña perturbación. Un murciélago estaba revoloteando por encima del agua y la debilísima brisa de sus alas era visible en el movimiento de un Júpiter que oscilaba en el charco.

Se infravaloran los reflejos en los charcos, pero al menos hay algunas personas que han aprovechado su potencial. El fotógrafo Brian Podolsky retrata el mundo a través de lo que se ve en los reflejos de los charcos, un arte que él llama «charcografía». Podolsky sostiene que los charcos ofrecen «una ventana a otras dimensiones».[3] No sé absolutamente nada de otras dimensiones, pero si buscas tu propio charco sismógrafo y buscas un objeto lejano en su reflejo, estarás preparado para detectar el vuelo de un murciélago, un tren invisible o cuatro vaqueros galopando en la lejanía.

# Capítulo 5

## *Ríos y arroyos*

En la década de 1920 se hizo un intento de clasificación de los tramos de un río en relación con los peces que viven en cada tramo, pero tuvo un éxito parcial. Desde los arroyos de alta montaña, en los que no hay peces, pasando por los riachuelos de las truchas, hasta los foxinos y las bremas.[1] Podría funcionar en general porque los peces tienen sus propios hábitats, pero, al contrario que las plantas, ¡los peces no se están quietos! Según si el experto con el que hables es un hidrólogo, un geólogo, un pescador o un entomólogo, cada uno decidirá definir los tramos de un río de maneras dispares y de una lista interminable, así que puede ser bastante confuso y poco útil. Hasta los matemáticos tienen sus métodos para etiquetar los tramos de los ríos y sus comportamientos, y han desarrollado una fórmula, la fórmula de Manning, que, en teoría, tiene todo en cuenta y describe la velocidad del río, aunque nos esclarece muy poco durante el proceso. Afortunadamente, vamos a simplificar las cosas y vamos a dividirlos en ríos de tierras altas y de tierras bajas.

A grandes rasgos, los ríos de las tierras altas serán más pronunciados, ya que normalmente cuanto más ascendemos más empinado será el suelo, así que el agua estará más agitada. Algunos ríos de tierras bajas fluyen a un ritmo tan calmado que incluso puedes seguir su curso durante un kilómetro y el nivel no habrá descendido más de medio metro. El diagnóstico, por tanto, es sencillo: si el agua se mueve con rapidez y crea canales estrechos y, a veces, pronunciados, será un río de tierras altas. Si por el contrario es ancho, lento y forma amplios meandros, será un río de tierras bajas. Según el diagnóstico, hay varias cosas en las que podemos fijarnos.

Un río de zonas altas arrastrará tras de sí de todo, desde grandes rocas hasta grava. Echa un vistazo a sus márgenes y a la corriente y fíjate en el tamaño de las rocas que ha movido. Esto puede proporcionarte una estimación vaga del poder de un río agitado cuando está muy crecido. Y esto es lo segundo que podemos sentir: ¿oyes el agua? Los ríos de las zonas altas están llenos de violentas aguas blanquecinas, incluso aunque no parezcan demasiado pronunciados. No tienen nada que ver con las cascadas, se trata sencillamente de agua moviéndose a gran velocidad por un terreno áspero y duro que hace que se agite y se vuelva blanca en algunos lugares, además de producir ese ruido tan característico. En realidad, lo que genera ese sonido de agua en movimiento es el aire mezclándose con el agua. Los ríos de las zonas bajas son mucho más tranquilos, y generalmente el agua casi ni se oye.

Si miras con atención la superficie de algunos de los pedruscos más llanos en un río de zonas altas, podrás ver dos pistas más relacionadas con la acción del agua. Fíjate en que a menudo verás charquitos que se han formado en las anchas superficies de las rocas y cómo otras tienen la superficie llena de muescas. Esto son dos signos de la erosión turbulenta que genera la grava al ser removida violentamente en remolino cuando los ríos están en su máximo nivel, lo que provoca esos agujeros y muescas en las rocas. Más tarde, se llenarán con agua del río o de la lluvia, y se formarán minicharcos en las rocas.

A continuación, echa un vistazo un poco más abajo de las rocas más grandes en la corriente principal y mira a ver si puedes encontrar algunos sedimentos a sotavento. Siempre que un fluido arrastra partículas más allá de un obstáculo, nos llegan pistas en la corriente por los patrones que deja a su paso. En la navegación natural, es muy habitual buscar patrones que se han quedado atrás cuando el viento deposita nieve, arena, polvo u hojas en la parte resguardada de los obstáculos que se interponen en la dirección del viento. Esto puede ser muy útil, porque, una vez sabes de qué dirección viene el viento, estos pequeños trazos de partículas crean una brújula rudimentaria.

Y sucede exactamente lo mismo en un río con corrientes rápidas, solo que aquí lo podemos utilizar para deducir la fuerza del agua, no la dirección. Toda agua en movimiento reúne partículas de diferentes tamaños, y cuando algún obstáculo, como una roca, la ralentiza, las partículas se depositan en el lecho del lado de la roca por el que desciende la corriente. El tamaño de esas partículas, ya sean sedimentos o piedras, nos ofrece pistas sobre la velocidad a la que fluye el agua a cada momento, ya que un flujo débil quizá sea capaz de arrastrar cieno, pero hará falta una poderosa cascada para arrastrar las rocas más grandes.

Las formas de las rocas que ves en un río y en sus márgenes también son el testimonio de la acción del agua. Lo más probable es que el agua haya arrastrado guijarros redondeados, y su suavidad y uniformidad es una pista de la erosión que les ha provocado el agua. Las rocas afiladas o con ángulos no han estado demasiado tiempo en aguas en movimiento. Piensa en el cristal afilado de una botella rota abandonada en la playa: si se queda en la zona alta y seca, se mantendrá afilado durante décadas; pero si acaba en el mar, se convertirá en esos suaves y redondos guijarros de cristal que encontramos a veces en la arena.

Si estás observando un río de zonas bajas, con meandros, lo más probable es que el agua no sea lo suficientemente transparente como para mirar en ella, ya que habrá recogido tanto lodo que será opaca. Así que, en estos casos, las pistas que debemos buscar se encuentran en la superficie. Echaremos un vistazo a un montón de esas pistas pronto, pero por el momento fíjate en cómo el agua se mueve mucho más rápido en la parte exterior de la curva que en la interior.

# La torrencialidad

Si has llegado a familiarizarte con algún río habrás aprendido a medir cómo ese río concreto responde a las fluctuaciones del tiempo. A pesar de eso, conozcamos bien o no un río, existe el riesgo de hacer algunas generalizaciones que pueden ser algo simplistas. Si conocemos realmente un río, tendemos a asumir que el resto se comporta de igual manera, y si no conocemos ninguno, solemos inclinarnos por algunas presuposiciones que a simple vista pueden parecer de sentido común, pero que, sin embargo, pueden acabar siendo sorprendentemente erróneas.

Por ejemplo: ¿qué le pasa a un río después de las lluvias torrenciales? Indudablemente, es evidente, lo más básico del circo hidrológico: el sol evapora el agua, se condensa en las nubes, cae en forma de lluvia y llega a los ríos; así que, cuanto más llueva, ¡más caudal tendrán los ríos! Hasta cierto punto: lo engañoso en esa sencilla ecuación es que el tiempo que tarda un río en reaccionar a la lluvia varía enormemente dependiendo del terreno que haya a su alrededor. Tras un período de lluvias torrenciales, algunos ríos serán capaces de arrastrar coches e incluso trenes, mientras que otros apenas registrarán subidas. ¿Cuál es el motivo?

La respuesta la tiene la «torrencialidad», que es el término que se usa para describir lo radicalmente que puede reaccionar un río ante una lluvia. No es un término baladí, los hidrólogos se lo toman muy en serio, porque es extremadamente útil para medir y predecir el comportamiento de un río.

Vamos a echar un vistazo a un par de ejemplos reales. Si un río está rodeado por suelos y rocas impermeables, como la arcilla, las gotas de lluvia que caigan y no se evaporen prácticamente solo tendrán la opción de ir colina abajo hasta que encuentren un arroyo y luego un río (un arroyo no deja de ser un río por el que puedes caminar).[2] Pero si cae la misma cantidad de lluvia sobre rocas porosas, como la creta o la caliza, entonces se filtrará y continuará bajando hasta que encuentre algo impermeable. En ese momento comenzará a formar parte de la «tabla de agua», o nivel freático, lo que formará una reserva de agua subterránea conocida como «acuífero» en las rocas porosas.

Esa agua no ve la luz del sol hasta que no emerge en forma de manantial, normalmente a mucha distancia de donde cayó la lluvia y habitualmente mucho más tarde, a menudo meses después. Esa es la razón por la que los pescadores que prefieren los arroyos de creta tienen un dicho en verano: «La única lluvia útil es la que cae antes del día de San Valentín».[3] Todo lo que caiga después de febrero es probable que llegue a los ríos cuando ya haya acabado la temporada de pesca, en otoño.

Así que toda la lluvia que caiga sobre arcilla hará que el río crezca en pocas horas, mientras que la misma cantidad de lluvia sobre un terreno de creta apenas tendrá efectos perceptibles en un río en meses. El río en un terreno de arcilla es muy torrencial, mientras que el que está rodeado por creta no lo es en absoluto. El Cheriton Stream, un pequeño arroyo afluente del río Itchen que se encuentra en Hampshire (Inglaterra), pasa por suelos de creta, por lo que reacciona lentamente y con modestia a los cambios meteorológicos y fluye dentro de unos niveles bastante constantes. El río Uck, en Sussex Oriental, sin embargo, fluye por encima de suelos de arcilla y hay cambios enormes en el caudal y el nivel. En el punto álgido puede llegar a contener mil veces más agua descendiendo por el río que en sus niveles más bajos, comparado con las veinticinco veces del Cheriton Stream.

¿Cómo podemos discernir el comportamiento del río que estamos observando? ¿Se desbocará tras las lluvias o apenas registrará cambios? Hay una pista muy sencilla y grata en la forma de los puentes que ves a lo largo de los ríos.[4] El nivel de los ríos torrenciales crece tan rápido que cualquier puente en el que no se haya tenido eso en cuenta se derrumbará durante su primer invierno. Los puentes sobre ríos torrenciales son más altos y disponen de pilares de soporte, mientras que los que se encuentran en zonas poco torrenciales son más bajos y con unos pilares más modestos. Así que un vistazo a la diferencia de altura entre la superficie del agua y la parte inferior de un puente es, en igualdad de condiciones, una buena manera de saber cómo se comportará un río tras lluvias torrenciales. Uno de los puentes de mi zona, el Houghton Bridge, es muy bajo, porque el río que cruza, el Arun, está en una región de creta. Esto suele sorprender a algunas personas, porque se encuentra en una parte del mundo en el que se producen inundaciones casi cada invierno. Y sí, quizá se desborda, pero la velocidad y el nivel del agua tardan tanto en aumentar que el puente puede permitirse ser bajo.

Las inundaciones pueden producirse casi en cualquier parte, y es la velocidad a la que aumente el nivel del agua lo que suele ser más importante en relación con las consecuencias. Algunas de las inundaciones más peligrosas tienen lugar en los lugares en que no se las espera. Se suele pensar en los «uadis» como barrancos secos y polvorientos de las regiones desérticas. Los uadis son un bien preciado para los viajeros de los desiertos por las plantas que crecen en las zonas más bajas, ya que son una fuente de comida para los camellos y otros animales. Sin embargo, la razón de que sea un barranco y de que esté por debajo del nivel de la tierra que lo rodea, cerca del nivel freático, es porque es justamente ahí donde se producirán avenidas cuando, aunque sea poco frecuente, llueva. Isabelle Eberhardt, la extraordinaria exploradora suiza que se travestía, dijo una vez:

Siempre seré una nómada debido a mi amor por los lugares distantes e inexplorados.[5]

Pero un lugar puede permanecer inexplorado y aun así revelar sus secretos. Los uadis del desierto son sitios que debemos temer después de lluvias torrenciales. Eberhardt murió en Algeria, en el uadi de Aïn Séfra durante una avenida, cuando tenía veintisiete años.

Puede que las ciudades parezcan impermeables al agua, pues no desciende por las calles o los edificios, pero aun así esta necesita algún lugar adonde ir. Los desagües y cloacas de Londres, algunos de los cuales datan de la época del ingeniero Bazalgette, a mediados del siglo XIX, tienen problemas para hacer frente a las fuertes lluvias, por lo que, incluso aunque no haya avenidas, suele haber fuertes hedores cerca del Támesis, algo así como una torrencialidad nasal. En las ciudades vale la pena buscar placas que indiquen la altura del agua durante las inundaciones pasadas, ya que es costumbre marcar los máximos históricos, una práctica que se remonta al antiguo Egipto.[6] Estas marcas pueden ayudarnos a hacernos una idea de los hábitos del río, pero no caigas en el popular engaño histórico de pensar que señalan los límites de lo posible. A los ríos les gusta romper récords, y cuanto más torrenciales sean, más violenta será su respuesta.

En el campo, las plantas funcionan como marcadores de las inundaciones. Una zona alrededor de un río sin ningún tipo de maleza, tan solo con algunos hierbajos, es una señal de una inundación reciente o de que se ha usado como pasto, o ambas. Pero algunas plantas pueden ser realmente específicas: la hierba cinta prefiere estar en zonas alternativamente secas y húmedas.[7]

## El nivel freático

Por experiencia sé que los zahoríes son personas honestas y apasionadas, pero existe un malentendido fundamental muy común sobre la práctica de la radiestesia y el agua subterránea que es capital en el contexto del nivel de los ríos.

Como comentaba anteriormente, el agua que cae en forma de lluvia irá descendiendo por el suelo hasta que algo la detenga, normalmente rocas impermeables, lugar en que se acumulará. Esto forma una reserva subterránea, conocida como *nivel freático*.

El nivel freático se refiere al nivel de suelo saturado. Puede llegar a ser visible en el caso de los ríos, pero lo normal es que haga referencia a la reserva invisible de rocas porosas anegadas del subsuelo. El nivel de la capa freática fluctúa con las lluvias, y es posible encontrarla por encima de rocas impermeables en cualquier parte del mundo, incluso en los desiertos. Esto significa que lo más probable es que encuentres agua en cualquier sitio en el que decidas excavar. La única pregunta pertinente suele ser la siguiente: ¿a qué profundidad está? Así que cuando un zahorí ha conseguido encontrar agua con la ayuda de varas o de cualquier otro dispositivo, solo debería sorprendernos si también ha especificado su profundidad. Tápate los ojos y lanza un dardo a un mapa; después comienza a excavar donde se haya clavado y seguramente encontrarás agua, si desciendes lo bastante.

¿Cómo podemos determinar la profundidad que deberíamos alcanzar? Los ríos pueden ser una pista utilísima para poceros o aspirantes a zahorí. El nivel de todos los ríos fluctúa, pero muchos tienen un nivel de base que no suele descender demasiado. Este es el nivel que normalmente verás a mediados y finales de verano, o tras otros largos períodos de sequía, y puede darte una pista sobre la altura de la capa freática veraniega a tu alrededor.[8] (Si un río se seca por completo, es una señal de que el nivel freático ha descendido por debajo de la altura del lecho del río. Y, por el contrario, si el nivel freático asciende hasta llegar al suelo que te rodea, se formarán humedales.)[9]

Por tanto, si quieres predecir el «descubrimiento» de agua mejor que cualquier zahorí, busca el río en verano y observa la diferencia de altura entre el suelo y el nivel de ese río. Eso es, aproximadamente, lo que tendrás que excavar antes de que el plan haga aguas.

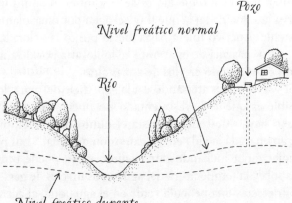

*Pozo*

*Nivel freático normal*

*Río*

*Nivel freático durante una sequía*

Predecir la profundidad del agua mediante los ríos cercanos.

## Plantas y animales

Las observaciones siguientes te ayudarán a asociar las plantas y animales que encuentres con las condiciones del agua que te rodea, lo que puede culminar en algunas deducciones bastante concretas.

Si el agua está clara, busca un puente y echa un vistazo a la vida en ambos lados y compárala con lo que está creciendo bajo el puente, tanto en el agua como fuera. Esto nos hará darnos cuenta de algo que tenemos claro en tierra, pero que tendemos a pasar por alto cuando miramos el agua: las plantas necesitan luz. Encontrarás plantas diferentes y serán más escasas en zonas de sombra —aunque la proyecte un árbol delgado— que unos metros más allá. En zonas soleadas es probable que encuentres «hierbas» acuáticas comunes como el ranúnculo acuático, muy fácil de reconocer durante el verano por las alfombras de flores blancas con el centro amarillo que forma. Pero sea cual sea la especie que veas, fíjate en cómo o bien es una amante del sol o bien lo es de la sombra. A continuación observa la velocidad a la que fluye el agua por estas plantas. El ranúnculo acuático tolera hasta cierto punto la velocidad del agua, pero más allá de ese punto se lo llevaría por delante, así que no esperes verlo en ríos de zonas altas.

Si ves caracoles aferrándose a la superficie del agua, lo más probable es que se haya calentado un poco y los niveles de oxígeno hayan descendido hasta el punto de que empiece a verse amenazada la vida en esa extensión de agua.[10] Los pobres caracoles están luchando por respirar, y eso puede ofrecerte pistas sobre la temperatura del agua y los niveles de gas.

Si detectas una película verde en el agua que, al acercarte, resulta ser en realidad miles de plantitas flotantes, probablemente estés ante lentejas de agua. Prosperan en aguas quietas o con movimientos muy lentos, especialmente si el agua se ha enriquecido con nutrientes. Las heces de aves acuáticas como los patos enriquecen el agua con nutrientes, así que la lenteja de agua, los patos y la lentitud de esa extensión de agua están conectados, y esa alfombra verde se convierte en un revelador mapa natural del agua, de su calidad y su corriente. Uno de los pequeños placeres de la vida es identificar un pequeño arroyo de aguas rápidas que fluye por una zona de lentejas de agua.

Los nenúfares están enraizados al lecho de estanques y ríos lentos, y ofrecen información valiosa sobre las condiciones a su alrededor. A los nenúfares les gustan las aguas poco profundas, lentas y cristalinas, así que es más habitual encontrarlos en estanques que en ríos, pero si los detectas en algún río, será una prueba de que estás ante un agua purísima, relativamente poco agitada y de menos de dos metros de profundidad. Los nenúfares amarillos indican que el agua puede llegar hasta los cinco metros de profundidad, y toleran corrientes más fuertes. Sin embargo, ni los nenúfares blancos ni los amarillos soportarían el tipo de perturbaciones que generan los barcos, así que eso es una prueba de que el agua que los rodea no suele tener tráfico naval de manera regular.

El agua se mueve a más velocidad en los márgenes exteriores de las curvas de los ríos. Eso provoca erosiones en las curvas exteriores y sedimentación en las interiores. También hace que las plantas pierdan la batalla en las exteriores y la ganen en las interiores, lo que generará grandes diferencias entre unas y otras. La curva interior es la más nueva y el suelo a menudo es el más fértil, así que suele estar llena de especies pioneras como el cáñamo acuático, las adelfillas o sauces jóvenes.[11]

Los animales que viven en los ríos, o cerca, no solo dependen de las plantas que crecen allí, sino que además son muy sensibles a la velocidad del agua. El mirlo acuático, un pajarillo regordete de plumaje oscuro pero con el pecho y la garganta de un blanco brillante, solo estará presente en zonas cercanas a aguas rápidas. Es conocido principalmente por ser capaz de caminar por debajo del agua aun con fuertes corrientes. Chris Watson, experto en grabación de sonidos naturales, ha comentado que el mirlo acuático tiene un trino «cuyo tono está muy por encima de la frecuencia fundamental de un arroyo con fuertes corrientes, y es un ejemplo maravilloso de un trino que ha evolucionado junto con el fluir del agua».[12]

El mirlo acuático no es el único animal que prefiere vivir cerca de aguas rápidas. También hay otros como la lavandera cascadeña, la serreta mediana o el andarríos chico. Luego hay otros animales que solo encontrarás cerca de las aguas calmadas de los ríos de zonas bajas, incluyendo aves como fochas, cisnes vulgares, gallinetas comunes, gansos o cormoranes, así como la mayoría de libélulas y caballitos del diablo, como el caballito del diablo verde *(Calopteryx splendens)*.

Sin embargo, el tapiz de animales se enriquece todavía más porque las libélulas y los caballitos del diablo (un truco para identificarlos: si el cuerpo es más ancho que una cerilla, es una libélula)[13] son más proclives a estar en lugares soleados que sombríos, así que estos insectos nos están señalando aguas tranquilas y niveles lumínicos. Las criaturas que veas en el agua te darán valiosas pistas sobre los minerales que contenga y, por tanto, sobre la tierra a su alrededor. Los cangrejos de río necesitan un montón de calcio para formar sus caparazones, por lo que indican la presencia de varios tipos de calizas en el suelo.

Unir dos de las ideas de este capítulo nos demuestra hasta qué punto están todas estas cosas interconectadas. La presencia de un cangrejo de río indica que hay caliza en la tierra circundante, lo que a su vez nos dice que las lluvias torrenciales no provocarán avenidas.

Los animales y plantas que vemos también vendrán determinados por las estaciones y también por ciclos de tiempo mucho más breves. En ríos de marea —que son los más inferiores de los ríos de zonas bajas, y están al alcance de los ciclos del mar—, la vida que ves también dependerá de los flujos del agua. Aves como el cormorán prefieren pescar en los reflujos.[14] Existen también algunos ciclos animales de una belleza y un esoterismo inusitados: las migraciones de las anguilas son sensibles a la temperatura del agua, las fases lunares e incluso la presión atmosférica.[15]

Desde hace siglos los peces se han usado como guía para determinar la calidad del agua, y tanto el salmón como la trucha son excelentes señales. Pero son un indicador relativamente lento y algo burdo, ya que los insectos reaccionan mucho más rápido y con más precisión a muchos de los cambios ambientales. Sin embargo, es un arte que puede refinarse en el caso de las aletas de la trucha común, ya que antiguamente se utilizaron como indicador de la contaminación por plomo en los arroyos galeses: cuanto más negra era la cola de las truchas, más altos eran los niveles de plomo en el agua. Era tan efectivo que incluso le dieron un nombre, «Black Tailing», e incluso lo utilizaron para detectar los lugares por los que estaba llegando al agua el plomo de minas abandonadas.[16]

Puesto que los peces, los insectos y las plantas dependen del resto y del agua, una de las maneras más sencillas de conocer la salud de un río es la variedad de vida que observemos.

## Musgos y algas

Existe la tendencia cuando caminamos cerca de ríos de zonas altas de ver los parches verdes en el agua como acumulaciones amorfas, aleatorias, de cosas verdes, pero eso es perderse uno de los trucos en la lectura del agua. Normalmente es muy sencilla la forma de diferenciar entre musgos y algas, incluso aunque haya, en teoría, miles de especies; y eso es porque estamos acostumbrados a ver y reconocer musgos en tierra y las formas que adoptan en los arroyos no es demasiado diferente: matas y alfombras que se agarran a las rocas en las que se encuentran. Las algas pueden tener muchísimas formas diferentes (incluyendo las algas marinas), pero en los arroyos suelen ser filamentosas y tienen un aspecto semejante al cabello y fácilmente reconocible cuando se alejan de la roca a la que están aferradas.

Una vez reconocemos los musgos y las algas como algo diferente, es muy fácil darse cuenta de cómo señalan cosas distintas. Pero, antes de nada, veamos un par de características que tienen en común: tanto los musgos como las algas necesitan luz para hacer la fotosíntesis, así que los niveles lumínicos tendrán una importancia determinante en su crecimiento. (En verano, puedo calcular más o menos el tiempo que necesitaré para cepillar todas las algas de nuestro estanque en casa cada fin de semana según el sol que haya hecho durante la semana.)

Tanto las algas como los musgos en los arroyos son una señal de una cierta humedad continua, dado que ninguno puede crecer en terrenos secos; el musgo no puede reproducirse si se seca con regularidad. El musgo esfagno, o musgo de turbera —que forma alfombras puntiagudas y esponjosas de diferentes tonalidades—, se encuentra entre los más sensibles y, por tanto, es una señal de humedad permanente. Fíjate en que solo verás algas y musgos en las zonas de los arroyos en las que el nivel de agua es regular; a ambos lados de los arroyos perennes encontrarás a menuda marcas por donde fluye el agua durante las inundaciones, pero después esas zonas estarán secas durante largos períodos de tiempo. Verás, por tanto, lo desnudas que están, libres tanto de musgos como de algas.

Lo siguiente que debes detectar es una diferencia. El musgo solo se las apañará bien sobre rocas estables, aquellas que el agua no esté moviendo constantemente, mientras que las algas pueden prosperar temporalmente en lugares más con más corrientes. El viejo refrán no se equivoca: «piedra que rueda no cría musgo»; los musgos señalan los lugares de los arroyos en los que las rocas están bien asentadas, así que son una buena pista para saber dónde poner el pie si quieres cruzarlos. Tanto las algas como los musgos son resbaladizos, sin duda, pero el musgo suele serlo un poco menos, y, además, las rocas con musgo son una garantía de que no se han movido demasiado últimamente.

(Si cruzas suficientes ríos y arroyos, algún día acabarás resbalando y cayendo al agua, y si la corriente es fuerte es una buena idea colocar las piernas en dirección río abajo lo antes posible, ya que lo más importante es evitar que te golpees la cabeza con algo. Recuerda que si la velocidad del agua es de un factor 2, el tamaño de los objetos que puede arrastrar es de hasta 64.)

El musgo, como la mayoría de plantas, es muy sensible a los niveles del pH, y las especies variarán junto con las rocas en los ríos. Si detectas dos especies diferentes creciendo en rocas cercanas, aproxímate a observar con más detenimiento cada roca. Es posible que una de ellas haya sido arrastrada desde una zona con una geología diferente, y eso es una señal de que las características de la tierra y el agua río arriba pueden diferir bastante.

Las algas en aguas dulces son una señal de enriquecimiento en nutrientes. Una pequeña cantidad de algas es normal incluso en los arroyos más puros, pero una floración repentina indica un desequilibrio: algo con grandes concentraciones de fosfatos o nitratos ha llegado al agua río arriba, probablemente fertilizantes o efluentes. De nuevo, estar un poco especializado puede resolver el misterio, ya que cada tipo de alga tiene sensibilidades propias a cada sustancia química, así que, si se desea, la respuesta puede llegar a deducirse.

## *Señales en las riberas*

Vamos a echarle un vistazo a unas cuantas más de las señales específicas que podemos encontrar en los límites del agua. Vale la pena saber si estás en un lugar en el que el ganado puede acceder al agua, ya que eso tendría efectos determinantes en el río. Las vacas suelen deambular cerca del agua y acaban destrozando las riberas, lo que provoca unos arroyos más anchos y bajíos, con aguas más turbias, y cambios en la vegetación. Es por eso por lo que los granjeros, entre otros, suelen hacer todo lo posible por evitar que las vacas alcancen el agua. Además de las vallas, intenta encontrar las zanjas que se extienden a lo largo de los ríos, ya que suelen contener agua con una corriente mucho más lenta que te permitirá comparar cómo cambian las plantas y los animales según la velocidad del agua en ambientes que, por lo demás, son idénticos.

Los árboles provocan casi el efecto contrario a las vacas: apuntalan las riberas y resisten la erosión, así que a menudo verás estrechamientos en los ríos y una ligera limitación en el caudal en aquellos lugares en los que haya árboles en los márgenes del agua. (*Stricto sensu*, el río no se ha «estrechado» en ese punto, sino que se ha resistido a ensancharse.) Si ves una hilera de sauces, lo que es bastante probable si tenemos en cuenta que son uno de los pocos árboles que crecen muy bien con las raíces anegadas, intenta discernir si van siendo más jóvenes en alguna dirección concreta. Los sauces de las riberas de los ríos, sobre todo la mimbrera, pueden propagarse a partir de ramitas que arrastra el río. La pista para saber si eso es lo que está pasando es que haya una diferencia de edad estable en una dirección concreta, y todos serán del mismo sexo, machos o hembras, y por tanto los amentos serán idénticos.

Busca alguna rama u otro tipo de percha por encima del río en la que haya manchas blancas. Es probable que pertenezca a un martín pescador, y es mucho más fácil encontrar la percha que el ave en una nueva zona. El martín pescador es un animal territorial, y, una vez hayas encontrado la percha, es solo cuestión de tiempo que acabes viendo el ave. Estas aves son también una señal de la buena salud de un río. Si sospechas que una de ellas aves vive en la zona, investiga las riberas en busca de un solo agujero, del tamaño aproximado de una pelota de golf. Los aviones zapadores también excavan agujeros de un tamaño similar en los bancos de arena, pero son más sociables, así que habrá un montón de agujeritos en una sola zona. Las ratas de agua suelen hacer agujeros que permanecen bajo el agua la mayor parte del año, pero aparecerán cuando disminuya el nivel del agua durante las sequías veraniegas. Por eliminación, un agujero que esté justo por encima del nivel del agua durante esas épocas lo más probable es que sea de una rata de agua.

Es mucho más fácil encontrar señales de la presencia de nutrias que a dicho animal nocturno. Aunque las nutrias están disfrutando de un cierto renacimiento tras un desalentador siglo xx, es una buena idea investigar si realmente el río en el que estás es el hogar de alguna nutria, dado que todavía son lo suficientemente raras como para que no haya ni rastro. Si hay alguna cerca, intenta encontrar sus heces, debajo de algún puente o ramas o raíces muy bajas en los bordes del agua. Las nutrias son escurridizas, les encanta nadar río arriba, pero suelen tomar atajos, así que, si te apetece hacer un poco de rastreo, a menudo puedes encontrar esos atajos repartidos por el suelo cuando el río haga alguna curva. Aguza el oído si estás por allí durante la noche esperando encontrar alguna nutria, ya que en ocasiones harán muchísimo ruido, principalmente una especie de chillidos agudos, sobre todo si hay crías cerca.

Sea una región de nutrias o no, siempre vale la pena observar los límites del agua en busca de lugares en los que haya hierba aplastada, ya que los animales húmedos tienen la costumbre de «planchar» la hierba en las riberas. Las huellas en el lodo cercano nos revelarán a la criatura responsable (algunas personas se sorprenden al saber que a menudo los verdaderos culpables son los tejones, no las nutrias o cualquier otro animal acuático). Los tejones estarán encantados de zambullirse si hay posibilidades de encontrar comida: ha habido casos de algunos que han cruzado islas a nado para devorar todos los huevos de aves de por allí, antes de dar media vuelta.

Si ves una garza mirando al agua, fíjate en su cuello. La velocidad de ataque de las garzas es muy característica, y te lo perderás si no te lo esperas; la pista está en la manera que tiene el cuello de enroscarse ligeramente, con una forma similar a una S.

## Características del agua

Una vez observadas la mayoría de señales en el entorno del agua, ya es hora de que nos centremos en el agua en sí misma. Te recomiendo que busques algún lugar estratégico desde donde puedas verlo todo. Lo ideal sería un puente de tamaño medio en algún río de zonas bajas o una ribera elevada, o incluso un árbol.

Observa con atención el agua que fluye por el centro y los márgenes del río y fíjate en cómo va mucho más rápida en el centro que en los lados. Lo habitual es que el agua de los lados de un río fluya a una cuarta parte de la velocidad del agua del centro. Hay dos cosas que están ralentizando el río en ambos lados: están disminuyendo su velocidad la fricción del contacto con los márgenes y la disminución de la profundidad.

De eso se deduce que para ganar regularmente a los *Pooh Sticks** la táctica más sencilla es que intentes siempre lanzar tu palo lo más cerca posible del centro del río. Cuando mis hijos eran muy pequeños, me aseguraba de que estuvieran cerca del centro del puente, pero no tardarán en ser adolescentes y quizá va siendo hora de reclamar ese puesto sin que se enteren. Soy un romántico de corazón, así que no esperes que algo como la táctica de los *Pooh Sticks* se quede solo en una simple noción. Afortunadamente siempre hay complejidad tras lo simple, y es lo que sucede muy a menudo en el caso de la naturaleza, algo de lo que deben de ser conscientes los lectores del agua y los profesionales de los *Pooh Sticks*. Detrás de todo esto se esconde una palabra poco conocida pero inmensamente bella: el *Talweg* (voz alemana), o vaguada.

El *Talweg* es la línea de mayor profundidad de un valle, haya o no un río fluyendo por ella. El término lo usan grupos muy dispares, desde abogados hasta hidrólogos; estos, para describir la línea de agua más profunda, más rápida y, por tanto, más erosiva de un río.

La línea del *Talweg* está, por supuesto, bajo el agua y es invisible si hay agua que la atraviese, pero lo interesante es que a pesar de que el *Talweg* acostumbra a estar cerca del centro de un río, en raras ocasiones estará exactamente en el centro, dado que los ríos nunca son completamente rectos. De hecho, se desvía un poco hacia el margen exterior ante cualquier curva suave que haga el río, algo que sucede muy a menudo. Estos conocimientos son vitales para quienes hacen carreras de barcos de cualquier tipo, pero aunque no lo hagas siempre vale la pena intentar detectar el *Talweg* buscando la menor variación en la velocidad cerca del centro de un río que, a simple vista, puede parecer bastante recto.

---

* El *Pooh Sticks*, o *Poohsticks*, es un juego que consiste en lanzar diversas ramas o palos por un lado de un puente y ver cuál de ellas sale antes por el otro lado. El nombre hace referencia al famoso Winnie-the-Pooh, ya que fue en el segundo libro sobre ese entrañable personaje, *The House at Pooh Corner*, en el que A. A. Milne hablaba de dicho juego. *(N. del T.)*

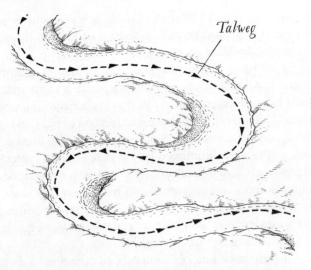

Talweg

## El nacimiento de una isla

A medida que estudias las corrientes de un río, quizá llegues a
ver que la velocidad del agua ha cambiado por razones que no
son inmediatamente obvias. Si te pasa, no olvides que el agua
se ralentizará cuando transcurre por zonas poco profundas y se
acelerará al pasar por encima de una depresión. Esto nos puede
llevar al extraño dilema del huevo y la gallina. Siempre que el
agua se ralentice, perderá más sedimentos, lo que hará que los
bancos de lodo crezcan al pasar por encima de ellos y más cieno
se asiente. De igual manera, cuando el agua se acelera al pasar por
encima de cualquier depresión en el lecho del río depositará menos y erosionará más, lo que hará que aumente esa depresión. Por
tanto, las depresiones en el lecho del río se convertirán en grandes
depresiones, e, inversamente, lo mismo le pasará a los pequeños
bancos de lodo, que se acabarán convirtiendo en islas. Pero ¿qué
vino antes? ¿El agua lenta que depositó el lodo o el banco de lodo

que ralentizó el agua? A veces es difícil saberlo, pero es bonito entender por qué una pequeña extensión de lodo en el agua que conoces parece crecer sin descanso.

En las zonas más lentas de un río, en que el agua casi se detiene por completo, es donde se deposita el cieno más fino. Quizá lo hayas experimentado ya si te has bañado alguna vez en un río, dado que es muy probable que hayas elegido un margen del río con aguas muy lentas para entrar. Aquí, la línea entre la tierra y el agua se difumina mientras se te hunden los dedos de los pies en el cieno más fino, que no notarás que te ralentice hasta que alcances con los pies el lodo más denso más abajo. Hay un término increíble para esas zonas de cieno superfino en las partes más lentas de los ríos, el «vientre de vaca», ya que la tripa es la parte más suave de las vacas.[17]

Cuando nace una isla, no tarda en comenzar a dictar los ritmos: divide el arroyo en dos, que se comportarán de manera similar a un arroyo normal, con aguas más rápidas en los centros y más lentas cerca de la isla y de los márgenes exteriores. Una sola isla en un río, o incluso una roca en un arroyo, crearán por tanto dos rápidos arroyos rodeados por un total de cuatro más lentos. Si el río no se ha ensanchado alrededor de la isla, significa que esta está robándole espacio al agua que solía haber allí, la está estrujando, en cierta manera. Observa con atención la velocidad de los arroyos a ambos lados y verás que el agua allí fluye más rápido que en el río principal antes y después de la isla. La isla se está comportando como si tapáramos con el pulgar un grifo, lo cual constriñe y acelera el flujo.[18]

## Remolinos

Siempre que un fluido pasa por algo que lo ralentiza empieza a girar, y se acaban formando espirales. Y no pasa solo con el agua, sino también con el aire y otros gases. Observa niebla o humo al pasar por una casa y detectarás lo poco que tarda en comenzar a dar vueltas.

Cuando el agua que desciende por un río se cruza con cualquier obstrucción, ya sea algo enorme como el pilar de un puente o algo mucho más pequeño como la ramita de un árbol, el agua comenzará a dar vueltas justo al otro lado de ese obstáculo. Eso es un remolino. Lo que resulta verdaderamente impresionante y precioso es que la física detrás de este comportamiento de los fluidos es una de las áreas más complejas de la ciencia. En 1932 el físico Horace Lamb lo resumió jocosamente con el siguiente comentario durante una ponencia: «Cuando sea ya viejo, muera y vaya al cielo, hay dos cuestiones sobre las que espero que me iluminen. Una es la electrodinámica cuántica, y la otra es el movimiento turbulento de los fluidos. Soy bastante optimista acerca de la primera».[19] Y las cosas no han dejado de ser complejas con el paso de las décadas después de las palabras de Lamb. Pero hay una verdad sencilla, y es que el patrón que veas en esos remolinos será totalmente único, jamás verás el mismo patrón repetido en ninguna parte; y eso es motivo más que suficiente para que merezca la pena observarlos.

Dado que el agua en un remolino fluye en círculos, podemos deducir que habrá una parte que fluirá en la dirección contraria a la del río. Muy a menudo un conjunto de remolinos se unen y generan una corriente estable de agua que va a contracorriente. Esto tiene el efecto de crear un arroyo muy pequeño que fluye de manera estable contra la corriente del río principal. Esta contracorriente es muy común y más fácil de ver en los límites del río donde las riberas están ralentizando la corriente del agua. Las contracorrientes siempre son mucho más estrechas que las del río, y nunca lo superan en velocidad.

Si echas un vistazo a lo largo de los márgenes de un río, es bastante probable que veas alguno de esos pequeños arroyos fluyendo delicadamente en la dirección errónea río arriba. Si tienes problemas para encontrarlos, intenta buscar restos, del tipo que sea, flotando hacia donde no deben, ya que para nuestros ojos es mucho más fácil detectar algo así que el agua.

Incluso aunque no veas esos remolinos estando cerca, es posible que detectes el efecto que tienen desde lejos. Si observas un río desde un puente, fíjate en que, desde la distancia, parece que los lados estén un poco «alterados» y, dado que no hay dos márgenes idénticos, cada lado estará alterado a su manera. Mi río local, el Arun, pasa por el pueblo de Arundel, y en uno de sus lados los márgenes están construidos para las casas con cemento y acero, mientras que en el margen opuesto hay una mezcla más natural de barro y hierba. Cuando el río pasa por esa orilla natural, esa alteración, y la acumulación de pequeños remolinos, es muy evidente, mucho más que en la orilla contraria.

Cuanto más caudaloso sea el río, más sustanciales serán los remolinos, y donde haya torrentes intensos habrá remolinos que serán lo suficientemente fieros y orgullosos como para haberse ganado su propia reputación e incluso nombre, como el «Granite Eddy»[20] ('remolino de granito') en el Gran Cañón del Colorado. Cuando un río fluye con fuerza en una dirección y los remolinos van en la dirección contraria, aparece una línea turbulenta que marca la división entre las dos corrientes, conocida como «línea del remolinos» (*eddy fence* en inglés). En los ríos tranquilos los remolinos son algo bonito de ver y esa línea es difícil de detectar, pero, a medida que aumentan las corrientes, los que suelen pasar tiempo en esas aguas turbulentas, como los kayakistas que practican *rafting*, llegan a conocerlos en profundidad y a temerlos. Hablan de entrar y salir «por la fuerza» de los remolinos. En palabras de una instructora de kayak, Rebecca Lawton:

En Colorado, los remolinos son los amos y señores. Son fieros, enormes, codiciosos, y serían capaces de desviar hasta el Queen Elizabeth. Las corrientes en las líneas de esos remolinos están tan agitadas y se elevan tanto que necesitarías una escalera para ver por encima de ellas.[21]

Y no está hablando metafóricamente. A finales del siglo XVIII, la goleta española *Sutil* cayó en un remolino enorme cerca de la isla de Vancouver, y los marineros a bordo informaron de que el barco entero había dado tres vueltas de campana, lo que los dejo aturdidos. Muchas personas han experimentado estos remolinos, pero pocos han sobrevivido para contarlo.

Pero no necesitamos estas fuerzas salvajes y a estas escalas para encontrar, atestiguar y saborear un remolino. Pueden encontrarse en los arroyos más serenos, y son igual de bellos. Leonardo da Vinci quedó prendado de esos remolinos más pequeños y los comparó con los rizos ondulados de los cabellos trenzados de una mujer.[22] Si miras fijamente un remolino, verás que, a su vez, está creando remolinos más pequeños. En la década de 1920, Lewis Fry Richardson, hombre del Renacimiento, los apreció y celebró con una cancioncilla swiftiana:

Los remolinos grandes tienen remolinos pequeños
que se alimentan de su velocidad,
y los remolinos pequeños tienen remolinos aún más pequeños,
y así sucesivamente hasta la viscosidad.[23]

Existe una ligera diferencia en la forma de un remolino que se crea bajo el agua al pasar una obstrucción o un hueco. Esto crea un remolino de agua bajo la superficie que, al principio, no podrás ver. Sin embargo, al cabo de poco tiempo estos vórtices vuelven a menudo a la superficie y crean un efecto ascendente delator, una chorro de agua. A veces, si miras río abajo desde un puente, serás capaz de ver claramente esos remolinos reapareciendo en la superficie, y normalmente será todavía más claro cuando parezca que estén redibujando por completo una zona en calma —puede parecer que alguien ha activado un chorro apuntando hacia arriba desde el lecho del río.

Si la corriente del agua está muy tranquila, el efecto a menudo es sutil y, por tanto, forma el tipo de perturbaciones suaves y onduladas que solo son visibles desde ciertos ángulos y con la luz adecuada. Esto es un gran ejemplo del tipo de efecto que quizá detectes primero en grandes y caudalosos ríos, después en otros más modestos y lentos, y, quizá entonces, meses más tarde, disfrutando del atardecer al lado del más débil de los arroyos, detectes un pequeño patrón, de los más leves, y reconozcas a un viejo amigo.

## Ondas, charcos, tablas y otras delicias

El río que estás mirando no tardará en dejar de ser recto. Los ríos no suelen correr rectos durante más de diez veces su propia anchura, lo que significa que si encuentras alguno que sí, estarás delante de algo que ha tocado la mano del hombre. Los canales sí que suelen ser rectos durante un tramo más largo, pero son artificiales, así que lo mejor es pensar en ellos como estanques largos y estrechos, ya que tanto los márgenes como el comportamiento del agua tienen más cosas en común con un estanque que con un río natural.

En teoría, cuanto más ancho sea un río, más recorrido tendrá en línea recta, pero incluso el más ancho de los ríos se torcerá; y cuando eso pasa, comienzan a suceder cosas interesantes. No hace mucho hemos visto cómo el agua fluye a más velocidad en el exterior de las curvas que en el interior (el *Talweg* también está más cerca de esta curva). Las aguas rápidas producen erosión y las lentas depositan sedimentos, lo que implica que un río con meandros está lejos de tener una forma definida, pues sufre cambios constantes. Día a día se irán arrastrando partículas de las curvas exteriores y se depositarán en las interiores río abajo, pero, con el paso del tiempo, incluso los mismos meandros también viajarán río abajo. Puedes observarlo a veces en fotos aéreas de ríos con meandros o comparando viejos mapas con algunos recientes. Y seguro que muchos recordamos de las clases de Geografía de la escuela cómo a veces los ríos cortan el cuello de un meandro, y se crea un lago en herradura (o brazo muerto).

Es normal que cueste imaginarse un río tranquilo erosionando tierras duras, pero piensa en un cubo de agua igual de alto y profundo que una persona de mediana estatura, y pesará alrededor de tres toneladas, así que no hace falta que viaje a demasiada velocidad para que pueda hacer mucho daño. La diferencia entre la erosión de las curvas exteriores y la sedimentación de las interiores tiende a provocar que tengan formas y perfiles diferentes. La curva exterior tenderá a tener un margen vertical, pequeño y similar a una colina, que se irá retrayendo con el tiempo, mientras que la interior formará una extensión poco profunda de grava y arena o barro que crecerá poco a poco.

Si el agua fluye a suficiente velocidad en un río con meandros o un arroyo, lo que verás no serán los grandes meandros de las zonas bajas y los libros de texto, pero aun así seguirás pudiendo observar algunos patrones intrigantes que se van repitiendo. Estos patrones me parecen más fascinantes que los de los meandros más famosos, porque están por todas partes, sobre todo en ríos de zonas altas, y, a pesar de todo, si no sabes cómo encontrarlos, pueden pasarte desapercibidos, y se convierten en un elemento invisible más en un bonito paisaje.

Cuando el agua fluya a suficiente velocidad por terrenos llenos de grava, la arrastrará durante una distancia considerable antes de depositarla. En los lugares en que se depositan grandes cantidades de grava, se crea una barrera natural que desvía el río o el arroyo. Lo interesante es que esto sucede siguiendo unos ritmos definidos. Habrá una combinación alternante de aguas rápidas y lentas, y siempre sucede de una manera determinada. Las zonas más veloces se llaman *rápidos,* mientras que las lentas se conocen como *remansos.*

Un rápido y un remanso.

Si no ha habido intervención humana en el flujo de un río, habrá una secuencia rápido-remanso* en cada estrechez del río que sea cinco veces su anchura total.[24] Así que, si caminas a lo largo de 100 metros por un río que tenga 10 metros de ancho, deberías detectar dos combinaciones de rápido-remanso. Como muchas de las características del agua que hemos ido viendo, lo más satisfactorio es que esas características no solo se ven en los ríos impresionantes. También aparecerán en los arroyos más pequeños y, de hecho, mostrarán muchas más en la misma distancia.

Los rápidos son fáciles de identificar porque es donde el río está más inclinado y las aguas poco profundas producen una espuma blanca al chocar contra las rocas, lo que genera también mucho ruido. Los remansos son igualmente fáciles de detectar porque son las zonas profundas del agua, mucho más lentas y

* En inglés, *riffle-pool sequence*. En algunos documentos especializados de hidrología, a veces se mantienen los términos ingleses *riffle* y *pool*. (N. del T.)

calmadas, y suelen estar en la parte exterior de los meandros. Entre los rápidos y los remansos hay tablas, que suelen estar justo a continuación de los remansos; las tablas fluyen a una velocidad entre los remansos y los rápidos, y su superficie es lisa.

Es divertido observar estas características cuando pasas por ríos de grava rápidos, pero son absolutamente capitales si quieres saber qué está pasando en el río. Y, como veremos en el capítulo siguiente, son una cuestión de vida o muerte, no para el lector del agua, sino para la vida acuática.

Cuando los kayakistas se acercan a los rápidos tienen que conocer a la perfección las características que son peligrosas y las que son divertidas. Sus conocimientos sobre lo que ocurre cuando el agua golpea grandes pedruscos nos pueden ser útiles, incluso aunque estemos leyendo los patrones alrededor de pequeños guijarros en un arroyo.

Uno de los rasgos del agua más sencillos de entender y detectar ha recibido el nombre de *almohada,* también conocidos como *ondas de presión.* Cuando una corriente fuerte de agua choca contra una roca o cualquier otro obstáculo, como los pilares de un puente, por ejemplo, se crea una especie de bulto en la parte superior de la barrera. Como la mayoría de cosas que veremos en las aguas en movimiento, la almohada es temporal y cambiante, el agua está cambiando a cada segundo que pasa,

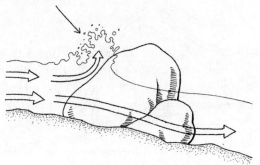

*Almohada*

pero, aunque la forma de la almohada pueda variar ligeramente, mantendrá una forma bastante constante siempre que se mantenga la corriente que la ha creado. Las personas que se atreven a ir en kayak por los rápidos más grandes y peligrosos verán las almohadas como pequeñas colinas de agua que anuncian una roca grande, pero el resto de los mortales lo que podemos hacer es buscar los pequeños bultos brillantes en la parte superior de piedras y guijarros más modestos. Tiene su gracia observar una hoja surfeando por ahí e imaginar su viaje.

Hay algo que los kayakistas no tardan en aprender a temer: los agujeros *(hole* en inglés). Cuando el agua pasa por encima de un saliente subacuático y cae repentinamente, se acelera y desciende hasta un punto inferior al nivel del agua que la rodea, lo que sorprendentemente crea un agujero temporal en el agua. Los agujeros son, a la vez, peligrosos e interesantes, por lo que sucede a continuación. El agua intenta recuperar su nivel, así que la que rodea el agujero retrocederá para intentar rellenarlo, pero lo curioso es que incluso fluirá río arriba para llevar a cabo esa tarea. Dado que el agua continúa cayendo por el saliente, el resultado es un equilibrio curioso pero precario en el que el agua que cae sigue creando el agujero y el resto retrocede para llenarlo, lo que crea un flujo continuo de agua

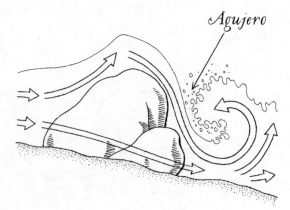

*Agujero*

ascendente; a su vez, se genera una ola estática que parece que vaya en la dirección equivocada. La ola no está ascendiendo, pero lo parece, a pesar de que no se mueva.

Puedes imaginarte que uno de estos agujeros a gran escala es algo de lo que preocuparse si vas en una pequeña embarcación, y que caer en uno de ellos y verse atrapado entre las dos corrientes es la pesadilla de cualquier kayakista: han matado a muchas personas a lo largo de los años. Sin embargo, cuando sabemos qué buscar, podemos disfrutar observándolas a una escala mucho más reducida. Algunos de los más fascinantes que he visto eran más pequeños que mi mano. Los agujeros son una característica tan importante de las aguas rápidas que tienen muchos otros apodos, como *hidráulicos* o *tapones*, pero yo me quedo con *agujeros*, porque me recuerda lo que se está cociendo bajo la superficie.

Con el tiempo, características como las almohadas y los agujeros comienzan a sentirse más como animales con los que nos hemos familiarizado que objetos. Para mí, una hora buscándolos es como pasar el rato persiguiendo criaturas salvajes.

# Capítulo 6
## *El ascenso*

El doctor Samuel Johnson dijo una vez que «la pesca con caña es un pasatiempo con un palo y una cuerda: un gusano en uno de los extremos y un tonto en el otro». Sir Humphry Davy se lo refutó y comentó que era más el caso de «una mosca en un extremo y un filósofo en el otro».[1] Viajé hacia el Distrito de los Picos completamente seguro de quién tenía razón, pero tenía un plan para hacer algunas investigaciones por mi cuenta.

Stuart Crofts me estrechó la mano cuando nos encontramos en el pueblo de Castleton en el Distrito de los Picos y, antes de soltarme, me estuvo asegurando con un fuerte acento de Yorkshire que pronto estaríamos debatiendo con el río las cosas que él quisiera contarnos.

Stuart se describe a sí mismo como formado por una tercera parte de pescador, otra de entomólogo y otra absolutamente dominada por un entusiasmo infantil por todo lo que tenga que ver con la naturaleza. Me había organizado para pasar un día entero con él para que me ayudara a perfeccionar un área específica de mi lectura del agua. No soy ni pescador ni cazador y, si te soy sincero, nunca he tenido demasiadas ganas de ser ni lo uno ni lo otro, pero siempre he respetado la profunda sabiduría que tanto cazadores como pescadores desarrollan en su nicho en el mundo natural. Es un conocimiento que a menudo te aporta una confianza tranquilizadora cuando estás al aire libre pero que también deja algo de espacio para la autocrítica. Stuart soltó una carcajada mientras me explicaba cómo se había mofado su hija de él cuando intentó impresionarla con una de sus capturas: «Felicidades, has sido capaz de engañar a una criatura con el cerebro del tamaño de un guisante».

Solo es posible llegar a entender la maestría y la pasión de los pescadores con mosca cuando apreciamos que la captura del pez es solo una parte muy pequeña del proceso. Le pregunté a Stuart, un hombre que ha dedicado todas las horas de vigilia a ese deporte y a la naturaleza que lo rodea, cómo se sentiría si le dijeran que no podría volver a capturar ningún pez nunca más.

«No me importaría lo más mínimo», respondió con tranquilidad y sinceridad, y no tenía ningún motivo para dudar de él; lo entendí. La pesca con mosca se remonta a los macedonios, alrededor de la época de Cristo, pero fueron los victorianos los que la adoptaron como pasatiempo, y ese fue el momento en que dio el salto y pasó de ser simplemente comida para el estómago a devenir un néctar para la mente.[2] Brian Clarke, una celebridad reciente en el ámbito, lo resumió a la perfección: «La clave de todo es pensar… El experto piensa más en el cómo y el porqué que en el qué».[3] Clarke está convencido de que no tiene nada que ver con los aparejos que tengas o las técnicas que emplees, sino con tus conocimientos del entorno. Porque la pesca con mosca tiene que ver con entender el agua, los peces, los insectos que se comen y en reconocer cómo la brisa más ligera o incluso el movimiento de una nube tapando el sol lo cambia todo.

Se habla a menudo de que un pequeño cambio en nuestro entorno puede tener un gran impacto, pero en la pesca con mosca puedes verlo con tus propios ojos. Los insectos voladores viven al borde de la muerte cada segundo de sus cortas vidas, y la simple capacidad de volar es un equilibrio precario, según lo hidratados que estén (muchos insectos mueren de deshidratación) o según factores como la temperatura corporal. Cuando el sol se esconde detrás de las nubes, los insectos se enfrían un poco, algunos pierden la capacidad de volar y caen en un río, donde las truchas los están esperando. Es esa sensibilidad la que hace al buen pescador.

«Hay muy pocas cosas en la pesca que dependan de la suerte», me explicó Stuart, y cuando me reí porque pensaba que era una broma me dijo que era cierto. Tiene un gran sentido del humor, pero no iba a permitir que la risa empañara lo realmente importante.

No había ni un atisbo de arrogancia en el discurso de Stuart, hablaba con cariño de todos, incluso de aquellos de los que decía que confundían churras con merinas. Como cualquier persona que siente puro amor por la naturaleza, Stuart es un modelo de sensibilidad por su entorno: es perfectamente consciente no solo de lo que está sucediendo a su alrededor, sino también del impacto que está provocando. Viajaríamos río abajo durante un día entero para garantizar la bioseguridad, para que si arrastrábamos sin querer algún organismo, al menos fuera en una dirección inocua. En ecosistemas sensibles, que, por supuesto, lo son todos, si caminas río arriba entrando y saliendo del agua, corres el riesgo de permitir que lleguen infestaciones hostiles a aguas que hasta ese momento estaban inmaculadas. Ir río abajo pone trabas a invasores voraces como la *Impatiens glandulifera* o los cangrejos señal.

Al bajar de un camino, a través de una pequeña zona llena de aleluyas, nuestras botas aplastaron una alfombra de agujas. Habíamos dado unos cuantos pasos por el lado de un pequeño riachuelo que fluía por un terreno oscuro cuando Stuart introdujo la mano en el agua con violencia. Usó los dedos para remover el cieno y entonces esperamos a que se asentara. Allí, en un lugar en el que jamás se me habría ocurrido mirar, había una abundante cantidad de vida. A pesar de lo mucho que intento recordarme a mí mismo que paso demasiado por alto a los insectos, continúo infravalorando la riqueza de su mundo a mi alrededor. Es posible encontrar un insecto desconocido para el ser humano hasta en el jardín de detrás de casa, literalmente; alguien lo ha hecho recientemente. Imagínate eso, conseguir que le pongan tu nombre a un insecto, porque fuiste lo suficientemente intrépido para rebuscar a unos pocos metros de casa, ¡qué maravilla!

El agua fluía colina abajo y se llevaba con ella el cieno perturbado, para dejar a la vista una pequeña zona desnuda de gravilla, sobre la que había docenas de camarones. Unos segundos más tarde estábamos echándole un vistazo a unas larvas de mosquitos gigantes y a un tricóptero.

—Son increíbles, pero ¿qué significan? —le pregunté. Le había advertido de que mi curiosidad se basaba en entender las pistas, las señales, los patrones. La belleza de todos los organismos se muestra ante mí solo cuando he podido entender lo que intentan decirme.

—Los camarones son una buena señal: significa que hay unos niveles muy bajos de amoníaco en el agua, porque no lo toleran en absoluto. Así que no hay basura humana o animal cayendo al agua río arriba. Esta agrupación de insectos también confirma que esto es un arroyo con una corriente muy lenta, lo suficiente como para que haya cieno.

Ambas cosas están conectadas y son importantísimas para los insectos y, por tanto, para los peces, puesto que los entornos lentos y con cieno son muy diferentes a los hábitats rápidos y limpios.

Mientras mirábamos río abajo comentábamos la cantidad de personas que luchábamos por que el agua cercana estuviera lo más limpia posible, y de cómo la mayoría de veces dependíamos del gobierno o de terceras personas para que nos aportaran información sobre si esas aguas eran prístinas o no. En ocasiones nos damos cuenta de que los salmones han vuelto a un río concreto, pero estos peces son un indicio tardío de lo que se cuece. Si nos preocupa lo que está soltando una tubería en un río, lo único que tenemos que hacer es interesarnos por los insectos acuáticos, y seremos capaces de hacer nuestros propios informes. Si nos fijamos en las diferencias entre los insectos que hay en los tramos de un río antes y después de una tubería, es imposible que los políticos, los empresarios o cualquier otra persona enmascaren la verdad.

Stuart señaló con el dedo un conjunto de pequeños insectos sobre una piedra llana en el arroyo, en la que habían construido casitas con forma de horno, y me explicó que los *Agapetus fuscipes* necesitan una calidad de agua altísima de manera regular durante al menos un año, así que aquello era una señal de que no había habido ni rastro de contaminación en el agua ni un solo día durante el año anterior. También eran una señal de que el agua allí era permanente y de que sería muy improbable que el manantial se secara en verano, porque no podría sobrevivir a algo así. Otros insectos con ciclos de vida más largos indicaban que el agua había conservado su pureza y corriente a diario durante dos o tres años.

Los insectos son una de las maneras más ingeniosas de la naturaleza de hacernos sentir el transcurso del tiempo. Cualquiera que haya visitado alguna vez las Highlands escocesas es muy probable que haya discutido sobre cuándo sería el mejor momento para ir y evitar así las peores épocas de los mosquitos; pero cuando se quiere comprender la relación entre el comportamiento de insectos y peces es necesario un nuevo nivel de conciencia. Por ejemplo, las efímeras o cachipollas viven en el lodo durante un par de años para en ese momento alzar el vuelo durante un solo día; ni siquiera les da tiempo a desarrollar un estómago.[4] Para los pescadores de truchas, saber en qué caerá ese día cada año se basa en la anticipación, así que las pistas sobre la eclosión de cualquier insecto son una parte vital del rompecabezas.

—Las lavanderas son una señal inequívoca de que están a punto de emerger insectos voladores que acaban de eclosionar —me explicaba Stuart—. Y lo mismo con las gaviotas reidoras, que aparecen de la nada en los ríos más grandes. Un pescador inteligente se dirigirá inmediatamente hacia esa zona, porque si las gaviotas están capturando los insectos que están emergiendo, los peces estarán haciendo lo mismo.

Desde los amentos de los sauces, que constituyen una fuente temprana de polen y néctar para los insectos, hasta los cambios más ligeros en la temperatura de las aguas, los ríos, los arroyos y sus márgenes están permanentemente al borde de explosiones de formas de vida voladoras desde la primera hasta el otoño. Igual que sucede con algunas flores silvestres, que reciben sus nombres por coincidir con fechas estacionales (como la hierba de San Juan, o hipérico), los insectos útiles para los pescadores se han ganado apodos coloridos y muy útiles: la mosca de San Marcos nace aproximadamente el día de San Marcos, el 25 de abril. Este uno de los mejores métodos para discernir el nivel de un buen pescador, preguntarle sobre insectos. Hay algunas expresiones generales para ayudar a aquellos con dificultades: *oliva* es un término utilizado para un amplio espectro de insectos (igual que los observadores de aves utilizan a menudo las siglas en inglés LBJ, *Little Brown Jobs*, 'pequeños pájaros marrones'), pero los expertos de verdad se lo toman bastante a pecho, y a menudo lo magnifican.

Stuart y yo descendimos un pequeño tramo y emergimos de una zona de oscuras coníferas, después de recibir gritos de un pastor preocupado, y nos detuvimos a descansar al lado de un arroyo más ancho que brillaba bajo el sol. Se acercó a investigarnos una mariposa aurora, pero le interesamos poco y continuó su camino. Red en mano, Stuart entró en el arroyo y comenzó a presentarme nuevos amigos en una bandeja blanca para que los investigara.

—¿Cuántas colas? —me preguntó.

—Esto… tres —respondí.

Su intención era ayudarme a comprender, y a poner orden, lo que es potencialmente una de las partes más abrumadoras del reino animal. Si el insecto tenía tres colas, formaría parte del grupo de las efímeras, también conocidas como *efemópteros*. Si solo tuviera dos, podría ser una de las treinta y cuatro especies de plecópteros. De cerca, las efímeras parece que se muevan como un delfín, mientras que los plecópteros parecen cocodrilos.

Si estás comenzando a adentrarte en el mundo de los insectos acuáticos, encontrarás que se usan las palabras *ninfa* y *larva* para referirse a las etapas inmaduras de los insectos. Vale la pena saber que ambos términos no hacen referencia a las diferentes etapas de las mismas criaturas, sino que es una manera de diferenciar entre los insectos que hacen la metamorfosis cuando llegan a la edad adulta y los que no. Las ninfas son insectos a los que les crecen alas y adquieren la capacidad de volar, pero no hacen metamorfosis, mientras que las larvas sí la llevarán a cabo y adquirirán una nueva forma. Pero ¡cuidado con los libros de texto que utilizan estos términos indistintamente y sin preocupación!

El individuo de tres colas que estaba admirando era una ninfa de efímera treparrocas; se ganó el nombre por la costumbre de utilizar la presión del agua que le rodeaba para adherirse a las rocas, y son señal de una calidad del agua óptima. Stuart me explicó cómo era posible, con los conocimientos necesarios, analizar cualquier sustancia contaminante o estresores en el agua mediante los insectos que hubiera por allí. Habría pistas sobre nitratos, fosfatos, niveles de oxígeno, niveles lumínicos, velocidad del agua, depredadores, sobre cada uno de los agentes contaminantes, etc., y no solo los niveles en ese momento concreto, sino los de cada segundo durante, como mínimo, el año anterior.

Stuart buscó a conciencia una especie muy rara llamada *Ameletus inopinatus*, y me explicó que era vital para los entomólogos porque la estaban usando como si fueran canarios en las minas de carbón, ya que era el insecto más sensible a los cambios del clima. Entonces, volviendo a un nivel que yo pudiera entender, me ilustró, en una bandeja llena de insectos, que no había ni un solo camarón; la corriente del agua era demasiado fuerte.

Stuart devolvió a nuestros amigos al agua y, mientras tanto, di un paso al frente y, mirando el agua en dirección al sol, me quedé fascinado con su belleza blanca alrededor de una roca, cómo parecía estar en efervescencia y cómo lanzaba a cada segundo pequeños diamantes hacia el sol. Pero de lo que no tenía ni idea era de que los insectos cercanos me estaban también señalando ese efecto. Stuart me comentó que los insectos tenían una necesidad vital de humedad en el aire y, por tanto, eran muy sensibles a ella. Las partes burbujeantes de los ríos y arroyos creaban una capa de un aire mucho más húmedo sobre ellas que el agua cercana ligeramente más calmada. Eso implicaba que los insectos gravitarían por esas zonas de agua blanca, atraídos por la humedad del aire. ¿Habríamos sido capaces de descubrir algo así sin las investigaciones apasionadas de los pescadores? No lo tengo claro.

Los insectos tienen otro as en la manga: pueden identificar la luz polarizada, y toda la luz que refleja el agua lo es. Para un insecto, la luz reflejada es completamente diferente a la que les llega directamente desde el sol. (Si tienes unas gafas de sol polarizadas, podrás hacerte una minimísima idea de lo diferente que puede parecerle el agua a un insecto si te las inclinas sobre la nariz y observas cómo cambian ligeramente las diferentes zonas del agua. El debate sobre si las gafas de sol pueden ser de ayuda en la observación del agua es interminable; disminuyen la visión, pero también el resto de la luz. Personalmente, prefiero no usarlas en tierra, pero suelo llevarlas en alta mar en días soleados. Con o sin ellas, un buen consejo general es mirar primero a las zonas sombrías antes de girar la vista hacia las más brillantes, porque así le darás tiempo a tus pupilas a adaptarse mejor y más cómodamente.)[5]

—¡Una polilla tigre! —grité señalando al aire como un crío, porque había visto un insecto volador a contraluz que me recordó a un biplano.

—¿Qué has dicho? —me preguntó Stuart. Parecía serio, y pensé que quizá había metido la pata. Un segundo más tarde, volvió a preguntarme, pero esta vez no era capaz de discernir si estaba entusiasmado o alarmado.

—Ese insecto se parece a un biplano. Tiene dos pares de alas.

—¡Ja, ja! ¡Es brillante! —contestó, lo que me sorprendió bastante, porque no entendía el porqué.

—¿Tú crees?

—Sí. Yo lo llamo Sopwith Camel, pero para el caso. Siempre le digo a la gente que busque el Sopwith Camel.* Es el plecóptero.

Solté una carcajada y miré a mi alrededor. Me di cuenta de que era mucho más fácil detectar el agua que saltaba del arroyo y los insectos sobrevolándolo si miraba aproximadamente en la dirección del sol. Estuvimos un rato sentados y le di un sorbo a la cantimplora, mientras Stuart me explicaba que un pescador como dios manda debería capturar insectos tanto en el aire como en el agua por encima de donde pretendía lanzar el anzuelo. Me enseñó las diferentes redes que usaba para ese propósito. Y así fue como aprendí que la persona que comenzó el viaje caña en mano pensando que solo le interesaba capturar peces acabó convirtiéndose en un entomólogo por accidente.

Stuart y yo estuvimos hablando sobre cómo interaccionan los elementos y los insectos para que a la mayoría de personas le pase por alto. Observábamos los mosquitos que revoloteaban por el arroyo y Stuart me explicaba que eran un buen ejemplo de insectos voladores tan sensibles a la temperatura que, si estaban sobrevolando el agua cuando el sol se escondiera detrás de las nubes, se desplomarían y caerían al agua.

Si combinamos esa sensibilidad con las curvas en el recorrido de un río y la dirección del viento, incluso cada uno de los cambios individuales en la brisa, podemos explicar por qué habrá una gran riqueza de insectos en un tramo de agua y no unos metros más allá. Y los peces también están completamente acostumbrados a esas diferencias. Es la razón por la que habrá un grupo de pescadores con sonrisas de oreja a

* El Sopwith Camel era un biplano monoplaza británico que se convirtió en uno de los preferidos de los pilotos en algunas batallas de la Primera Guerra Mundial.

oreja mientras que los vecinos al otro lado de la curva estarán gruñendo y culpando a sus aparejos. Las palabras de Stuart sobre la suerte volvieron a rondarme la cabeza, pero añadió unas cuantas más muy pertinentes medio gruñendo: «¡Es en las malditas señales en lo que nos tenemos que fijar!».

Mientras caminábamos por los márgenes de aquel ancho arroyo, Stuart iba señalando de vez en cuando lugares en el agua: «diez por ciento», «treinta por ciento», «diez por ciento», «setenta por ciento», «guau, cien por cien, ahí seguro que hay peces». Estábamos echándole un vistazo a las «bolsas», las pequeñas zonas de agua en calma que hay justo fuera de la corriente principal, mientras Stuart calculaba las probabilidades de que hubiera peces. Se detuvo y señaló una de las formas del agua, que reconocí al instante: «Mira ese remolino. Seguro que hay peces ahí, ¡por narices!».

Stuart nunca apuntaba hacia las aguas bravas de los rápidos, o a las aguas mansas de las tablas, sino siempre a las bolsas tranquilas a ambos lados de las aguas blancas. Estas bolsas son exactamente lo mismo que las pozas en los ríos más grandes, solo que la versión júnior. La topología de un río, incluso lo que pueda parecer absolutamente aburrido en los libros de geografía, se convierte en algo rico y profundo cuando nos damos cuenta de que las secuencias de rápidos, tablas, remolinos, pozas y bolsas son un mapa de la vida acuática. Los peces están constantemente buscando las mejores ofertas, más comida por menos esfuerzo (como todas las criaturas que viven al borde de la inanición; los pajarillos viven en ese estado de manera casi permanente).

Al mismo tiempo, los peces están dando el máximo de sí mismos para comer sin ser comidos, y todos los que llegan a la edad adulta han aprendido la lección: no solo deben evitar convertirse en comida de aves y mamíferos, sino también en la de otros peces; todos los peces pueden comerse entre ellos. Esto significa que tienen que evitar los esfuerzos físicos por alimentarse en las aguas rápidas y poco profundas, y no pueden permitirse regodearse en las cristalinas y lentas aguas de las

109

tablas, donde cualquier ave hambrienta los detectaría. Tienen que esconderse bien entre las raíces y fuera de la vista de depredadores hasta que llegue la noche. Las bolsas que hay justo al lado de la corriente del agua les traen comida en forma de insectos como si fuera una cinta transportadora, y si esas bolsas están resguardadas y ensombrecidas por las raíces nudosas de algún árbol o por rocas convenientemente colocadas, mejor que mejor. Stuart iba valorando todos estos factores mientras recorríamos el arroyo, cada uno defendiendo sus predicciones sobre la probabilidad de que hubiera peces viviendo por aquí o por allá.

—Les encanta el agua removida —me dijo.

—¿El agua removida? —le pregunté, preocupado por si aquello era algún término formal que yo desconocía.

—Sí. Les encantan las bolsas y las pozas, pero si se meten en la corriente principal, será en el agua removida.

Me mostró a qué se refería. En los rápidos, el agua se mezcla con el aire y es por eso por lo que genera ese sonido tan característico. En las tablas, todo está en calma, pero justo en medio hay agua removida, lugares donde el agua fluye a través de las rocas pero no a suficiente velocidad o energía como para golpearlas y mezclarse con el aire.

—No está ni en calma ni blanca y mezclada con aire, está… eso, removida. A los peces les encanta.

Reconocí el tipo de agua del que me estaba hablando. Tiene un equivalente en el mar, como veremos más adelante. Vale la pena recordar que lo que genera el sonido del agua corriente es su ruptura, así que podemos oír los rápidos, pero tenemos que detectar las tablas, pozas, bolsas y aguas removidas porque son silenciosas.

Los peces también adoran los «puntos débiles» y las «zonas de fricción» alrededor de ciertas rocas. El agua en las partes superior e inferior de una roca prominente fluirá a menos velocidad que la corriente principal cercana a la roca. Eso son los «puntos débiles». Y a menudo también será más lenta a los lados, lo que se conoce como «zonas de fricción». Los peces no le hacen ascos a ninguno de los dos.

Stuart movía el dedo con velocidad hacia las zonas en calma del agua del lado contrario del arroyo. Le pregunté por qué solo señalaba las bolsas más alejadas, dado que seguro que teníamos algunas decentes cerca de nosotros. Se detuvo y esbozó una sonrisa.

—Ah —parecía entusiasmado y un poco avergonzado—. Bueno, sí, está claro. Es porque soy diestro —hizo un gesto brusco con el brazo derecho y apuntó a la orilla más alejada—. Los diestros vemos el río de manera diferente a los zurdos. Si recorro un río con un zurdo, cada uno se detendrá en zonas diferentes. A veces intento engañarme a mí mismo y me fuerzo a creer que señalaré algo con la mano izquierda, y detecto bolsas que no habría podido ver de otra manera.

Me encantó la idea y compartí con él una similar que afecta a los transeúntes. Cuando se nos presenta en nuestro camino un obstáculo alto, usaremos la mano menos preferida para «esquivar» dicho obstáculo. Imagina que estás un poco perdido y vas por un camino que se bifurca a ambos lados de una roca alta y estrecha. Idealmente pensarías que elegirías cualquiera de los dos sentidos, pero no es cierto, porque todos tenemos preferencias preprogramadas, y les influye que seamos diestros o zurdos. Los diestros prefieren poner la mano izquierda en el obstáculo, probablemente porque eso les deja su mano favorita libre. Eso puede llevarte a caminar en círculos si te has perdido en un terreno rocoso y no eres consciente de lo que está pasando.

Se nos cruzó un lagarto, y se detuvo a analizarnos y a absorber un poco más de aquel sol de abril. Un poco adelante pasamos por encima de los restos secos de la placenta de una oveja, mientras Stuart me explicaba que le encantaba preguntar a los niños cuál era el organismo vivo más antiguo que existía. «Normalmente acaban diciendo que los dinosaurios. Yo les digo que las efímeras estaban ahí como 150 millones de años antes que los dinosaurios, y que aún seguían dando gue-rra.» Noté cierto orgullo en su voz, como si las efímeras fueran parte de su equipo y juntos hubieran derrotado a la evolución.

Vimos pasar una mancha de aceite en el agua y estuvimos observando sus colores iridiscentes mientras considerábamos su origen a medida que se acercaba al reflejo del sol. Ambos pensamos que la culpable, más que algo industrial, era la resina de las agujas de los pinos que habrían caído al agua río arriba.

Stuart se detuvo en una hilera de coníferas y un saliente rocoso, y bajamos la mirada hasta una poza calmada, al borde de unas aguas blancas.

—La trucha necesita dos cosas: refugio y comida.

Me explicó que, si éramos capaces de aprender a ver el río teniendo esas dos cosas en cuenta, desde la perspectiva de una trucha, las encontraríamos. Los lugares que ofrecieran refugio en combinación con aguas que no fueran demasiado rápidas pero que estuvieran cerca de agua que fluya lo suficiente y arrastre concentraciones de comida a su paso, serían el hogar ideal de las truchas y garantizarían su presencia. Estábamos mirando uno de esos lugares.

—¡Ahí! —el dedo salió como disparado—. ¿La has visto?

—No —le contesté, intentando concentrarme, siguiendo el dedo de Stuart lo mejor que podía hacia el margen más alejado del río.

—¡Ahí, otra vez!

—¡Sí, ahora sí que la he visto!

Las ondas se expandían y dejaban el centro en calma, antes de disolverse en las aguas más turbulentas que las rodeaban. Estaba en éxtasis. No quería presionar injustamente a Stuart, pero llevaba todo el día esperando aquello. Estaba igual de feliz que un cazador de caza mayor victoriana que hubiera abatido una bestia en la sabana africana. Había visto «el ascenso». Para alguien que no deseaba capturar al pez, aquello era un triunfo y un momento espectaculares. Hasta entonces, nos habíamos pasado el día entero persiguiendo ese momento, estudiando el tiempo, el agua, las plantas, las aves, los insectos… Todo eso nos había permitido pillar por sorpresa el maravilloso espectáculo del ascenso de la trucha, que se nos mostró en la superficie del agua con un patrón de ondas característico.

Como cualquier arte, la pesca con mosca no es inmune a debates acalorados sobre sus fundamentos. Pero, para mí, la belleza reside en que es el arte de pescar sin pescar. Vamos a llamarlo «Observación de ascensos». Y puede que lo rodee el mismo debate, porque es enriquecedor y provechoso. Los pescadores con mosca adoran ver ascender a los peces, incluso aunque no acaben capturándolos. Esos ascensos son lo que demuestra la actividad a los observadores de ascensos y la potencialidad a los pescadores con mosca, y es igualmente excitante para ambos. El observador de ascensos puede aprovechar el entusiasmo del pescador con mosca y conservacionista de los ríos de caliza Simon Cooper:

> Ese momento en el que un hoyito se extiende por la superficie del agua que tienes ante ti cuando una trucha se traga una mosca es igual de bello que un cruce de miradas en una habitación llena de gente.[6]

No habrá dos expertos que se pongan de acuerdo en la forma exacta que se crea cuando un pez rompe la superficie del agua o se acerca a ella. Pero los puntos en que coinciden vienen impuestos por la lógica de los comportamientos de alimentación de los peces.

Los peces, y nos centraremos en las truchas por simplicidad, se acercan a la superficie para coger un insecto. Sabemos lo sensible que es el agua incluso a cambios ligeros, así que cuando un pez captura un insecto con la boca es imposible que eso no perturbe la superficie del agua. Eso crea el ascenso que detectamos; hasta aquí, pan comido. ¿Pero qué forma exacta tiene ese ascenso, y por qué? ¿Y qué podemos deducir de las diferencias sutiles entre los patrones de ascensos que vemos? Esas son las preguntas que se encuentran en el núcleo de la pesca con mosca y la observación de ascensos.

Hay algunos principios fundamentales en los que todo el mundo está de acuerdo. Existen diferencias de comportamiento y forma en los insectos, la comida de las truchas. Los hay grandes y pequeños, algunos que mueren y caen al agua, otros que están atrapados y se retuercen, y otros posados en la superficie preparados para salir volando en cualquier momento. Imagina que una trucha detecta un insecto diminuto, inmóvil (probablemente muerto), en la superficie del agua. No se dará un festín y tampoco es probable que se le vaya a escapar, así que la trucha no va a malgastar demasiadas energías para atraparlo, se le acercará sin prisa y se tomará su tiempo para comérselo; ¿para qué va a gastar un montón de energía en un ataque en picado y un mordisco vigoroso? Pero un insecto mucho más grande, vivito y coleando y listo para escapar será un desafío muy diferente para la trucha: una comida en condiciones, pero una que intentará evitarlo. Y por eso en este caso el *modus operandi* de la trucha será más bien una especie de ataque relámpago.

Las diferentes estrategias que emplean los peces para capturar su comida en la superficie generan una gran variedad de ascensos en las que los pescadores están de acuerdo y buscan con ahínco. Dependiendo de la autoridad a la que consultes, puede que te hablen de ascensos del tipo beso, absorción, sorbo, corte, descarga, con forma de riñón o protuberante. El debate y el desacuerdo, incluso entre expertos con largos recorridos, sobre las diferentes formas que adoptan los ascensos son sobrecogedores. Pero con la ayuda de Stuart voy a intentar simplificarlo un poco.

Bajo los ascensos de las truchas, incluso en los más sutiles, hay muchísimo que observar, sin duda. A veces un pez que esté nadando justo por debajo de la superficie perturbará el agua de una manera tan ligera que no se calificaría como ascenso, y será invisible para la mayoría de observadores. Pero será detectable si estás mirando los reflejos adecuados. El borde vertical y despejado del tronco de un árbol puede que se difumine, o puede doblarse un poco, e incluso quizá se tuerza hasta alcanzar una forma completa de S.[7] (Llegados a este punto puede ser de ayuda recordar nuestro trabajo con los «charcos sismógrafos» en el capítulo de los charcos.)

Las truchas cambiarán de color rápidamente si la situación lo requiere en cuestión de días para adaptarse al entorno, y son maestras del camuflaje a ojos de las aves, cuanto más para nuestros pobres instrumentos. Son tan buenas cambiando de apariencia que los victorianos clasificaron muchas especies diferentes de trucha común, cuando en realidad estaban observando la misma especie con diferentes ropajes.[8] Pero todavía tendremos posibilidades cuando las truchas delaten su posición cuando cacen ninfas de la manera siguiente. Se colocan en dirección río arriba, ocasionalmente cambiando su posición a izquierda o derecha, antes de volver a su lugar original, lo que puede ser bastante difícil de detectar en un primer momento hasta que se nos revela una señal que las autodelata: el hilo de luz, la pequeña zona blanca que aparece en el fondo oscuro cada vez que el pez abre la boca.[9]

Es improbable que detectes la cola del pez de inmediato, pero vale la pena estar alerta al movimiento rítmico de su sombra. La mejor regla general es la siguiente: intenta buscar cualquier movimiento anómalo, porque, aunque los animales camuflados pueden hacerse casi invisibles, sobre todo bajo el agua, una debilidad del camuflaje es que no se le da demasiado bien ocultar el movimiento, ya que el fondo no cambia para seguirle el ritmo al pez. A veces un pez echará por tierra su camuflaje al perturbar el cieno de una zona de grava, lo que hará que se note en un fondo más claro.

No debería sorprendernos en la búsqueda de peces darles una oportunidad al sol y el viento. En días tranquilos, cuando el sol está alto y lo tenemos detrás, mirar el agua es más fácil, pero ten en cuenta que los peces son muy receptivos a cualquier ruptura del horizonte que les provoques. Puedes incrementar las posibilidades aumentando la luz que necesitas y disminuyendo la que no, lo que en esencia significa cubrir el cielo con un sombrero de ala ancha o una gorra.

Stuart y yo llevábamos un rato observando ascensos desde el mismo lugar cuando me hizo un repaso de la combinación de factores. El comportamiento de los insectos, la dirección del viento, las pozas tranquilas al lado de las aguas más rápidas, la luz del sol y la sombra en el agua, el hecho de tener una hilera oscura de árboles a nuestras espaldas y, por tanto, no estar rompiendo el horizonte de los peces. Vimos una secuencia de tres ascensos, y cada uno provocaba en mí una silenciosa reacción de entusiasmo. Observando la secuencia de esos ascensos puedes deducir rápidamente si hay varios peces diferentes en la misma poza, o si es el mismo haciendo un circuito. Si este es el caso, predecir el lugar exacto del próximo ascenso es más fácil.

—Uno, dos, tres... ¡allí! El mismo pez —me susurró, y observamos hasta que el patrón volvió a repetirse. Después subimos a una colina para cambiar de perspectiva y los ascensos cesaron. Habíamos superado el límite de los árboles y estábamos rompiendo el horizonte. Las truchas eran muy sensibles a cada uno de nuestros movimientos, y en ese momento habían buscado refugio desesperadamente.

—La gente no me cree cuando les digo esto, pero es verdad... Cuando pesco de noche, lanzo la mosca por el sonido de los ascensos. En serio. —Le creí—. Mira ese camino de cochambre.

—¿Camino de cochambre?

—Sí. Ahí donde las burbujas fluyen en línea recta río abajo. Eso marca el lugar en el que la fuerza del agua y el viento está acumulando cosas en la superficie. Es donde se reunirán los insectos. Veremos un pez por ahí si tenemos paciencia.

No tuvimos que esperar ni un minuto antes de que comenzaran a extenderse anillos concéntricos, seguidos de más y más.

—Pero no es cochambre de basura, ¿verdad? No me haría ninguna gracia que hubiera basura en un río tan puro.

—No, es el nombre de las burbujas, las que salen del agua blanca de aquellos rápidos.

Busqué el siguiente ascenso y no tardé en encontrarlo, pero la cabeza se me fue a los diferentes tipos. Le dejé el tema a Stuart, porque me había pasado demasiado tiempo peleándome para intentar discernirlos sin demasiados buenos resultados. Era muy diplomático —quizá por evitar hablar mal de los grandes nombres del deporte—, y dijo que cada persona ve lo que ve, y que no es algo sobre lo que puedas estar «errado», siempre que seas honesto al explicar lo que estás viendo.

Me pareció que estaba sugiriendo que había cierta subjetividad en la percepción de las formas de los ascensos, lo que es bastante comprensible si tenemos en cuenta que aquello es un arte. Quizá es una cuestión del nivel de detalle que cada persona quiera ver; lo que para unos puede ser una salpicadura, para otros puede ser una «forma doble de riñón». Lo presioné un poco para que me explicara cuáles eran las formas que él personalmente identificaba y usaba. Se detuvo a reflexionar sobre la respuesta, y los ojos se me fueron a las golondrinas que se zambullían en el agua para beber algo de agua al vuelo. Me explicó que tras cuarenta años de pesca apasionada, agrupaba los ascensos en tres categorías. Estuve a punto de suspirar. Pero luego entendí que había solo uno en cada una de las categorías y eso me levantó el ánimo.

—Está el ascenso de besos o sorbo: piensa en tu abuelo meciéndose tranquilamente en su silla. Te pide una cucharadita de ginebra y se la acercas a los labios con muchísimo cuidado. Este es el ascenso de beso.

Era el que habíamos visto hacía un rato.

—Luego está la salpicadura: cuando el pez se está moviendo a buen ritmo y a menudo saca la cabeza… ¡hay veces que incluso puedes verle los ojos! Finalmente, el más sutil de todos, el de la subsuperficie. Son muy difíciles de detectar, a veces los llamo *aguas nerviosas*.

Antes dije que a este ascenso algunas personas lo llaman *protuberancia*.

—Cuando el pez captura algo bajo el agua sin romper la superficie, aunque a veces sobresalga un poco la cola… no tiene ningún sentido utilizar moscas secas en un ascenso de subsuperficie, ¡estarás perdiendo el tiempo!

Nos alejamos del borde del río atravesando un aire espeso con olor a ajo y un par de alfombras de anémonas de bosque. «Es una partida de ajedrez. Pero solo tienes un movimiento», me dijo Stuart mientras sacaba un hornillo, una tetera y un par de tazas de un cubo de madera. Saboreamos una taza de té y no pude resistirme a explicarle cómo las celidonias menores y las margaritas estaban orientadas hacia el sur. Tras el té, la conversación cobró tintes más filosóficos, ya que Stuart me estuvo hablando de sus técnicas de una manera mucho más amplia; su deseo era fundirse hasta el punto de que el río no supiera que estaba allí. Me chocó lo que le gustaba utilizar la palabra *río* como muletilla para describir no solo el agua, como harían la mayoría, sino también las intrincadas redes y ecosistemas de las que el río no es más que una arteria.

—Todo es cuestión de permitir al río que te invite a entrar, para que cuando estés siguiendo su curso puedas acariciar un pato mientras sigue sentado en su nido, o pase velozmente a tu lado un martín pescador, y que tenga que esquivarte bruscamente, o un mirlo acuático, o incluso una garza que alza el vuelo y sientas las ráfagas de aire de sus alas… es en ese momento cuando has sido invitado a estar allí y… es el momento en que comienzas a convertirte en un pescador o un cazador de verdad.

Hasta que llegue ese momento, no tiene nada de malo detenerse en un puente y bajar la mirada para buscar pistas sobre dónde reside el lugar preferido de los peces y así observar los ascensos.[10] Si me ofrecieran elegir entre una trucha recién pescada o poder ver un ascenso justo en el lugar en el que he predicho que aparecería, personalmente elegiría lo último. Sabe peor, pero genera mejores recuerdos.

# Capítulo 7

## *Los lagos*

La rata de agua desapareció por el arroyo y el sonido de su pequeña salpicadura casi se perdió entre palomas torcaces y pinzones. Brillantes pirámides de flores blancas con matices rosados cubrían los castaños de Indias y cúmulos de nubes se desplazaban velozmente sobre ellos. Las condiciones tempranas de esta mañana de primavera tardía eran perfectas para mis planes, llena de vida, de luz y de una brisa ligera. Caminaba por el arcén de Mill Lane ('carretera del molino') hacia el lago Swanbourne, palabras que anticipaban un paisaje lleno de agua. El lago se remonta a años anteriores del libro de Domesday,* y fue originalmente utilizado como aguadero para abastecer el castillo de Arundel en Sussex Oriental. La palabra inglesa *bourne* ('arroyo') en Swanbourne indica que el lago se alimenta de manantiales, aguas que se han ido filtrando a través de la caliza que lo rodea. Esta es una de las primeras cosas que debemos considerar cuando lleguemos a cualquier estanque grande o lago: ¿qué hay en el subsuelo?

Las rocas que haya bajo el lago tendrán un gran impacto en la flora y la fauna, tanto dentro del agua como en los alrededores. Si has atravesado una turbera para llegar al lago, estarás en un suelo ácido y es posible que haya muchas libélulas, pero

---

* El libro de Domesday, o libro de Winchester *(Domesday Book,* en inglés), fue el primer registro de Inglaterra, encargado por Guillermo I el Conquistador, ligeramente similar a un censo nacional. Se completó en 1086, y estaba escrito en latín. *(N. del T.)*

habrá restricciones en la vida animal y vegetal. Los páramos tienen fama de ser áridos no sin motivo, y, más allá de cualquier asociación cultural —desde los sabuesos holmesianos a algunos asesinatos más recientes—, son suelos ácidos. Por ejemplo, no habrá ni rastro de crustáceos, ya que ni tendrían calcio para construir sus caparazones, ni podrían sobrevivir a los estragos del agua ácida. Si estás en un terreno de caliza, la diversidad de plantas y animales se dispara, y es muy probable que encuentres grandes cantidades de crustáceos.

El lago Swanbourne es y siempre ha sido artificial. Puede que sea un elemento antiguo del paisaje, pero no habría existido de no ser por el paisajismo humano. Para algunos puristas, los lagos artificiales carecen de encanto, pero están bien acompañados: en gran parte de Inglaterra, sobre todo en el sur, hay muy pocos lagos «naturales». Además del tipo de roca, vale la pena fijarse en la historia geológica de la zona, porque si estás en una región en la que hubo glaciares extendiéndose y dando guerra, es muy probable que hubieran aparecido lagos, con o sin humanos. Pero, al sur de los glaciares, es extraño encontrar estanques o lagos sin asistencia humana. Hay un puñado de excepciones, ya que la actividad tectónica puede crear algunas de las extensiones de agua más profundas e interesantes, como el lago Ness o los grandes lagos en África oriental. Y no debemos olvidarnos de los que crean los ríos, los lagos en forma de herradura.

Cuando hayas reconocido que un estanque o un lago es probablemente una creación humana, puedes preguntarte cuál era el propósito, lo que a su vez te enseñará más cosas sobre el agua y la zona. Si aparecen pequeños estanques en los lugares más inesperados en medio del campo, es posible que sean «estanques de rocío», muy habituales en Inglaterra. Los estanques de rocío fueron durante siglos la solución de los granjeros en las zonas secas de caliza; estos estanques artificiales se creaban revistiendo hoyos de caliza con arcilla, y dejando que la lluvia (no el rocío) los llenara para que pudieran beber los animales. Tampoco es que haya ningún problema en que exista cierto misterio en los estanques y los lagos, ya que nos ofrecen rompecabezas por resolver. Me crucé con un estanque de agua dulce muy cerca del mar en una ciudad costera llamada Littlehampton. Me pregunté si lo habrían construido por motivos estéticos, pero no me acababa de convencer, porque Littlehampton es una ciudad a la que, hasta el momento, no parece que la estética le haya importado demasiado. No había nada en su forma que delatara su uso, pero el misterio desapareció cuando me dijeron cómo se llamaba. El Oyster Pond, el 'estanque de las ostras', se utilizaba, efectivamente, para guardar ostras.

Sea cual sea la causa física de la acumulación de agua dulce en algún lugar, vale la pena admirarla, aunque solo sea porque es inusual. Si nos paseamos por un gran río o hacemos una excursión al distrito de los Lagos, puede darnos la sensación, errónea, de que el agua dulce es muy abundante, pero nada más lejos de la realidad. El agua de los océanos es abundante, y por cada 6750 litros de agua salada en el mundo hay solo un litro de agua dulce en ríos o lagos.[1] Esa es la razón por la que se controla su uso, incluso en partes húmedas del planeta, como el Reino Unido.[2]

Al llegar al borde del agua, la presencia del lago se hizo notar. Había un aroma familiar en el aire, con matices sutiles de excrementos de pájaros y humedad, de follaje en descomposición. Si le prestamos atención a los olores cerca del agua, detectaremos rápidamente la dirección del viento, la naturaleza de las orillas, la vegetación y la temperatura. Tan solo con oler el aire cercano al agua podremos notar un cambio en las estaciones. Si lo único que captas es un ligero olor a agua, afortunadamente es una buena señal, pero es normal que los olores sean más fuertes en verano que en invierno, como con toda vida, y sobre todo habrá más actividad de algas y bacterias en el barro. Sin embargo, un sutil olor a huevos podridos puede indicar que las bacterias están produciendo sulfuro de hidrógeno, lo que a su vez implica que los niveles de oxígeno están disminuyendo y que el ecosistema acuático se está degenerando.

Registrar lugares por sus olores es también una buena idea por otra razón. La información que nuestro cerebro recibe a través del sentido del olfato toma una ruta diferente a la de los otros sentidos, ya que cruza una parte llamada *tálamo*.[3] Los olores alcanzan una parte de nuestro cerebro asociada a la memoria y las emociones de manera mucho más directa que lo que vemos u oímos. Nos genera otra impresión y construimos otra capa de conocimiento sobre un lugar cuando registramos sus olores, pero también podemos crear un mapa emocional mucho más duradero. No voy a aburrir al lector explicándole todos los olores que me devuelven a ciertos lugares con una fuerza irresistible, pero hay uno en particular que todavía hoy, cuando han pasado más de veinte años, hace que casi se me salten las lágrimas; y estoy seguro de que tú tienes los tuyos. En la época del *geocaching*, en la que los caminantes utilizan GPS para encontrar tesoros bien escondidos, quizá haya espacio también para disfrutar del *geoolfateo*.

Hay muchísimas maneras de utilizar nuestro sentido del olfato de manera práctica, desde apreciar que nos estamos acercando a la costa hasta el navegante del desierto que se ha perdido y encuentra un campamento por el olor de un solo camello a más de ocho kilómetros. Si queremos construirnos nuestra propia imagen detallada de dónde estamos y lo que nos rodea, en palabras del experto náutico Tom Cunliffe, no debemos «ignorar ni el olorcillo de una rata».[4]

De vuelta a las orillas del lago Swanbourne, desperté sin querer a unos cuantos gansos y gaviotas, que parecían no estar impresionados y se fueron tranquilamente, aunque sigo sin entender cómo eran capaces de dormir con el jaleo que estaban armando las fochas. Miré al agua.

El de Swanbourne es un lago poco profundo, y es lo que los hidrólogos llamarían «holomíctico», que significa que la poca profundidad hace que toda el agua se mezcle y no haya demasiadas diferencias de temperatura. La profundidad es una característica fundamental en todo tipo de agua, pero sobre todo en las aguas en calma, porque de la profundidad dependerá la luz y la temperatura, y estas, a su vez, son lo que determinará la presencia o ausencia de vida. Unos pocos metros pueden suponer una diferencia enorme, porque las capas superiores absorben muchísimo la luz. De toda la luz solar que llegue a la superficie de un lago, quizá menos de la mitad llegará a descender más de un metro, una quinta parte a los dos metros, y una décima parte a los tres metros. Los niveles exactos de luz que lleguen al fondo dependerán de lo limpia que esté el agua, claro, pero en cualquier lago profundo habrá diferentes zonas, que pueden dividirse según la luz y la temperatura.

La zona eufótica es la capa de agua en la que penetra la luz del sol, la capa superior, y es donde, en teoría, pueden crecer las plantas; la altura puede variar desde los cincuenta metros en los lagos más limpios hasta solo cincuenta centímetros en aguas muy turbias o con gran densidad de algas.[5] En los lagos también se forman zonas según la temperatura. En los que sean lo bastante profundos, habrá una capa en el fondo, el hipolimnion, que se mantiene a una temperatura constante de unos 4 ºC. (No es casual que esta sea la temperatura en la que el agua es más densa. Una de sus peculiaridades es que pierde densidad a medida que se calienta y cuando pasa a ser sólida, en forma de hielo. Es por eso por lo que el hielo flota, pero el agua fría se hunde por debajo del agua caliente.)

Cerca de la superficie, donde el sol calienta el agua, hay una capa diferente llamada *epilimnion*, en la que la temperatura sufre grandes cambios a lo largo del año, desde casi la congelación en invierno hasta temperaturas agradables, en que se puede nadar, en verano.[6] Ambas capas están divididas por otra llamada *termoclina,* y su profundidad varía con los cambios del viento y la luz del sol que penetra en ella. Estas zonas y sus profundidades fluctúan con las estaciones, y por eso gran parte de la vida de los estanques y los lagos se reduce en invierno y hace que el agua parezca dormida, si no muerta.

Si quieres, puedes crear tu propia termoclina en la cocina.[7] Lo único que tienes que hacer es encontrar un recipiente rectangular transparente, como un molde de cristal, y llenarlo con aproximadamente 4 centímetros de té frío. Después, vierte unos 2 centímetros de agua caliente encima del reverso de una cuchara para evitar que se mezclen, y verás una capa de líquido caliente encima de la capa más fría; ambas capas estarán divididas por una termoclina.

Los océanos están todavía más estratificados, con haloclinas dividiendo zonas según su salinidad y con otras con nombres tan maravillosos como la abisopelágica (de cuatro a seis kilómetros de profundidad). En los océanos también hay termoclinas, normalmente entre los trescientos y los ochocientos metros, lo que crea una barrera del sonido que inutiliza los sonares; suelen aprovecharla los submarinos militares para ocultarse los unos de los otros.[8]

Además, las capas de temperatura del agua tienen también un gran impacto en cómo viaja el sonido. Las ballenas pueden llegar a comunicarse a enormes distancias, y algunos científicos creen que han evolucionado para utilizar canales del sonido bajo el agua. Que hagan rebotar su canto a través de capas de agua más frías y densas puede ser la clave para que las ballenas puedan estar en contacto a miles de kilómetros.

Estas zonas y esos nombres con los que podrías ganar al Scrabble hacen que todo esto de la profundidad de las aguas y su relación con la luz y la temperatura parezca muy técnico, pero en realidad lo que hay detrás es algo muy básico. Solo debemos ser conscientes de que lo esperable es que haya una reducción de la vida vegetal y animal con la profundidad, y que no siempre es gradual, ya que puede haber cortes repentinos en la temperatura o la luminosidad.

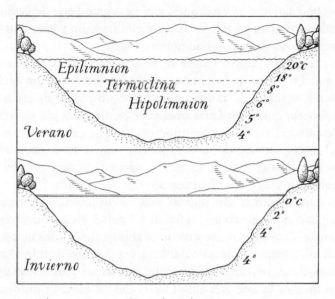

Capas de un lago.

Algunas de las pistas más interesantes sobre la profundidad del agua las encontraremos en la superficie, no hará falta que descendamos demasiado. Mi paseo por el lago me llevó a cruzarme con algunos nenúfares, que, como vimos anteriormente, son uno de los medidores de profundidad de la naturaleza. Al rodear un arce silvestre, vi como las patas traseras de unos conejos blancos desaparecían entre las lechetreznas hacia el bosque, antes de que el camino me condujera a una abertura en los árboles y encontrara posiblemente el medidor de profundidad más elegante de todos: un cisne. Los cisnes se alimentan de algas, hierbas acuáticas y raíces que encuentran en el lecho de los lagos, así que son mucho más comunes en las zonas menos profundas. El que vi estaba acompañado por tres crías, lo que los convertía en una banda hambrienta y mejoraba todavía más este bonito medidor.

De hecho, cualquier animal o planta que veas en el agua te está dando información sobre el agua que tiene debajo: si ves un pato que parece que ha perdido algo y está rebuscando frenéticamente en el agua, estarás ante un cuchara común, o pato cuchara, porque remueven el lecho en busca de comida con su ancho pico (obviamente, el agua tiene que ser muy poco profunda). En el extremo contrario, los cormoranes son capaces de descender hasta los cuarenta y cinco metros de profundidad.

Estaba caminando ya bajo un sol de justicia y disfrutando de los patrones reflejados en el agua que danzaban sobre los árboles cercanos a mí. La filigrana mayor, que crece mejor en las aguas poca profundas que el nenúfar, había colonizado una gran zona del lago en esta esquina. Lo seguí hasta casi el borde y entonces observé que había una transición entre esas plantas verdaderamente acuáticas y las demás en la orilla, como el cáñamo de agua, que son terrestres pero prosperan en terrenos húmedos. Cerca de los límites del lago, se estaban acumulando polvo, hojas y otros desechos naturales en las bolsas de agua entre algunos juncos y en zonas en las que parecía haberse solidificado en algo parecido al barro.

Esto era un recordatorio de que los estanques y los lagos no son, ni mucho menos, permanentes; los ríos tienden a crecer de manera natural con el tiempo a medida que van excavando por su cuenta, y pasa lo contrario con las aguas en calma. A menos que se les eche una mano, los estanques y los lagos acabarán llenándose y volviendo a ser tierra. Todo comienza con las algas, luego se establecen los juncos y otras plantas de aguas poco profundas, lo que permite que se acumulen sedimentos, el agua se convierte en barro, y entonces comienza un ciclo que lo refuerza y que culmina con la derrota del agua a favor de la tierra invasora.

El camino ascendía un poco hasta una pequeña colina, un punto estratégico desde el que tenía la oportunidad de estudiar mejor la superficie del agua. Las vistas me permitieron disfrutar de la observación de los mejores lugares de las brisas y las ondas.

Cuando el viento se encuentra con un obstáculo, aparecerán zonas en calma en el agua, y leer esas zonas exige una gran técnica y vale la pena intentar buscar algunas sutilezas.[9] Debemos dar las gracias a los expertos estrategas navales por los conocimientos forenses que tenemos de cómo se comportan las brisas alrededor de los obstáculos, porque son esos conocimientos los que suponen una ventaja necesaria para la victoria en las carreras.

Cuando el viento se cruce con un obstáculo, no recuperará su potencia y forma anteriores hasta que haya viajado una distancia que es aproximadamente treinta veces la altura del obstáculo.

Pero hay algunas sorpresas curiosas cuando miramos el tipo de obstáculos con los que se encuentra el viento. Los obstáculos sólidos, como los muros, no detendrán el viento con tanta efectividad como los obstáculos parciales, como las vallas o los arbustos. Si pensamos en un obstáculo en términos de la cantidad de luz diurna que deja pasar, eso nos dará una idea aproximada de la densidad de dicho obstáculo. Una pared de ladrillos tiene una densidad del 100 %, ya que la luz no puede atravesarla, mientras que una hilera de arbustos espesos quizá tenga una densidad del 50 %. Aunque pueda parecer extraño, los obstáculos con esa densidad media de «arbusto» mitigan el viento mucho mejor que una sólida pared. Así que, si miramos en el agua justo detrás de algunos árboles frondosos, es probable que veamos una zona en calma en la sombra del viento más grande que tras un edificio de una altura similar. Otra curiosidad es que el viento a menudo será más suave en un lugar que está aproximadamente a una distancia de cinco veces la altura del obstáculo, y no donde lo esperaríamos, que es justo inmediatamente después del obstáculo. En la mayoría de situaciones, el viento recuperará unas tres cuartas partes de su fuerza a una distancia unas diez veces la altura del obstáculo.

No tenemos por qué memorizar las distancias, las alturas u otros factores, sino que sencillamente podemos disfrutar observando las ondas en el agua y darnos cuenta de cómo cambian cuanto más lejos miremos en la dirección del viento tras árboles u otras barreras.

Lo siguiente que tenemos que buscar son ondas que estén yendo en la dirección incorrecta. Es hora de que volvamos a los remolinos de los ríos, la manera que tiene el agua de girar cuando se encuentra con cualquier óbice y puede acabar fluyendo en dirección contraria en una delgada línea en el borde del río.[10] Los lagos son inevitablemente cuencos de tierra, y eso significa que, cuando la brisa cruce la parte superior de las tierras que rodean el lago, el viento a menudo creará remolinos verticales justo después de las tierras elevadas. Esto a su vez puede crear brisas muy localizadas en el lago que soplan en dirección contraria a la corriente de aire principal. Es sorprendentemente habitual encontrarnos en un lago, sintiendo la brisa en nuestra cara y observar las ondas cruzando el lago en una dirección y las nubes sobre nuestras cabezas yendo en la dirección contraria.

También pueden formarse remolinos, aunque mucho más pequeños, en las zonas a favor y en contra del viento de los obstáculos. El aire rotará, o girará, de manera vertical si llega a la parte superior de algo, o dará vueltas de manera horizontal si se ve forzado a rodear las esquinas; piensa en esos torbellinos de polvo que aparecen cerca de las esquinas de los edificios. (La razón principal por la que los árboles mitigan mejor el viento que las paredes es que crean menos remolinos.)

Finalmente, no está de más saber que existen algunas brisas, ya que el sol calienta el agua y la tierra de diferentes maneras. Les echaremos un vistazo en profundidad cuando hablemos del mar, pero por ahora quedémonos con que si tu lago se encuentra en un valle empinado y hace un día caluroso y soleado, habrá algunos vientos que se habrán creado en la zona soleada del lago que no estarán en la zona sombría.

Si juntamos estos efectos, se hace mucho más fácil ver por qué aparecen esos patrones de ondas tan intrincados y las zonas en calma en el agua. El viento siempre obedece las leyes de la física, así que siempre es posible solucionar el rompecabezas que causa esos efectos. Si te fijas en de dónde viene el viento, además de en la altura y el tipo de obstáculos que tiene que superar, te lo pasarás en grande descifrando los patrones que veas en el agua. Solo buscándolos detectarás cosas que a la mayoría le pasan desapercibidas.

En el borde del agua, cerca de un grupo de sauces, me encontré con una nube de insectos que volaban frenéticamente. Creaban hoyos diminutos y anillos que se expandían al zambullirse. Los peces no son los únicos que están pendientes de esas pequeñas vibraciones y ondas a esa escala. Algunos insectos, como el barquero de agua, cuyas cuatro patas están en contacto con la capa más superficial del agua (las otras dos son más largas y las usa como aletas), estará constantemente alerta a las vibraciones que avisen de la presencia de otro pequeño insecto en problemas.[11] Por eso, un pequeño impacto en el agua puede desencadenar una reacción en cadena en la vida que la rodea y conducir a una serie de alteraciones a escalas mínimas. Observar algo así es muy satisfactorio: el momento en que se rompe con la estasis, a lo que le sigue un breve frenesí, para luego volver a la calma y que el ciclo comience de nuevo.

Puedes activar diferentes tipos de reacciones. Estos insectos de la superficie son tan sensibles a la más ligera de las vibraciones que un pisotón en una zona en calma del agua a menudo desencadenará una serie de ondas que emanan de los insectos que se sumergen o huyen. Perturbar la paz de los insectos de esa manera es uno de mis placeres ocultos.

Me alejé del lago mientras observaba el cielo, esperando encontrar alguna de las nubes bajas más grandes que pudieran pasar por encima del agua. Hay una técnica que utilizan los navegantes de las islas del Pacífico en alta mar, cuando están buscando tierra, que podemos aprovechar nosotros mismos estando cerca de grandes lagos.

Cuando los navegantes del Pacífico buscan en el mar señales que les indiquen que hay alguna isla cerca, en ocasiones también mirarán hacia el cielo en busca de ayuda. La tierra se calienta más rápido que el agua, lo que significa que se formarán nubes mucho más rápidamente por encima de las islas que en el agua que las rodea. Estos carteles nubosos pueden verse a kilómetros de distancia y son muy útiles. Si las corrientes de aire que ascienden son suficientemente fuertes, a veces pueden partir en dos las nubes; el resultado es lo que el navegante David Lewis y otros han apodado «nubes ceja» (del inglés *eyebrow clouds*).

En teoría, encontraremos menos nubes sobre los lagos que sobre la tierra cercana, pero lo más probable es que solo percibas algo así en los lagos más grandes. Los isleños también estudian la parte inferior de las nubes distantes con la esperanza de detectar cambios en el color. Las nubes que sobrevuelan rompientes o arenas coralinas suelen ser extrañamente blancas y ligeras; sobre lagunas costeras, son verdes; sobre arrecifes secos, tienden a adquirir tonalidades rosadas, y por encima de zonas boscosas son más oscuras.

Cuando David Lewis estaba navegando con Iotiebata cerca de los atolones de Maiana y Tarawa, pudo ver claramente la tonalidad verdosa que se reflejaba debajo de las nubes.[12] Lewis observó ese efecto con tanta claridad que le sorprendió que Iotiebata no hubiera sido capaz. Iotiebata se sintió avergonzado por aquella pregunta, y respondió que no había dicho nada porque no quería tratar a Lewis con condescendencia: dijo que era una señal tan evidente que «hasta los Europeos son capaces de verla».

Podemos pasárnoslo en grande dándole la vuelta a este método. Si estudiamos la parte inferior de las nubes, en ocasiones detectaremos sutiles cambios de color cuando sobrevuelen lagos.

Los lagos nos ofrecen algunas de las mejores oportunidades para apreciar cómo está aumentando nuestra comprensión sobre el agua, y es por eso por lo que los considero tan importantes. Cuando era joven solía pasar de largo las grandes extensiones de agua del distrito de los Lagos, y, aunque no ignoraba del todo la belleza de aquellos entornos, estaba indudablemente ciego ante la complejidad de aquella belleza. No era capaz de ver cómo el hecho de descifrar las ondas podía mejorar mi viaje a uno de los picos de la zona.

Me llevaría miles de pasos ir y volver a los lugares que tenía planeado visitar. Uno de esos pasos provocaría una reacción en un cisne, que a su vez crearía un patrón único en el agua al enviar ondas que interferirían con las de un remolino de aire. Si hubiera sido consciente de eso desde un primer momento, en el mejor de los casos me habría parecido un retraso. Quizá habría podido disfrutar de la pureza del aire y los aromas que arrastraba la brisa, pero jamás me habría dado cuenta de que aquellos aromas fluctuaban según lo que ocurría en el agua.

Ahora veo los lagos y sus patrones de una manera muy diferente, se han ganado el derecho a ser considerados cimas. Si dedico tiempo a observar el comportamiento de aves, peces, insectos y brisas y lo que dibujan en la superficie del agua, estamos ante otro tipo de conquista. Una cima mayor.

# Capítulo 8

## *El color del agua*

Imagina que estás sentado en un barco en alta mar y un amigo te hace la siguiente pregunta:

—¿De qué color es el mar?

Miras a tu alrededor, más que nada para confirmar que la pregunta es tan estúpida como parece, antes de responder con firmeza.

—Azul. No, espera… Verde… O quizá gris.

En ese momento tu amigo se agacha, hunde un vaso en el mar, lo levanta y te lo pone en las narices. Observas ese vaso de un líquido completamente transparente y te planteas durante unos instantes tus amistades. Entonces tu cabeza piensa en el color del agua de tus ríos, lagos y zonas costeras favoritos, y te das cuenta de que todos son ligeramente diferentes.

La variedad de colores que vemos cuando miramos el agua es una de las razones por la que nos fascina tanto, pero la mayoría de personas disfrutan de los abanicos de colores sin pensar en lo que los causa. Los celtas sí que valoraban el desafío de intentar describir el color del agua, pero hacían trampas al utilizar el prefijo *glasto-* para referirse a cosas que podían ser azules, verdes o grises.[1]

El proceso para comprender los colores del agua tiene bastantes partes, muy sencillas individualmente, pero el conjunto puede llegar a confundir y hacer que el tema parezca mucho más complejo de lo que en realidad es. Las cuatro áreas que tendremos en cuenta son las siguientes: qué hay bajo el agua, qué hay en el agua, qué hay encima del agua, y el efecto de la luz. Este último, la relación entre la luz y el agua, comenzaremos a explorarlo en este capítulo, pero, dado que es un campo complejo, rico y fascinante, profundizaremos en él en el capítulo siguiente.

Lo primero que debemos tener en cuenta cuando intentemos entender los colores que vemos en el agua es saber si lo que estamos viendo es agua o si en realidad lo que tienes delante es un reflejo; puede parecer obvio, pero no siempre lo es. Busca un charco y obsérvalo desde arriba, si el agua es lo suficientemente clara, podrás ver bastantes cosas. Es posible que veas tu propio reflejo, o el suelo bajo el charco, o quizá veas pequeñas partículas de barro dando vueltas, sobre todo si alguien lo ha pisado recientemente. Cada una de esas vistas es importante a su manera, pero de lo que debemos ser conscientes cuando miremos el agua es de que tenemos la opción de elegir en qué fijarnos, y eso es porque la estamos mirando desde un ángulo alto, casi vertical.

Sin embargo, si te alejas unos veinte pasos y vuelves a mirarlo, no verás ni el barro ni el suelo; de hecho, no verás ni el agua, porque lo único visible serán los reflejos de lo que sea que esté en el mismo ángulo desde el que estás mirando, al otro lado. No podremos observar el agua en absoluto desde un ángulo bajo. Esto es muy importante cuando pensamos en el color del agua, porque en muchas situaciones cuando creemos que estamos mirando el agua lo que realmente estamos viendo es algo muy diferente y distante. Mirar el mar desde cierta distancia es un ejemplo perfecto: lo que vemos en esa situación está dominado por el reflejo del cielo a lo lejos. Es por eso por lo que el mar parece azul en días buenos y gris en días nublados.

Observar un charco o el mar son dos extremos, pero es fácil predecir lo que veremos en ambas situaciones. Sin embargo, la cosa se complica un poco cuando miramos una extensión de

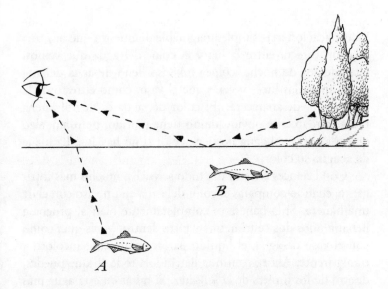

Vemos el pez A, pero no el pez B, solo los árboles.

agua que está cerca y lejos a la vez. Si estamos en la ribera de un río ancho, podremos ver parte de lo que hay en el agua más cercana a nosotros, pero solo veremos reflejos en el agua del otro margen. Esa es la razón por la que los colores parecerán completamente diferentes de un lado al otro. Es algo que solo detectarás si lo buscas, porque nuestro cerebro está tan acostumbrado a ese efecto que no lo percibe como algo inusual.

Intenta analizar el río lentamente de un margen al otro para ver si puedes detectar el lugar exacto en el que pasas de ver el agua a ver solo reflejos (es más fácil observar este efecto si el agua del río está bastante limpia). La transición no tendrá lugar en un punto concreto, ya que hay unos cuantos factores en juego, incluyendo el ángulo y la cantidad de luz que llega desde arriba y más allá. Deberías ser capaz de ver que hay un punto en el que el cambio es bastante brusco (normalmente entre los 20 y los 30 grados, o dos o tres veces el ancho de un puño extendido en horizontal).

La explicación más simple imaginable demuestra que hay una relación directa entre la luz y el color del agua que vemos. Cuando sea de noche, coloca un vaso lleno de agua delante de ti, apaga las luces y verás que el vaso, como el resto de la habitación, desaparecerá. ¡El color del agua es negro! Suena tan absurdamente obvio que no tiene sentido, pero hay algo que sí lo tiene: el agua no tiene color si no hay luz. La luz le da al agua su color.

Con las luces encendidas todo se vuelve mucho más intrigante, cuando comparas el color del agua en un vaso con el de una bañera. Si la bañera es completamente blanca, prueba a llenarla unos dos centímetros y mira dentro. Verás que, como con el vaso de agua, el líquido parece totalmente incoloro y transparente. Ahora continúa llenándola todo lo que puedas, dentro de los límites de la sensatez. Si miras en esta agua más profunda, ¿puedes ver que han aparecido ligeros tonos azulados? Ese azul del agua de la bañera es la razón por la que vemos el mar azul cuando desde un barco miramos las aguas profundas y transparentes.

El agua pura es incolora, pero absorbe algo de color. Cuando la luz blanca atraviesa el agua, un parte se refleja y otra la absorben las moléculas del agua. Esa luz blanca que entra está formada por todos los colores del arcoíris, y no todos se absorben por igual. El agua absorbe mejor los rojos, naranjas y amarillos que los azules. El resultado es que, cuanta más agua tenga que atravesar la luz blanca, más azul parecerá cuando vuelva a emerger. ¿Alguna vez te has fijado en que cuando tiras a un agua que parece limpia y profunda un objeto este adquiere tonos azules antes de desaparecer? Y pasa lo contrario si tiras del tapón desde el fondo de una bañera llena, pasa de un azul suave a blanco.

A medida que aumenta la escala, de una bañera a una piscina, la cantidad de agua que tiene que atravesar la luz se incrementa, y, por tanto, se absorberán más los colores rojos y amarillos, y es por eso por lo que pensamos que las piscinas son de un azul claro, aunque el fondo sea blanco. Los científicos han determinado el color exacto que puede viajar más lejos por el agua antes de ser absorbido: es un azul verdoso (incluso han establecido su longitud de onda: 480 nanómetros).[2]

La siguiente área es lo que hay debajo del agua que estás observando. El experimento de la bañera funciona mejor si es sencilla y blanca, por la sencilla razón de que, en aguas poco profundas, lo que haya bajo el agua tendrá un impacto enorme en los colores que vemos en el agua que los cubre. En la playa probablemente te habrás dado cuenta de que el agua se va oscureciendo desde la zona en la que rompen las olas hasta el mar profundo en la distancia. Pero también estamos acostumbrados a que las aguas de las playas sean únicas, cada una con su propio abanico de colores. La razón es que el lecho del mar coloreará el agua, y, cuanto más profunda sea, más impacto tendrá.

Si estás en una playa de arena blanca, la zona menos profunda del agua, donde apenas te cubra los pies, parecerá blanca, pero a no demasiada distancia será de un azul muy claro, y más allá de una tonalidad de azul algo más oscura; a medida que alejes la vista de la costa, el color se irá oscureciendo hasta que el blanco de la arena no tenga ningún efecto.

En playas de arena dorada o guijarros, el efecto será el mismo, pero los colores serán más bien azules verdosos o turquesas, donde el amarillo se mezclará con el azul e irá cambiando de tonalidades claras a más oscuras con la profundidad. En cuanto al lecho del mar, es una simple cuestión de mezcla de colores, como en una paleta: cuanto más profunda sea el agua, más azul será, pero en aguas menos profundas se mezclarán mucho más los colores del lecho.

Ahora estamos preparados para combinar tres efectos. Si estás en el mar, con el agua por los tobillos, podrás mezclar tú mismo los colores de la paleta. Prueba a mirar justo debajo de ti, un poco más lejos y unos metros más allá, e intenta detectar los diferentes colores en relación con el azul del agua, el tono del lecho y los reflejos del cielo.

En un día soleado en que haya algunos cúmulos atravesando con velocidad el cielo —las nubes algodonosas—, será una oportunidad de oro para experimentar el efecto que está teniendo el cielo en el color del agua. Verás que el agua es mucho más azul bajo los rayos del sol que en las zonas de agua que estén cubriendo las nubes. El efecto es tan evidente que mucha gente confunde la sombra de las nubes con algo enorme bajo el agua; es muy habitual pensar que debe de haber habido un cambio brusco de profundidad o incluso que haya pasado un banco de peces, pero con paciencia es posible ver como esas zonas oscuras y menos azules van del brazo de sus progenitoras nubosas.

Si no lo tienes claro, prueba a dibujar una línea desde el sol que atraviese una nube hasta el agua. Es complicado estimar exactamente a cuánta distancia de ti se proyectará la sombra, pero con este método al menos estarás mirando en la dirección correcta. De igual manera, si detectas unas de esas zonas más oscuras, puedes trazar una línea hasta el sol, y si hay una sombra de nube, tiene que haber, obviamente, una nube en algún momento de esa línea. Hay una satisfacción extraña en el hecho de poder emparejar la forma de una sombra en el agua con la de su progenitora.

Aprender a reconocer si un cambio de color en el agua lo ha provocado algo subacuático o el cielo es un arte que puedes ir refinando con los años. Además, en muchas partes del mundo, como el Pacífico, es algo realmente útil. En las zonas en las que las embarcaciones se mueven entre atolones de coral, la mejor carta náutica que puede tener un barco está en el color del agua que lo rodea. Ningún GPS, junto con las cartas electrónicas más recientes, podría superar a un patrón experto cuyos ojos están acostumbrados a la perdida de azul más sutil del agua. Incluso un medidor de profundidad electrónico, como las sondas náuticas, es algo patético comparado con esos cambios de color, ya que lo normal es que solo te diga la profundidad bajo el barco, no los cambios que se producen a tu alrededor. Y, desgraciadamente, las cartas electrónicas de los atolones de coral son todavía demasiado vagas e imprecisas si las comparamos con los cambios de color.

Tras años de práctica, los navegantes de esas zonas pueden identificar un paso seguro para esquivar los traicioneros arrecifes solo por la delgada línea de azul oscuro que atraviesa diferentes tonos de turquesa. Más cerca de Gran Bretaña, un pescador al que entrevistaron en la década de 1880 respondió así a una pregunta sobre la navegación en el mar del Norte:

> Una vez sabes lo que tienes que hacer, no hay nada más fácil en el mundo que saber moverte por el mar del Norte con la única ayuda de la profundidad del agua y la naturaleza del fondo.[3]

La diferencia entre el color del mar en aguas de diferentes profundidades ha generado una expresión habitual en la náutica: «navegación en aguas azules». No hay nada de romántico o de estúpido en que alguien diga que es un marinero de aguas azules, aunque pueda parecerlo, sino que es sencillamente una referencia a navegar por aguas profundas, normalmente en trayectos transoceánicos. La expresión «aguas marrones» ya no se usa demasiado, pero se refiere a las aguas menos profundas, porque la convención dice que el agua marrón es hasta las cien brazas de profundidad, y el agua azul cualquier cosa por debajo de eso.

Si notas un cambio en el color del mar, inmóvil y duradero, que te permita descartar las nubes o cambios en la luz como posibles causantes, será una señal de que habrá habido un cambio real en el lecho. Si no tienes demasiado claro qué está pasando, aprovéchalo para hacer un poco de trabajo detectivesco; los marineros seguro que pueden darte la respuesta, pero tú también puedes investigar un poco con la ayuda de algunas cartas náuticas de la zona, ya sean en papel o digitales. Si estás en una zona costera cerca de casa, o si es tu favorita, vale la pena que compres la carta náutica de esa zona, porque te dirá muchas cosas y te explicará muchísimos sutiles cambios de color que podrían confundirte durante años. Habrá algunas letras repartidas por el mapa, que corresponden a palabras en inglés: «S» de *sand* ('arena'), «Sh» de *shells* ('conchas'), «M» de *mud* ('barro'), «Wd» de *weed* ('algas'), y la brillante «Oz» de *ooze* ('cieno').* Todas ellas revelarán la naturaleza del lecho del mar, algo de una importancia capital para cualquier embarcación que quiera soltar anclas, y que también puede ayudarte a resolver muchos de los misterios de los colores del mar.

En una visita reciente a la isla de Purbeck, en Dorset, dediqué bastante tiempo a pasear por un lugar llamado Blue Pool, el 'estanque azul'. La mañana soleada en que estuve allí, los colores del agua iban desde un turquesa brillante hasta un azul verdoso oscuro más convencional, y en las sombras de los árboles el color era más bien verde oscuro. El estanque debe su nombre a que el color del agua es excepcional. Es diferente a cualquier lago o al mar cercano. Pero, dado que los lechos de la mayoría de lagos cercanos son similares, y las profundidades son comparables y comparten el mismo cielo, ese azul tan especial debe tener otra explicación.

El Blue Pool es una cantera de arcilla en desuso, y son precisamente las partículas de arcilla en suspensión lo que le da al agua esos colores tan atractivos. Algo menos atractivo, el Red River ('río rojo') de Cornualles se ganó su nombre por los relaves ricos en hierro que arrastraba durante el auge de la minería de estaño en la región. El color rojo ya ha desaparecido, ahora que la industria minera ha bajado la persiana, lo cual fueron

---

* Estas letras son internacionales y, por tanto, es habitual encontrarlas sin traducir en la mayoría de cartas náuticas.

grandes noticias para la vida salvaje, y probablemente para los mineros, ya que la toxicidad era demasiado alta para que la naturaleza prosperara.

En toda el agua que haya al aire libre habrá partículas de algo, incluso en fuentes de aguas prístinas, y hasta en el más salvaje de los *lochs* habrá millones de diminutas motas, tanto dentro del agua como en la superficie. Algas, bacterias, polvo, polen y otras sustancias harán acto de presencia y colorearan el agua, en ocasiones de manera imperceptible; en otras, los cambios serán radicales.

Recuerdo estar mirando por la ventana cuando el avión se inclinó ligeramente al poco de despegar del aeropuerto de Heathrow. Bajo las alas había lagos que eran demasiado simétricos, con demasiadas rectas, para ser completamente naturales. Me sorprendió que tan solo uno de ellos fuera de un verde brillante. Ese lago estaba al lado de una granja, lo que explicaba aquella anomalía de color.

Siempre que el agua de lagos o estanques sufre lo que los científicos llaman «eutrofización», es decir, un enriquecimiento excesivo de nutrientes, el delicado ecosistema se tambalea. Las algas necesitan tres cosas para prosperar: agua, luz solar y nutrientes, y crecerán si los reciben en las cantidades adecuadas, lo que cambiará por completo el color del agua.

La proliferación de algas no solo cambia el color de un lago o un estanque, sino que impacta en todo el ecosistema: reducen drásticamente la luz que penetra en el agua y consumen gran parte del oxígeno, lo que puede llegar a matar peces y otros organismos. Puede ser interesante contemplar esas aguas verdosas, pero no son el hábitat más saludable ni para las plantas ni para los peces. La mayoría de personas no suelen sentirse atraídas a nadar en ellas, ya que instintivamente sienten que son aguas impuras y dañinas, y, de hecho, pueden llegar a ser tóxicas.

En algunas partes del mundo, el efecto de las algas es bastante más llamativo. El río Amazonas es amarillo en algunas zonas, y cerca de Manaus, en Brasil, esa agua amarilla se mezcla con las aguas negras y rojizas del río Negro, lo que crea una escena sorprendente.[4] Cada color es el resultado de la presencia de diferentes partículas y algas en el agua. Un alga en particular, la *Dunaliella salina,* hace que algunos lagos salados, como el lago Hillier en Australia o el lago Retba (o lago Rosa) en Senegal, se vuelvan de un increíble rosa brillante. «Marea roja» es la manera de referirse a las proliferaciones de algas que cambian el color del mar a rojo o marrón rojizo. Se cree que las causas son las fluctuaciones en los niveles de nutrientes y la temperatura, y son potencialmente tóxicas para la vida marina y los seres humanos.

En el otro extremo, si las aguas son «oligotróficas», es decir, muy bajas en nutrientes, estarán especialmente limpias y serán atractivas, ya que las algas no tendrán nada que hacer allí. Uno de los grandes ejemplos de aguas oligotróficas es el Mediterráneo, cuyos niveles de nutrientes son especialmente bajos y, por tanto, también los niveles de algas, lo que genera esas aguas cristalinas en las que nos encanta veranear y bañarnos.[5]

Muchas de las partículas que vemos en el agua son inorgánicas, una mezcla de barro, arena, arcilla, cieno, caliza y otras sustancias, y cada una afectará a los colores que vemos. Esto es muy habitual sobre todo en los ríos de zonas bajas, en los que la corriente del agua está constantemente removiendo el barro y el cieno de los márgenes y haciendo que el agua sea opaca, de un marrón claro. Siempre que veas un afluente uniéndose a un arroyo o a un río de diferentes tamaños, compara los colores y comprobarás que rara vez son idénticos, ya que sus cursos y, por tanto, las partículas que habrán arrastrado serán diferentes. En Borneo estuve un tiempo con los *dayak*, y fui testigo de su habilidad para leer incluso los detalles más sutiles en los ríos: reconocen los cambios de color en los cruces de corrientes igual que nosotros las señales de tráfico.

Algunos lagos glaciares adquieren ese brillante color azul pastel claro por la presencia en el agua de algo que conocemos como «harina de roca» o «harina glaciar», pequeñas partículas de roca que ha ido moliendo el efecto mortero del glaciar y que luego han entrado al lago. Estas aguas poco comunes pueden encontrarse en cualquier lugar en el que haya glaciares, como Canadá o Noruega, y, a pesar de su llamativo aspecto, son saludables.

Si tienes la oportunidad, observa el mar cerca de la orilla antes y después de una tormenta. A menudo las turbulencias removerán el lecho y le otorgarán al agua un nuevo color, que se irá diluyendo a lo largo del día.

Los colores que vemos a veces también se verán afectados por lo que hay en la superficie del agua. La iridiscencia de una mancha de petróleo son malas noticias, pero se puede observar el mismo efecto óptico en los aceites orgánicos de la superficie de una taza de té (es más fácil con el té sin leche, colocándonos frente a la luz y con la mirada baja). El petróleo, el polvo y otros visitantes temporales de la superficie del agua provocan cambios que suelen percibirse como indeseados, pero hay un invitado que suele frecuentar la superficie del agua y que se considera precioso.

Tanto la diosa del amor griega como la romana, Afrodita y Venus respectivamente, nacieron de la espuma del mar; ese momento mítico lo capturó Botticelli en su obra *El nacimiento de Venus*.[6] Como si fuera un *paparazzi* al acecho de uno de los momentos más íntimos de una diosa clásica, Botticelli nos ofrece una muestra de algo que solo podemos imaginar. Pero lo que Botticelli no incluye en su pintura es el hecho de que la espuma, según Hesíodo, era el resultado de la castración de Urano por parte de Cronos, para luego lanzar los testículos al mar. Dejando un poco de lado el sórdido mito, la ciencia que se esconde tras la espuma es muy gratificante.

La espuma añadirá color a los tramos más rápidos de los ríos o el mar cuando haya fuertes vientos u olas rompientes, lo que parece que pase a diario y, en cierto modo, así es, al menos si estás en la Tierra. Los científicos creen que la Tierra puede que sea el único sitio del sistema solar en el que el agua sea capaz de crear olas espumosas.[7]

Sabemos que la espuma que vemos es normalmente blanca, aunque el agua no lo sea. De hecho, la espuma seguirá siendo blanca aunque el agua sea de un marrón oscuro. Incluso las burbujas de la Coca-Cola son blancas, pero ¿por qué? Por la misma razón por la que las nubes y la mayoría de polvos también lo son. ¿Alguna vez te has fijado en que cuando mueles algo muy fino a menudo se vuelve blanco, independientemente del color que tuviera inicialmente?

La espuma es el resultado de diminutas bolsas de aire rodeadas de agua. A la inversa, las nubes están hechas de diminutas gotas de agua rodeadas de aire.[8] Cuando la luz las golpea, se encuentra con una serie de esferas de diferentes tamaños. La luz rebota por estas «bolas» y cada una de ellas, según el tamaño, refleja un color diferente. Nosotros percibimos estos colores simultáneamente, y lo que vemos es una nueva mezcla de todos ellos, lo que crea una luz blanca. Lo mismo pasa cuando hemos molido algo lo suficiente. Pero observa de cerca la espuma y verás que los colores reaparecen fugazmente.

Lo más normal es que las burbujas de la espuma marina estallen muy rápido y que la espuma desaparezca rápidamente, algo que todos habremos visto bajo nuestros pies en la playa. La espuma duradera es una señal de que hay algo más en el agua, concretamente sustancias químicas llamadas «surfactantes». Estos compuestos, que incluyen el jabón común y muchos químicos industriales similares, hacen que las burbujas duren mucho más. Una espuma duradera es ciertamente una señal de que el agua no es pura.

Románticos: ¡no sigáis leyendo!

En una de mis obras previas, *The Natural Explorer,* hablé de un instrumento que había creado el viajero y físico suizo Horace-Bénédict de Saussure, conocido como «cianómetro». Era básicamente una serie de telas teñidas que podían compararse con el color del cielo y usarse para medir y etiquetar la intensidad de azul.

Si la idea de que el azul del cielo pueda medirse y se le pueda asignar un número te genera una desazón que te hace pensar que los empíricos no se detendrán ante nada, no sigas leyendo. En serio. Los hidrólogos han desarrollado su propia versión del cianómetro: la escala de Forel-Ule, nombrada así por el científico suizo François Alphonse Forel y el geógrafo alemán Willi Ule. La escala funciona de la siguiente manera: se crean y numeran veintiún pequeños tubos de líquido que cubren una escala de colores desde el azul brillante (n.º 1) hasta el marrón oscuro (n.º 21).

Como hemos visto, el reflejo de la luz en el agua tendrá un impacto enorme en los colores que veremos, así que la solución del método de Forel-Ule es introducir un disco blanco en el agua hasta que desaparezca, para calcular la profundidad, y subiéndolo luego hasta la mitad. En ese momento el color del disco se compara con los viales de líquido y se le asigna el número que más se le acerque.

Los numerosos ensayos e investigaciones han demostrado algunas cosas interesantes: la primera y más sorprendente es que los humanos somos bastante buenos a la hora de comparar colores de manera objetiva, por lo que podemos hacer una lectura razonablemente precisa y asignarle después un número; lo segundo y más útil es que ese color es un buen indicador de lo que está pasando en el agua.

La tabla siguiente te puede dar una idea aproximada de lo que podemos deducir del agua por su color, una vez satisfechos con saber que el color lo provocan las partículas en suspensión, no el lecho o la luz que se refleja en la superficie.[9]

- **De índigo a azul verdoso** (1-5 en la escala de FU). Bajos niveles de nutrientes y de crecimiento orgánico. El color lo determinan las algas microscópicas (fitoplancton).

- **De azul verdoso a verde azulado** (6-9 en la escala de FU). Las algas siguen determinando el color, pero hay un incremento de materias disueltas y puede haber presencia de sedimentos. Es típico en zonas cercanas al mar.
- **Verdes** (10-13 en la escala de FU). A menudo se dan en aguas costeras que muestran un incremento en los niveles de nutrientes y fitoplancton, pero también contienen minerales y materias orgánicas disueltas.
- **De marrón verdoso a verde amarronado** (14-17 en la escala de FU). Altas concentraciones de nutrientes y fitoplancton, pero también hay un incremento de sedimentos y materias orgánicas disueltas. Habitual en zonas cercanas a la costa o en las llanuras de marea.
- **De verde amarronado a marrón oscuro** (18-21 en la escala de FU). Aguas con una altísima concentración de ácidos húmicos, típicos en los ríos y estuarios.

La clasificación superior se utiliza en el Citizens' Observatory for Coast and Ocean Optical Monitoring (también conocido como Citclops), y para aquellos que estén interesados y quieran participar hay un programa de ciencia ciudadana participativa e incluso una *app*. ¡Supera eso, Horace-Bénédict!

# Capítulo 9

## *La luz y el agua*

El año pasado visité una exposición de Constable en el Museo de Victoria y Alberto. «The Making of a Master» ('El nacimiento de un maestro') fue una muestra temporal muy elogiada que se centraba en las técnicas de Constable y su desarrollo en el contexto de los grandes maestros. Me avergüenza admitir que, en ocasiones, no sentía nada al mirar las obras expuestas.

Sin embargo, cualquier sentimiento de indiferencia desapareció cuando me planté enfrente de su cuadro de 1976 *Paisaje nocturno y Hadleigh Church.* Mirando aquella obra me sorprendió la extraordinaria representación del agua. El cuadro me hablaba con intimidad, con un tono casi conspirativo; me sentía como si estuviera recibiendo un código secreto. Durante un par de minutos, Constable y yo éramos dos miembros de una curiosa camarilla. Pero entonces esa extraña sociedad prosperó.

Al lado de esa obra colgaba la que claramente había servido de inspiración: *Paisaje nocturno,* pintado unos ciento cincuenta años antes por Peter Paul Rubens. Y en esa pintura hay otro ejemplo del mismo fenómeno que sobresalía en la obra de Constable, diferente e igualmente extraordinario en su fiel tratamiento de los reflejos en el agua.

Es extraño que alguien se fije o que le importe la manera que tiene la luna de reflejarse en el agua, y mucho más que sea capaz de reproducirlo con fidelidad, así que no podía estar más fascinado al encontrarme frente a dos ejemplos tan brillantes.

En cada cuadro puedes sentir lo que está haciendo el agua, una vez hemos aprendido a estudiar la anatomía de un efecto óptico conocido como «camino de luz».

Ni Constable ni Rubens deberían haberme sorprendido. Eso es lo que hacen los grandes artistas. Nos halagan al observar mejor que los demás y luego hablarnos como individuos en un lenguaje que puede llegar a preocuparnos por ser los únicos a quienes les importa.

Cuando la luz golpea el agua y nos llega a los ojos debe de haber seguido uno de tres posibles caminos. Somos capaces de ver la luz solo porque algo ha provocado que cambie radicalmente de dirección y nos llegue a los ojos: o bien la ha reflejado la superficie, o el lecho, o las partículas en suspensión. En el capítulo anterior hemos visto muchos de los efectos que provoca la luz cuando rebota y se refleja en las partículas, y que crea colores desde los azules de postal hasta esos inquietantes rosas. En este capítulo profundizaremos un poco más en la luz que refleja la superficie y aquella que consigue llegar hasta el lecho.

Busca un lugar en el que puedas acercarte a unas aguas profundas y claras, en las que puedas mirar tanto el fondo como a lo largo en dirección al cielo brillante. Si puedes, busca un lugar donde el agua esté completamente ensombrecida justo al lado de una zona a plena luz. De esta manera te darás cuenta de lo importantes que son los niveles de luz, porque mirando a la parte sombría serás capaz de mirar hacia el fondo, pero en la zona brillante a duras penas conseguirás ver más allá de la superficie.

Después busca un lugar en el que haya una mezcla de aguas poco profundas a la sombra y otras que estén iluminadas por el sol a tus espaldas; las primeras horas de sol y las últimas son el mejor momento. ¿Ves cómo se han cambiado las tornas y ahora son las zonas iluminadas en las que es fácil mirar? La luz brillante que tienes detrás no crea ningún resplandor en el agua y, en cambio, te permite ver un montón de detalles bajo la superficie y en el lecho.

*Paisaje nocturno,* de Peter Paul Rubens.

Una vez hayas apreciado esa gran diferencia entre el agua ensombrecida e iluminada, habrás descubierto cómo detectar peces, plantas e insectos subacuáticos que se te habrían pasado por alto. Hay un lugar que me encanta en los márgenes del río Arun, y una de las razones principales por las que lo frecuento es que hay unos altos postes de amarre que sobresalen del agua cerca de la ribera y proyectan unas franjas de sombra. Disfruto muchísimo de esos postes y sus sombras observando cómo los peces aparecen y desaparecen al pasar de las zonas sombrías a las iluminadas.

En un día soleado, si miras una piscina vacía y centras la mirada en el fondo, lo verás todo con claridad. No habrá nada inusual o sorprendente. Pero si esperas a que alguien se zambulla y vuelves a mirar, la conmoción en la superficie del agua te impedirá que veas el fondo con claridad. Sin embargo, cuando esa persona salga del agua y esta se calme, vuelve a echar un vistazo, porque verás algo precioso. Habrán aparecido unos patrones de luces impresionantes, brillantes círculos blancos en constante movimiento en el fondo de la piscina. Si miras el agua bajo un puente en un día soleado, a menudo verás los mismos patrones, brillantes formas que proyecta el agua en las zonas oscuras.

Ambos efectos están relacionados y muestran otro más en las dos zonas que nos interesan. Los patrones de luz en el fondo de la piscina los ha creado la luz que ha conseguido alcanzarlo, pero las extrañas formas que van apareciendo constantemente son el resultado de las suaves olas en la superficie del agua. Esas ondulaciones hacen que la superficie actúe como un cristal de aumento, concentrando la luz en algunos lugares concretos, lo que genera ese patrón de líneas muy claras y de zonas oscuras. El patrón bajo el puente lo crea la luz solar al ser reflejada por esas olas que actúan como lentes en el río; verás el mismo efecto en los cascos de los barcos en los días soleados.

Cuando el sol está todavía muy alto en el cielo, el reflejo es demasiado brillante como para que sea seguro mirarlo directamente durante un largo período de tiempo, pero en noches de luna puedes observar sus reflejos en el agua. Fíjate en cómo la luz reflejada de la luna crea complejos patrones en el agua, similares a los que vemos debajo de los puentes o en el fondo de una piscina. Estos patrones se conocen como «círculos lunares», y pueden verse cuando cualquier punto de luz rebota en el agua.[1] Las formas de los círculos lunares cambian demasiado rápido como para que nuestros cerebros puedan observarlas, pero la fotografía de larga exposición nos ha permitido ver que se forman cuando un pequeño punto de luz (una luna en miniatura) se divide en dos brillantes puntos que se alejan el uno del otro para luego volver a unirse y desaparecer.

El efecto de la piscina es fácil de detectar, y podrás observarlo también en ríos, lagos y, a veces, en el mar. Y si te tomas tu tiempo para buscarlos, también encontrarás sorprendentemente sutiles reencarnaciones. Todo lo que aterriza en el agua perturba ligeramente la capa más superficial, incluso el insecto más pequeño. En un día soleado, un insecto descansando en un estanque tranquilo y poco profundo creará un bello patrón en el lecho: diminutos charcos de luz, uno para cada una de sus patitas; esta es una de las cosas que más me gusta mirar en agua dulce.

La mayoría de lo que vemos en el agua estará influido por la manera en que interactúan la luz y la superficie del agua. La mejor manera de comprobarlo por ti mismo es hacer un pequeño experimento la próxima vez que creas que estás delante de aguas en calma: un apacible estanque, un lago o un río muy lento, e incluso una piscina. Puede que parezca que el agua está totalmente parada, pero eso es porque no estamos en el lugar adecuado que nos permita detectar los movimientos más sutiles. Siempre podremos detectar movimiento en la superficie del agua si encontramos los lugares en los que se mezclan los diferentes reflejos.

Lo único que tienes que hacer es explorar cerca del borde del agua, quizá dando unos pasos atrás, hasta que encuentres el lugar en el que se junten los reflejos de una zona iluminada, como el cielo, y de una zona oscura, quizá árboles o edificios en el lado contrario. En los límites de ambas zonas, la oscura y la clara, verás claramente lo ocupada que está el agua, con pequeños remolinos, minicorrientes, insectos o peces creando olas diminutas. La superficie del agua al aire libre nunca es estática y, si lo parece, es solo una señal de que tenemos que movernos para encontrar el lugar en el que se unen los reflejos iluminados y oscuros.

Si vuelves al lugar en el que estabas al principio, esté en una zona de reflejos iluminados u oscuros, el agua volverá a parecer relativamente en calma. Este experimento nos muestra lo importante que es la luz reflejada para nuestra habilidad de leer lo que está haciendo el agua relativamente calmada. Vale la pena dedicar tiempo a buscar esa división entre los reflejos iluminados y oscuros siempre que te interese lo que está pasando en la superficie del agua, ya que aprenderás lo mismo en un minuto que lo que aprenderías en una zona completamente iluminada u oscura en una hora. Es muy satisfactorio ser capaz de detectar peces bajo la superficie a partir de las sutiles fluctuaciones del agua.

Algo que notarás después de haber estado mirando los reflejos durante un rato es que el agua no se comporta como un espejo perfecto. Los objetos claros parecerán algo más oscuros y apagados en su imagen reflejada, mientras que los objetos oscuros parecerán un poco más claros. Existe otra importante diferencia que suele sorprender a muchos, sobre todo a los artistas noveles: una imagen reflejada ofrece una perspectiva ligeramente diferente a la del objeto que estás mirando. Un reflejo muestra la visión desde el punto de la superficie del agua que estás observando, no la perspectiva desde donde estás. Puede parecer complicado, pero es algo muy evidente si buscas sobre el terreno. Una manera de verlo es pensar que el reflejo nos revela mucho más de la parte inferior de las cosas que hay dentro o cerca del agua, como un puente bajo o la parte inferior de un pato nadando en aguas poco profundas. Es por eso por lo que me gusta llamarlo el efecto «trasero de pato».

Mi ejemplo favorito, porque es uno de los más prácticos, es cómo los árboles que vemos en el lado opuesto de unas aguas en calma y su reflejo nos dan dos visiones diferentes de los mismos árboles. En la navegación natural es utilísimo saber leer la forma de las ramas de los árboles (crecen de una manera más horizontal en la cara sur y más vertical en la norte), pero en ocasiones es difícil percibir la forma de las ramas si lo que hay detrás no es el cielo, sino más árboles. En esos casos, el reflejo del árbol en el agua puede sernos de gran ayuda, porque te permite observarlo desde más abajo, y verlo, además, contra el cielo.

Si se levanta viento y aparece alguna ola grande, serás incapaz de detectar detalles en los reflejos, pero si lo que hay es

El efecto trasero de pato.

una brisa sobre una superficie ondulada, aparece un intrigante efecto que vale la pena observar. En aguas onduladas, fíjate en que a menudo podrás ver la forma de estructuras verticales reflejadas en el agua, pero no las horizontales. El mejor ejemplo es un puente con pilares.[2] Si en el agua hay ondas, lo normal es que veas en el agua el reflejo de los pilares, pero el puente desaparece casi por completo.

Uno de los efectos de la luz en el agua más bellos es la manera que tiene el sol de crear una columna brillante cuando se refleja en una gran extensión de agua hacia el alba o el atardecer. Esa larga línea de reflejos relucientes se conoce como «camino de luz», y se genera cuando nuestros ojos perciben los miles de diminutos reflejos del sol de las olas que se extienden en la distancia. La forma del camino de luz es un medidor de lo alto que está el sol y de la rugosidad de las olas. El camino de luz se estrechará cuando el sol baje y se ensanchará cuando las olas se eleven.

Las ondas hacen que las formas horizontales
desaparezcan ante las verticales.

El camino de luz es más estrecho donde el agua está más tranquila.

Los matemáticos han descubierto que esto es una ciencia bastante exacta y que los caminos brillantes revelan ciertos aspectos sobre el sol y el agua de manera precisa.[3] Por ejemplo, si el sol se encuentra 30 grados por encima del horizonte y las olas tienen un ángulo de 5 grados, el camino de luz tendrá 20 grados de largo y 10 de ancho. De todas formas, no es necesario que entremos en las matemáticas para encontrarle sentido a los caminos brillantes, tan solo tenemos que observarlos y no olvidar las dos reglas básicas: la altura del sol y la rugosidad del agua cambiarán la longitud y el ancho del camino de luz.

En la práctica, esto significa que, cuando miras un camino de luz, la altura del sol no va a cambiar demasiado durante esos minutos, así que cualquier cambio en el ancho del camino de luz es una señal de que la altitud de las olas debe de haber cambiado. Es muy habitual detectar que el camino no es siempre igual de ancho y que a veces cambia considerablemente en algunas partes. Dado que el camino de luz se ensanchará cuando las olas se eleven, allí habrá una zona de agua más perturbada, quizá por estar más expuesta al viento.

El sol no tiene el monopolio de los caminos brillantes, ya que cualquier fuente de luz puede crearlos, si está frente a ti y lo bastante baja: la luna, los planetas o incluso las estrellas más brillantes pueden llegar a formar caminos brillantes. Algunos de los que verás más a menudo vendrán de luces artificiales. Recuerdo estar una noche contemplando el puerto de Falmouth, en Cornualles, mirando los barcos ir y venir y disfrutando de cómo las luces de la ciudad estaban creando largos y estrechos caminos brillantes en el agua. Era muy gratificante detectar una perturbación donde las corrientes de marea estaban alterando el agua.

Es bastante común que el agua esté más alborotada cerca de donde estés que a lo lejos, ya que habrá menos profundidad en las zonas cercanas a tierra y eso hará que las olas se eleven. A menudo eso provocará que se ensanche o aumente el camino de luz cercano a ti. De hecho, este efecto es tan habitual que nuestros cerebros se han acostumbrado por completo, tanto que incluso he detectado que los diseñadores de gráficos por ordenador lo usan concienzudamente en los videojuegos, para dar mayor sensación de realidad al agua que vemos. Es irónico que los diseñadores de *software* nos quieran hacer creer que el agua es real al observar la naturaleza con más atención de lo habitual; es bastante curioso y quizá un símbolo de estos tiempos, o de lo que está por venir.

Los caminos de luz normalmente forman una línea recta entre tú y el sol, la luna u otra fuente de luz. Pero a veces detectarás en ellos una ligera curva o doblez. Esta curva no es lo mismo que la perturbación que crean las olas más altas, que normalmente será idéntica a ambos lados, o simétrica, sino que es una curvatura del propio camino. La causa más común es el viento que sopla a lo largo del camino, lo que cambia la forma de las olas. Es un efecto precioso, que vale la pena observar, porque parece que estés viendo el viento soplando luz solar por el agua.

Los caminos brillantes acostumbran a parecer más rojizos que su luz «progenitora». Una luna cremosa puede crear un camino de luz anaranjado, ya que la luz en el extremo azul del espectro se difumina, lo que deja solo los amarillos, los naranjas y los rojos.

Si no ves un camino de luz donde esperarías encontrarlo, es una señal de que las olas son demasiado grandes y altas. Siempre verás algunos reflejos en las aguas que estén demasiado tranquilos como para que haya un camino de luz completo, como un sol o una luna estrechos tambaleándose, o incluso algo parecido a una imagen real si la calma es absoluta. Pero cuando las olas crezcan más allá de un punto concreto, el camino de luz desaparecerá, al no actuar los lados de las olas como espejos. Si las olas no parecen demasiado altas, prueba a quitarte las gafas de sol: los caminos brillantes están muy polarizados, así que apenas los verás a través de unas gafas de sol polarizadas, lo que obviamente es uno de los motivos por los que los marineros las usan.

Si el camino de luz que estás mirando se estrecha a lo largo del mar o en una zona cercana a tierra, quizá una isla a media distancia, observa con especial atención. Deberías ser capaz de detectar algunas de las zonas en las que las olas han golpeado la tierra y han rebotado, que son las que están causando esos interesantes patrones de interferencias que vimos en el agua en la «Introducción». Estos patrones o bien estrecharán o bien ensancharán el camino de luz, o, en ciertas situaciones, como cuando las olas se encuentran perpendicularmente, crearán unos patrones un tanto inusuales, como cuadrículas rectangulares de brillantes puntos blancos.[4]

La sutil belleza e intrincada arquitectura de los caminos brillantes es difícil de recrear de memoria, y por eso a menudo pilla desprevenidos a los artistas, sobre todo a aquellos que dependen demasiado de su imaginación. Una vez hayas pasado suficiente tiempo admirando caminos brillantes al aire libre y en fotografías, no te costará nada descubrir a los artistas que no han visto las cosas que pretenden haber visto. La lista de artistas contemporáneos que no han sabido representar con exactitud los caminos brillantes es infinita, lo que es todavía más sorprendente en la era de la fotografía.

No necesitas ver un camino de luz en todo su esplendor para saber cómo influirá el viento en la luz que ves en el agua. Un consejo: en telas como el fieltro es muy fácil saber qué partes se han rozado por las sombras que hay, incluso si pasas suavemente la mano por encima dejarás zonas claras y oscuras. Y pasará exactamente lo mismo si la pasas por una mesa de billar, un abrigo de ante o cualquier tipo de terciopelo. La aparición de esas zonas claras y oscuras no es aleatoria, siguen una sencilla regla: si rozas la tela en dirección hacia ti, se oscurecerá, mientras que si lo haces en sentido contraria parecerá más clara (es el mismo efecto que crean las franjas claras y oscuras en el césped cortado, que parecerá más oscuro si el cortacésped se ha estado moviendo hacia ti).

Cuando observamos el agua, hay enormes diferencias según hacia dónde sople el viento. La manera más fácil de comprobarlo es ante una gran extensión de agua cuando el sol no está demasiado bajo, con el viento de cara. Te darás cuenta de que el agua que tienes justo delante de ti parece ser algo más oscura que la de los márgenes, porque ahí es donde la «cresta» del agua está siendo arrastrada directamente hacia a ti. Y pasa exactamente lo contrario si tienes el viento a favor. El agua que tengas justo enfrente parecerá algo más clara que en los lados.

Existen tantísimos detalles que nuestros cerebros han desarrollado algunos atajos que, a pesar de ser casi siempre útiles e incluso esenciales, pueden provocar algunas sorpresas. La gente ha visto rostros humanos en los cráteres de la luna, el de Jesucristo en una tostada y un mono en la corteza de un árbol. Cuando en diciembre de 2014 una tormenta golpeó el Reino Unido (una tormenta que los medios creyeron conveniente etiquetar como «bomba meteorológica»), algunos testigos afirmaron haber detectado un rostro en la foto de una de las olas, que asignaron de manera variopinta a un «anciano», a Scrooge[*] o a Dios.[5]

Esta costumbre de nuestros cerebros de encontrar patrones y asignar un significado donde puede que no haya nada se llama «pareidolia». Es algo fascinante y, en ocasiones, cautivador que todo lector del agua debería tener en cuenta antes de comenzar a dar saltos y declamar el milagro. Eso no quiere decir que la cara de María Magdalena que has visto en el reflejo de las farolas en un charco no sea real, pero tenemos que considerar la posibilidad de que no lo sea.

A veces, la luz y las partículas en suspensión juegan entre ellas y crean intrigantes colores y efectos poco comunes. Jamás

---

[*] Ebenezer Scrooge es el personaje principal de *Cuento de Navidad,* de Charles Dickens, publicado en 1843.

verás tu propia sombra en aguas cristalinas, porque no hay nada contra lo que la luz pueda rebotar. Es probable que la veas en el lecho de un estanque, un charco o un arroyo, pero no estarás viendo sombras en el agua en sí. Sin embargo, cuando hay partículas en suspensión, el agua se enturbia y la luz puede rebotar en esas partículas, lo que posibilita que seamos capaces de ver la luz relucir en el agua y, además, las sombras. Por si te sirve de ayuda, piensa en el haz de luz de una linterna en una habitación a oscuras: podrás ver la pared que está iluminando, pero no el haz en sí, a menos que haya un montón de polvo en la atmósfera. Por tanto, si ves tu sombra en el agua, eso será una prueba de que el agua no es pura y que hay una gran cantidad de partículas en suspensión.

Si estás observando en unas aguas turbias tu propia sombra, hay un par de efectos extra que merece la pena contemplar. El primero es que es posible que tu sombra tenga una especie de borde anaranjado, provocado por el hecho de que las diminutas partículas en el agua no reflejan por igual todas las longitudes de onda (y, por tanto, todos los colores).[6] Y al naranja le cuesta menos que al resto. El segundo efecto que, si has podido ver el «halo anaranjado», vale absolutamente la pena es que puedes detectar rayos de sol emergiendo de tu sombra y extendiéndose bajo la superficie del agua, lo que se conoce como el «efecto aureola».[7] No hay ningún comportamiento divino detrás de estos rayos, sino que son el efecto óptico que provoca estar mirando en dirección opuesta a la del sol, que es lo que hacemos siempre que miramos nuestra propia sombra. En aguas tranquilas, las posibilidades de ver el efecto aureola se incrementan ligeramente si mueves el agua con un palo. En aguas más profundas, me he dado cuenta de que es más fácil observarlo en el Mediterráneo.

A menudo me llegan preguntas de una temática similar: en los tiempos que corren, ¿por qué deberíamos malgastar tiempo fijándonos en este tipo de cosas? Las preguntas oscilan entre el respeto y la necesidad de tales habilidades, hasta la inutilidad de todas ellas. Inevitablemente, esto provoca que me haga a mí mismo las mismas preguntas, sobre todo cuando estoy observando el agua. La respuesta que me doy a mí mismo y a otros raramente es óptima, pero no pasa nada. La única recompensa es la satisfacción de ver el mundo, durante unos instantes, con los ojos de un navegante del océano y un hijo bastardo de aquellos ancianos maestros.

# Capítulo 10
## *El sonido del agua*

En el Distrito de los Picos, en Derbyshire, hay un pueblecito con una historia triste y macabra llamado Eyam.[1] El nombre *Eyam* —pronunciado en inglés como *Eem*— deriva de la palabra usada en inglés antiguo para 'isla', y, de hecho, el pueblo se encuentra perfectamente situado entre dos riachuelos. Actualmente, Eyam es mucho más conocido, para quien lo conozca, por haber sido el pueblo que se aisló del mundo mientras vivieron un infierno, cuando la peste arrasó Inglaterra en el siglo XVII. El agua jugó un papel importante en la tragedia de Eyam.

Cuando el sastre local, George Viccars, encargó unas telas a Londres en 1665, llegaron un poco mojadas tras un largo viaje. Viccars las puso a secar y las pulgas vectores de la peste, que venían de Londres y habían hecho de las telas su hogar, escaparon. El sastre murió poco después. La peste se extendió por el pueblo, y el reverendo William Mompesson urgió a los habitantes a hacer algo terrible y desinteresado: se estableció una cuarentena. No se permitía a nadie entrar o salir del pueblo mientras durara la epidemia. Para octubre del año siguiente, habían muerto 259 aldeanos de los aproximadamente 350. Paradójicamente, William Mompesson había enviado a sus hijos lejos de Eyam antes de que se estableciera la cuarentena, e intentó que su mujer se fuera con ellos, aunque ella se negó por su deseo expreso de no separarse de él. Sobrevivió casi hasta el final de la epidemia, pero entonces sucumbió y murió. El reverendo fue uno de los pocos que sobrevivieron al brote.

Siempre que haya agua corriente, esta generará un sonido que podrá utilizarse para hacer un mapa de los alrededores. Un pueblo nombrado por el hecho de estar rodeado de agua parece el lugar ideal para hacer experimentos con las posibilidades de los mapas fonoacuáticos, así que me dirijo a Eyam con un par de sitios específicos en mente cercanos al pueblo.

Los aldeanos habrían muerto de hambre sin tener algún medio de recibir ayuda del exterior, así que había algunos lugares determinados en los que se podía dejar comida y medicinas que luego recogerían. Como pago, los habitantes dejaban monedas esterilizadas en agua, después de haber purgado de peste el metal con vinagre. Uno de esos lugares de intercambios desesperados se conoce ahora con el nombre de Pozo de Mompesson, llamado así por el reverendo que instó al pueblo a aislarse del mundo. Aunque se le llame *pozo*, es más bien un manantial, cubierto con losas para crear algo similar a una fuente, y se encuentra en medio de un campo, por lo demás, bastante aburrido. (Para el ojo desentrenado, el campo puede parecer aburrido, pero para el lector del agua experimentado siempre hay señales, porque el agua modifica los paisajes. El manantial alimenta un pequeño arroyo que fluye por el más suave de los valles de aquella zona, y su curso estuvo claramente dibujado por los verdísimos juncos.) Estaba sentado en la zona más elevada del campo comiéndome un bocadillo, observando cómo esa zona baja y húmeda era un imán y un objetivo habitual de las aves de la zona. A mis espaldas, los cuervos y las urracas tenían disputas territoriales mientras por las ramas más altas revoloteaban azulejos, cuyo canto transmitía una cierta consternación por las riñas de los córvidos.

Me alejé de la zona en la que más se oía el murmullo del manantial y subí lentamente la herbosa colina escuchando con atención después de cada paso el sonido del agua. Es evidente que el agua no emite solo un sonido, sino todo un abanico de volúmenes y notas, la mayoría breves pero con alguna que otra más larga. Caminé hasta que los sonidos desaparecieron y me di cuenta de que eso no sucedía en ningún momento concreto.

Los sonidos que oímos al aire libre se ven afectados por el viento y por la manera que tiene de dispersarlos y absorberlos, la topografía, los obstáculos, la presión atmosférica, la temperatura y los niveles de humedad. Así que lo primero que veremos sobre los mapas de sonidos, incluidos los mapas de sonidos acuáticos, es que la información en ese nuevo plano es diferente a la de cualquier otro mapa al que estemos acostumbrados.

Hay ciertos factores que permiten a los sonidos viajar más lejos, como los terrenos llanos, pocas obstrucciones y el aire frío. Cuanto más cerca estén del suelo, más radicales serán los pequeños cambios en la topografía. Una vez había alcanzado el límite del rango en el que todavía podía oír los susurros del manantial, bajé la cabeza algo más de treinta centímetros y el manantial desapareció de mi mapa audible. Es un fenómeno muy interesante, sobre todo a escalas algo más grandes.

Algo que descubrí al estudiar mis propias reacciones y las de otros senderistas desprevenidos es que el momento en que un sonido distintivo desaparece es también el momento en que comenzamos a sentir que nos hemos perdido. Es un experimento que me gusta repetir cerca de cascadas: pregunto a la gente si pueden señalarme puntos de referencia cercanos. La mayoría son capaces de hacerlo mientras la cascada es perfectamente audible; sin embargo, en el momento en que la inclinación del suelo varía y oscurece el sonido del agua, su habilidad para orientarse suele dejarlos a su suerte, y no solo en relación con la cascada, sino con cualquier otro punto de referencia local. Y es todavía más probable si alguien ha estado fiándose del sonido de la cascada inconscientemente.

En el diagrama de la página 180, en el punto A casi todo el mundo es capaz de señalar los puntos de referencia, incluso aunque no puedan verlos, gracias a la orientación clara que les proporciona el sonido de la cascada. Sin embargo, en el punto B la topografía ha ocultado el sonido de la cascada y una gran mayoría de personas tendrán problemas con el mismo ejercicio.

Los sonidos de baja frecuencia, es decir, los graves, son los que se desplazan y superan mejor los obstáculos, pero los de frecuencias altas tienden a rebotar en los objetos que se encuentran en su camino. Esa es una de las razones por las que lo que atraviesa las paredes de tu casa son los altavoces del vecino y no su violín. También es la razón por la que algunos cuerpos policiales están probando sirenas de baja frecuencia: las de alta frecuencia pueden provocar confusiones en zonas urbanizadas, ya que los sonidos rebotan en los edificios y parece que vengan de todas direcciones.

Cerca de la cima de la pequeña colina por encima del Pozo de Mompesson había un par de coches aparcados y, ocasionalmente, podía oír el sonido reflejado del manantial a mis espaldas. Pero solo ocurría con la brisa adecuada, y el arroyo que oía era diferente al que había contemplado en la parte inferior del campo, ya que solo sobrevivían las notas más agudas hasta llegar a los coches y después a mis oídos.

Ese mismo día, mis pies me llevaron a un lugar en el que sabía que había un arroyo fluyendo entre un barranco a distancias variables del camino que escalaría. Me detuve en la base de la empinada colina y escuché: no se oía nada de agua, solo los sonidos intermitentes del tráfico a mis espaldas. Unos pasos más allá los coches dieron paso a los cacareos hambrientos de unas gallinas en un patio. Ascendí un poco más la colina antes de volver a detenerme. Percibí un nuevo sonido, el de unos niños jugando en la escuela del pueblo; me llegaban sus enérgicas voces, a pesar de que en ese momento estaba más lejos de ellos que un minuto antes.

Me di cuenta de que sus voces desaparecían cuando el viento se calmaba, y aproveché las antenas parabólicas y el humo de las chimeneas encendidas debajo de mí para descubrir dónde debía de estar la escuela, invisible pero audible: desde donde me encontraba, aproximadamente al suroeste, ya que la mayoría de antenas parabólicas apuntan aproximadamente al sureste en el Reino Unido, porque el satélite emisor dominante estaba en esa dirección. Sin embargo, seguía sin percibir ningún tipo de sonido de agua.

La inclinación del camino se suavizaba y se allanaba en un pequeño altiplano, y hundí las botas en barro en un lugar en el que muchos otros también habían decidido tomarse un descanso. Y, de repente, ahí estaba, el inconfundible siseo y borboteo del agua. Como las voces y el manantial, en el límite de su rango audible el agua aparecía y desaparecía tras cada cambio en la potencia y la dirección del viento.

Este referente era mucho más potente que el del pequeño manantial del Pozo de Mompesson, y eso me permitió aprovecharlo para hacer experimentos más exhaustivos. Los sonidos que me llegaban cambiaban cada pocos pasos, a medida que pasaba por diferentes grupos de árboles y follaje que se interponían entre mí y el agua. Había unas hileras de árboles salpicadas de pinos, píceas y hayas entre el camino y el agua, y cada uno ofrecía un filtro sonoro diferente. Un grupo de píceas tenían cientos de ramas bajas horizontales sobresaliendo, desnudas de agujas y entrelazadas; me recordaron a los dientes de una cajita de música tradicional. Al atravesarlas, el sonido del agua era más claro que el que llegaba con dificultades a través de las hojas marrones de las hayas, roto y amortiguado. Las hayas, igual que algunos robles y sauces, entre otros, conservan sus hojas inferiores durante el invierno. A este peculiar fenómeno se le llama «marcescencia».

En cualquier hayedo, mira a tu alrededor en invierno y no tardarás en darte cuenta de que las ramas superiores han perdido todas sus hojas, mientras que las inferiores, las que están a pocos metros del suelo, mantienen sus hojas marrones. Los densos setos marrones que ves en lo más crudo del invierno son setos de hayas; los expertos en hacer este tipo de vallados valoran muchísimo estos árboles por la sencilla razón de que no se desnudan en otoño.

Los científicos han hecho estudios para descubrir qué tipos de cultivos dispersan mejor el sonido y, por tanto, son buenas barreras del sonido, y los peores. Parece que las hojas rizadas del maíz y el trigo dispersan el sonido con una eficacia sorprendente.[2] Los sonidos del agua dibujan un mapa no solo gracias al volumen o a las frecuencias altas y bajas que oímos, sino también gracias al timbre, fundamental para saber lo que nos rodea.

Con cada paso que daba iba siendo más consciente de cómo cambiaba el sonido del agua con cada especie de árbol del bosque a mi izquierda. Es una técnica con la que he jugado en climas más templados, en las profundidades del corazón de Borneo. Allí, al no tener demasiado con que entretenerme, llegué a pasarme días enteros apretujado en estrechas canoas de madera, y aprendí a leer la personalidad de los márgenes de los ríos con los ojos cerrados, tan solo escuchando los cambios en los ecos del ruidoso motor de cubierta. Los ecos de la típica mezcla de raíces entrelazadas y barro eran como los movimientos lejanos del papel de aluminio. Cuando ese eco se convertía en un sonido más áspero y percutivo, como el de una sierra mecánica, sabía que estábamos cruzando una ribera de cieno.

Disfrutaba muchísimo fijándome en cómo cambiaba el sonido del agua que caía con cada irregularidad de la tierra. Confiando solo en los oídos, entraba en éxtasis al descubrir el tocón arrancado de un árbol, junto con sus terrosos cepellones, cuando se silenciaban las caídas del agua durante un segundo.

Mi capacidad para registrar la tierra de esa manera, escuchando el agua y los silencios repentinos, ha mejorado gracias a un ejemplo de ingenio paisajístico danés. Schiphol es el tercer aeropuerto más concurrido de Europa, e, indudablemente, un lugar increíblemente ruidoso. Cierto día, los habitantes se dieron cuenta de algo tan peculiar como gratificante: todo el ruido se sosegaba cuando los granjeros araban los campos cercanos. Asignaron al paisajista Paul de Kort la tarea de seguir el ejemplo de los campos de los granjeros para reducir el ruido de los aviones alrededor de Schiphol, lo que condujo a una bella y original muestra de ingeniería paisajística.[3]

Resultó que lo que era tan efectivo para reducir el ruido para los vecinos del aeropuerto eran los surcos y las crestas de los campos, y los ángulos que estos creaban. Esas irregularidades en el paisaje estaban haciendo rebotar el sonido hacia el cielo y desviándolo de aquellos que vivían cerca. Y fue así como De Kort decidió crear un parque con zanjas aún más grandes, esculpidas por excavadoras guiadas por GPS, para reducir el ruido a gran escala.

Caminé hasta aquel tocón de pícea, me senté y me serví té caliente de mi termo. Estaba demasiado caliente para bebérmelo —los termos nunca dejarán de sorprenderme—, así que seguí escuchando hasta que se enfriara. El crujido de una ramita me hizo dirigir la atención a la colina arbolada, y vi una hoja de hiedra balanceándose hasta el suelo, arrancada por el salto de una ardilla. Podía oír el rugir del agua, pero seguía fuera de mi vista.

Algo que solo se me ocurriría a mí sentado en aquel lugar, dando sorbitos al té, es que oímos diferentes partes de cualquier río con cada pequeño cambio en la dirección del viento. Cuanto más occidental sea el viento, más áspera y rasposa sonará el agua, pero si el viento viene del sur, los sonidos serán más suaves. El agua debía de estar sufriendo más turbulencias por un terreno con más pendientes al oeste que al sur. Esos momentos de concentración absoluta me recordaban al método de la «caza silenciosa» usado por los nativos americanos, quienes solían esperar a que sus presas se toparan con ellos, y no al revés.

A los pocos segundos de ponerme otra vez en marcha, me sorprendió encontrar un pequeño arroyo borboteando a pocos metros delante de mí. No debería ser un motivo de sorpresa en una caminata normal, ¿pero en una en la que el objetivo principal era escuchar activamente el agua? Resultó que la colina me había preparado un ejemplo perfecto. Caminaba a favor del viento por una serie de madrigueras de tejones onduladas y extensas raíces de píceas con fuertes sonidos acuáticos a mis espaldas. De igual manera que no podemos ver lo que tenemos detrás, tampoco podemos oír lo que está protegido por el viento o la topografía.

Lo curioso del tema es que normalmente pensamos en que lo invisible es lo que tenemos detrás, pero, cuando buscamos agua con nuestros oídos, el concepto de *detrás* está siempre relacionado con la dirección del viento y la topografía, no con la dirección hacia la que nos dirigimos. Podemos tener algo justo delante de nuestras narices, como yo aquel arroyo, y no aparecer en nuestro mapa auditivo si tenemos el viento a favor y el terreno es irregular.

Si estamos paseando, esto quizá solo desdibujará ligeramente lo que sentimos a favor de los sonidos que percibamos a contraviento, pero en ocasiones puede generar una deformación más radical del mapa. En 1862, en la batalla de Iuka durante la Guerra de Secesión, un viento del norte, al combinarse con la topografía, creó una sombra acústica. Parece ser que las dos divisiones de soldados de la Unión que estaban situadas en esa sombra se perdieron toda la batalla, a pesar de tener armas rugiendo a poco más de diez kilómetros a favor del viento.[4]

El camino era sinuoso y tortuoso, y una larga caminata por una carretera gris me devolvió al pueblecito en el que la herencia legada por el agua se hacía patente en los nombres de las calles: Water Lane ('carretera del agua'), The Causeway y Mill Lane ('carretera del molino'). Vi que el reloj solar de la iglesia tenía, además de las marcas para saber la hora, otras marcas sobre la latitud y la estación; seguro que era la iglesia de algún navegante natural. Dejé entonces el pueblecito por el oeste, con los oídos preparados para el ejercicio que me esperaba. Los necesitaría en mi búsqueda de una misteriosa cascada.

Las cascadas son el resultado de una caída vertical del agua de un nivel a otro, normalmente desde rocas duras a otras más suaves y erosionadas; tan obvio como simple. Sin embargo, hay un sinfín de tipos diferentes de saltos de agua, nombrados según la manera de caer o según cómo estén formadas. Las cintas son más altas que anchas, los cuencos comienzan estrechos y acaban rebosando en una ancha piscina, las cascadas abanico se esparcen, las colas de caballo mantienen el contacto con la roca, y fluyen como agua blanca, las segmentadas se dividen durante el descenso, y tanto las escalonadas como las cascadas *per se* tienen diferentes etapas.

Sabía que cerca del pueblecito de Eyam había una cascada preciosa llamada Waterfall Swallet. La palabra inglesa *swallet* es una expresión arcaica para referirse a las depresiones o sumideros en el suelo, y es muy pertinente para esta cascada, porque el agua fluye en forma de arroyo a nivel del suelo para después desaparecer por el borde de una roca en un gran agujero. Estamos acostumbrados a que el agua caiga desde una altura hasta el nivel del suelo, pero esta cascada cae desde un nivel normal hacia un abismo. Había llovido bastante los días anteriores, así que esperaba poder oír el suave tronar del agua al caer sobre ese nuevo nivel inferior.

Todo esto me sería útil por dos razones: la inusual topografía que rodea a esa particular cascada hace que sea invisible hasta que estás muy cerca; además, su localización es una especie de secreto. Supongo que tienen miedo de que ese bello paraje se convierta en una atracción turística, porque es tradición no publicar el lugar exacto. Puedo asegurar que no revelaré aquí ese secreto. Sin embargo, puedo dar una pista: al salir del pueblecito, el viento arrastraba constantemente su rugido, algo que es extremadamente útil cuando buscas cascadas secretas e invisibles.

Oí cómo aumentaba el sonido del agua blanca mientras caminaba por la carretera, hasta que bajé cuidando cada paso por el peligroso borde de la hondonada. Al acercarme, sentí las vibraciones del agua en la turba bajo mis pies. Debajo de mí había una oscura caverna salpicada de verde en algunos lugares por los musgos y helechos. El agua cambiaba de forma al caer, y yo la describiría como una cascada escalonada, que se animaba un poco y formaba colas de caballo, antes de segmentarse y convertirse en un cuenco. Como habrás podido imaginar, no creo demasiado en estrictas categorizaciones de las cascadas.

La poza bajo la cascada se extendía en irregulares formas verdosas. Intenté escuchar con atención el efecto que sabía que haría, pero me preocupaba que en esta ocasión fuera demasiado sutil para percibirlo. El agua no solo genera sonidos, sino que además cambia los que pasan a través de ella. Las ondas de sonido viajan más rápido por el agua que por la tierra (como las ondas de radio). La razón, en parte, es que hay menos obstáculos en el agua, pero hay otro culpable. El agua enfría el aire que hay justo encima, lo que provoca que esa franja inferior de aire esté más fría que las superiores. Esto es lo que suele llamarse una inversión de la temperatura, y hace que las ondas sonoras se curven hacia abajo, lo que crea un amplificador del sonido justo por encima del agua.

Era muy difícil captar esos efectos en una extensión de agua tan pequeña, pero vale la pena buscarlos si estás cerca de grandes lagos, ríos o del mar. Tengo un amigo que vive en la orilla sur de un tramo ancho del Támesis, en Londres. Vive algo más cerca, en línea recta, del estadio del Chelsea que del Fulham. Sin embargo, oye los partidos del Fulham y no los del Chelsea, principalmente por la dirección dominante del viento y la manera que tienen los sonidos de la afición del Fulham de viajar por encima del agua.[5]

Los esquimales chukchi conocen perfectamente cómo viaja el sonido por encima del agua, porque, de lo contrario, morirían de hambre. Los chukchi viven en las zonas más al norte de la Federación Rusa, junto al océano Ártico. Cuando salen a cazar animales como las morsas, observan primero desde las alturas para después moverse cuidadosamente, asegurándose de que piedras y metales no choquen entre sí.[6] Cualquier sonido agudo cruzará a la perfección kilómetros de frío aire por el océano y espantará a los animales.

De vuelta en tierra, tengamos en consideración cómo encajan todas estas piezas. Si estás en el borde de un frío lago durante un día caluroso, con la brisa de cara y una cascada a tus espaldas, es probable que no oigas en absoluto la caída del agua, pero quizá sí algunos niños jugando en la orilla opuesta. Ve al mismo lugar en invierno, cuando el agua normalmente está más caliente que el aire, a favor del viento, y es probable que lo único que oigas sea la cascada. Nuestros mapas sonoros cambiarán con los cambios en el viento, pero también con los del agua y la temperatura del aire.

Una extraña curiosidad me llevó a una de las carreteras que salían por el este del pueblecito. Cuando había dejado atrás el suave barullo del pueblo, volví a aguzar el oído, pero ni rastro de agua. Entonces detecté, para mi sorpresa, un grupo de campanillas de invierno. Estas flores son muy habituales en jardines y, sobre todo, en los cementerios de las iglesias, pero no en zonas salvajes. Si encuentras alguna campanilla de invierno en una zona que, a simple vista, pueda parecer salvaje, se habrán escapado de algún jardín cercano e indican, por tanto, que probablemente haya algún tipo de civilización, o que la ha habido. Seguí el rastro de campanillas de invierno hasta que encontré una oscura forma anómala con líneas demasiado rígidas para ser naturales: un edificio en ruinas. Me detuve a su lado, y esta vez sí que oí agua; el más sutil de los goteos, pero agua al fin y al cabo. Me giré y cerré los ojos, ya que a menudo es más fácil encontrar el origen de un sonido con los ojos cerrados, porque la vista tiende a desviar la atención hacia otras cosas.

En mis cursos, enseño el método siguiente para encontrar tanto el origen de los sonidos como la dirección del viento. Cierras los ojos y escuchas (y, en el caso del viento, sientes), giras lentamente la cabeza hasta que estés seguro de la dirección, la señalas y, entonces y solo entonces, abres los ojos. Si lo haces, te aseguro que tus ojos no te habrán desviado la mano hacia algo más visualmente conveniente, como un árbol cercano que sobresalga entre los demás.

No tardé en estar arrodillándome y observando con atención un hilo debilísimo de agua, y cómo fluía hacia uno de los arcenes, a través de hiedras, zarzas y botones de oro. Estuve como diez minutos analizando ese arroyo infante, observando, escuchando, tocando y saboreando. En realidad, estaba desesperado por que me revelara alguna pista maravillosa, pero, excepto por las saludables colonias de musgo y botones de oro que albergaba, me reveló demasiado poco como para despertar mi entusiasmo. Me detuve, cerré los ojos y escuché de nuevo. El delicado sonido del agua en movimiento se veía enmascarado por el viento entre los árboles y las recientes gotas de lluvia que caían de las hojas, pero reaparecía con cada sosiego del viento.

Ese ejercicio me hizo acostumbrarme a la perfección de la fuerza y dirección del viento. En ese momento, percibí un sonido que no coincidía ni con los ruidos del agua ni con los del follaje sobre mi cabeza, aunque también cambiaba con la potencia y dirección de la brisa; no era capaz de descubrir qué era. Cinco minutos después, minutos en los que se iba haciendo más fuerte y llenando de una especie de rugido gutural, el origen de aquel sonido se me reveló cuando dos moteros pasaron de largo a toda velocidad sonriendo y asintiendo al ver que me apartaba a uno de los lados del camino. Incluso en las raras ocasiones en las que escuchar el agua no nos revela cosas interesantes de sí misma, siempre, sin falta, nos ayudará a sentir con precisión todo lo que nos rodea.[7]

Mi paseo me llevó a un campo en el que estuve un rato junto a las Riley Graves. El riesgo de contagio de la peste implicaba que los servicios eclesiásticos en Eyam tenían lugar al aire libre, y se prohibió a los habitantes enterrar a sus muertos en el cementerio habitual. Se les ordenó que, en su lugar, enterraran a sus seres queridos a campo abierto o en sus propios jardines. El 3 de agosto de 1666 comenzó el tormento de la familia Hancock, cuando la peste los golpeó y murieron dos de sus hijos, John y Elizabeth. Cuatro días más tarde, dos hijos más, William y Oner, y su padre, John, también perecieron. Dos días después, murió otra de las hijas de la señora Hancock, Alice, y le siguió, al día siguiente, la única superviviente, Anne. La señora Hancock tuvo que arrastrar los cuerpos de su marido y sus seis hijos al campo, cavar las tumbas y enterrarlos. Estaba parado frente al muro que ahora rodea las tumbas, pero pronto me encontré a mí mismo alejándome del lugar, sobrecogido.

Cuando el sol ya estaba bajo y rompía entre las nubes altas, pasé al lado de una de las «piedras limítrofes», señalizaciones colocadas por los habitantes para indicar sus límites, sus fronteras. Estas piedras formaban parte de un antiguo y terrorífico mapa, que marcaba la línea que ni los habitantes ni los forasteros debían cruzar por miedo a extender la plaga o infectarse. Toda extensión de tierra se enriquece si añadimos al paquete el extraño mapa que creamos al escuchar el agua.

# Capítulo 11

## *Leyendo las olas*

Existen numerosos registros de navegantes de las islas del Pacífico que consiguieron ubicarse bajo cielos cubiertos, a menudo de noche, solo por lo que les transmitían las olas del océano bajo el barco. Hay un caso en el que se dijo que el navegante no se había fiado de su intuición, sino de sentir el movimiento del océano en sus testículos.

El tamaño de las olas de agua varía enormemente, desde ondas tan pequeñas que son apenas visibles hasta olas que tardan 12 horas en desvanecerse y entre cuyas crestas hay 20 kilómetros. Lo que todas las olas tienen en común es que transportan energía de un lugar a otro. En teoría, esa energía puede no venir de ninguna parte, pero en el océano hay tres fuentes principales: la luna, los terremotos y el viento. La luna genera mareas, a las cuales dedico un capítulo, y los terremotos pueden crear poderosas olas, los tsunamis, que retomaremos en el capítulo «Lo raro y lo extraordinario», así que ahora nos centraremos en la más habitual: las olas que genera el viento. El viento sopla por encima del agua, le pasa parte de su energía y esta se mueve en una dirección, visible en forma de ola.

La idea de que las olas transportan energía de un lugar a otro es importante, porque es muy tentador pensar que las olas son el movimiento horizontal del agua, pero eso es falso. Imagínate que sacudes una sábana: una onda muy visible transportará un montón de energía de una punta a otra, desde la fuerza que le está dando esa energía, en este caso un par de

175

manos, hasta otro lugar, en este caso un sonido como de látigo en el otro extremo de la sábana. Sin embargo, la sábana en sí no se ha movido horizontalmente, sino solo arriba y abajo. Observa cualquier ola en el mar y tus ojos tenderán a seguir tan solo esa ola, lo que te dará la impresión de que el agua se mueve con ella; pero céntrate en algo que flote, algas, un trozo de madera o un ave, y verás cómo permanecen en el mismo lugar mientras la energía de las olas los mueve arriba y abajo, pero no los arrastra.

Si observas con muchísima atención, quizá percibas que, a pesar de que el objeto vuelve casi al mismo lugar en el que estaba, hace un pequeño viaje orbital. En primer lugar, la ola atraerá hacia ella el objeto, después lo levantará, lo empujará y lo volverá a bajar, algo así como si fuera una manivela. Si hilamos fino, el movimiento en la parte superior de la ola es ligeramente más veloz que en el fondo, así que el objeto se moverá un poco en la dirección hacia la que se dirija la ola, aunque normalmente es casi imperceptible.[1]

Por lo tanto, los fundamentos son sencillos. El viento le proporciona al agua un poco de energía, que viaja en forma de ola visible de un lugar a otro. Pero esto nos deja con un montón de preguntas sin respuesta: ¿por qué a veces hay olas enormes en días tranquilos? Si el agua de una ola solo se mueve hacia arriba y hacia abajo, ¿por qué a veces han conseguido tumbarme? Si creo algunas ondas en una playa de Cornualles, ¿llegarán a Nueva York? Para saber la respuesta a estas preguntas y a muchas más debemos conocer mucho mejor las olas durante las cuatro etapas de su vida: su nacimiento, su vida en mar abierto, su vida en las aguas poco profundas y su muerte.

Si pensamos en las olas como criaturas, nos puede ayudar conocer su anatomía. Las olas tienen algunas partes identificables y características. La cresta es la parte superior, el valle la inferior, y la altura se calcula por la distancia que hay entre ambos. La longitud de la ola suele ser la distancia que hay entre una cresta y otra, y el período de una ola es el tiempo en segundos que tardan en pasar por el mismo punto dos crestas sucesivas.

En cuanto empezamos a usar términos como *longitud de onda* y *período* existe el riesgo de que tengamos la sensación de que la belleza va desapareciendo, o, como dijo una vez el oceanógrafo Willard Bascom, «lo peligroso es que el estudio del océano recaiga en las manos de aquellos que nunca han visto el mar».[2] Pero intenta entablar una amistad con esos términos, ya que son solo etiquetas que te ayudarán a leer las olas con más rapidez. El período de las olas es el que suele sonarle menos a la gente, pero también es el más útil para reconocer los diferentes tipos de olas. Sopla tu taza de té e intenta calcular el período de las ondas; te costará, porque son muy breves, pero vale la pena intentarlo para que entiendas a qué me refiero.

Este tipo de miniondas tienen una longitud de onda muy corta, lo que implica que la mayoría chocan contra los lados de la taza cada segundo y, por tanto, el período será muy breve, mucho menos de un segundo. Si creas una ola en la bañera que vaya de lado a lado tendrás una buena oportunidad de hacer una estimación vaga del período, quizá uno o dos segundos. Si estás en la playa con las olas pasándote a través de las piernas, comienza a contar cuando pase una y detente cuando te llegue la segunda. Si el tiempo son seis segundos, estarás ante unas olas con un período de seis segundos.[3]

Ahora busca una zona del agua y busca un lugar fácil en el que mirar las olas pasar por un punto concreto, como por ejemplo una boya. Lo más probable es que haya un montón de posibilidades para explicar qué está causando las olas en un entorno así: brisas constantes, ráfagas repentinas, tormentas a miles de kilómetros, los barcos del puerto, etc. Intenta fijarte en que las series de olas no solo son diferentes entre ellas, sino que además tienen sus propias longitudes de onda y sus propios períodos. Es probable que también te des cuenta de que cuanto más larga es la longitud de onda, más rápida será la ola.

Lo siguiente que debemos observar es cómo las olas tienden a perder altura cuando recorren largas distancias, y cómo acaban adquiriendo un aspecto mucho más suave. Es muy fácil demostrar esto en un estanque. Si hay una perturbación en el centro, las ondas se extenderán desde allí. Fíjate en que serán más bajas cerca de los bordes del estanque que en el centro. La circunferencia de la ola justo después de que caiga el guijarro en el agua será muy pequeña, pongamos que de cinco metros, pero unos segundos más tarde, cuando alcance los márgenes del estanque, la misma ola se habrá extendido hasta alcanzar una circunferencia de, quizás, unos cincuenta metros; la misma cantidad de energía se ha propagado con una ola circular que, en ese momento, es diez veces más grande. La energía se propaga, y eso es lo que provoca que la ola sea más baja.

## *Nacimiento*

Cuando sopla brisa por encima de una extensión de agua, la superficie se agita. Si esa brisa desaparece, las ondas morirán rápidamente y la superficie del agua no tardará en volver a la tranquilidad. Sin embargo, si estamos mirando el mar desde una playa, observando el fluir de las olas, veremos que, cuando el viento se sosiegue, las olas continuarán y la calma no volverá inmediatamente a la superficie del mar como sí pasaba con las ondas. Incluso una hora más tarde podrá parecer que no ha habido ningún cambio significativo en el tamaño o las características de las olas que vemos acercarse. Conocer el porqué de esa diferencia entre ambas situaciones es crucial para entender las olas marinas.

Lo mejor es pensar en las olas según los tres tipos siguientes: ondas, olas u oleaje. Si las circunstancias son las adecuadas, las ondas se convertirán en olas, que podrían llegar a ser oleaje.

Sin embargo, la mayoría de ondas morirán antes de llegar a las otras dos etapas. Les pasa un poco como a las semillas, a las plántulas y a los árboles: nacerán muchos, pero pocos seguirán vivos al cabo del tiempo.

Observa cualquier extensión de agua generalmente en calma un día en que haya alguna brisa ocasional y podrás ver un gran ejemplo de cómo son la mayoría de ondas efímeras. Cuando una ráfaga de viento perturbe la superficie del agua se formará una zona de ondas, para desaparecer unos segundos más tarde y que el agua vuelva a la tranquilidad. Es un efecto tan común que hasta tiene nombre, «zarpa de gato», porque parece que el viento esté dándole zarpazos a la superficie del agua.

Vimos en el primer capítulo cómo se mantiene unida el agua por el enlace entre las moléculas y cómo eso genera la tensión superficial, lo suficientemente fuerte como para sostener insectos. Esa tensión superficial tirará hacia abajo de las ondas en cuanto aparezcan. Siempre que veamos ondas en una superficie, lo que realmente estaremos viendo es una batalla entre la tensión superficial y la brisa; la tensión es permanente, lo que significa que en cuanto la brisa desaparezca dicha tensión allanará las ondas por completo y planchará la superficie del agua. Y es por eso que las ondas son una prueba de lo que está sucediendo en ese instante; las zarpas de gato no revelan nada sobre las condiciones de hace un minuto, tan solo de ese segundo concreto. A esas ondas también se las conoce como «olas capilares».

En botes pequeños, las zarpas de gato son vitales para comprender los cambios repentinos en el viento; suele ser la única manera. Si viajas en alguno de ese botes o si escuchas con atención a alguien que esté montado en uno, oirás gritos como «¡ráfaga!» cuando uno de los miembros de la tripulación le diga al timonel que ha detectado una zarpa de gato y que la ráfaga de aire está a punto de golpear la embarcación. En competición pueden ser una oportunidad para obtener un repentino impulso extra de energía, pero en embarcaciones pequeñas esas zarpas de gato son una premonición, y previenen sorpresas desagradables que podrían balancearlas o volcarlas.

En la costa, hay un patrón interesante que se forma en el agua y que puede demostrarte que lo que estás mirando son ondas y no olas. Con brisas suaves y modernamente constantes, cualquier extensión de agua estará cubierta de pequeñas ondas. Pero, dado que lo único que mantiene dichas ondas es la tensión superficial, cualquier cosa que disminuya la tensión extinguirá las ondas y devolverá al agua su sosiego cristalino.

La mayoría de aguas costeras (y los grandes lagos) tienen zonas en las que hay una capa finísima de aceite cubriendo la superficie del agua. A veces es resultado de la contaminación —una sola gota de aceite del motor de un barco es capaz de cubrir una gran extensión—, pero también puede suceder de forma natural como resultado de los aceites orgánicos de los animales y las algas. (De hecho, existen pruebas de que los aceites orgánicos calman las ondas con mucha más eficacia que los aceites industriales.) Esas capas oleosas son, indudablemente, finas, a veces poseen apenas una o dos moléculas de grosor, y no suelen indicar problemas mayores. Sin embargo, son increíblemente efectivas reduciendo ondas, y es por eso por lo que en días de suave brisa verás zonas de una calma cristalina entremezcladas con ondas.

Cualquier extensión de agua con ondas cubierta de aceite será claramente visible porque habrá una serie de zonas más claras. El motivo por el que el agua con aceite parece de un color más claro que lo que la rodea es que las ondas se han allanado, lo que implica que esas zonas reflejarán mejor el cielo.

La brisa tiende a acorralar los aceites y, por tanto, las zonas lisas, y a formar largas líneas oleosas que se estiran bastante. Pero esto solo pasa con las ondas, porque, si el viento toma el relevo y esas ondas se convierten en olas, la reducción de la tensión superficial que provoca el aceite deja de calmar las aguas por completo, y esas zonas lisas desaparecen.

Dado que lo único que hace falta para que desaparezca una onda es que se calme la brisa, es fascinante cómo son siquiera capaces de nacer las olas más grandes. Para que las ondas se conviertan en olas, hace falta un viento constante, que idealmente sople desde una dirección constante durante un período de tiempo, normalmente una o más horas. El agua calmada no ofrece demasiada resistencia o fricción al viento, es muy delicada, pero en cuanto aparecen ondas la superficie del agua se endurece y coge el viento mucho mejor. Así que, en el momento en que se forman ondas en un día de viento, se establece un ciclo que se retroalimenta, porque en esos casos el viento lo tiene mucho más fácil para aferrarse a la superficie del agua.

Un viento constante que sople entre las ondas durante suficiente tiempo hará que estas metamorfoseen. Les proporcionará suficiente energía como para volverlas suficientemente grandes y potentes y poder romper el enlace de la tensión superficial. Recuerda que la tensión superficial del agua es, sin duda, fortísima a escala microscópica y mantendrá pequeñas piezas de metal a flote, pero no tiene apenas fuerza a escalas mayores, y por eso no podemos caminar por el agua. Así que, cuando las olas tienen suficiente fuerza, dejan de verse mitigadas como las ondas. Han sobrevivido a la adolescencia y se las conoce por un nuevo nombre, «ondas gravedad», porque lo que gobierna su declive ya no es la tensión superficial, sino la gravedad. La clave es que, ahora que estas olas han roto el yugo de la tensión superficial, su energía viajará mucho más lejos y durante mucho más tiempo antes de disiparse. Las ondas que crea la brisa morirán a los pocos segundos después de que la brisa desaparezca, pero las olas en el mar pueden llegar a durar horas aunque no haya ni pizca de viento.

Si los vientos son bastante fuertes y soplan durante suficiente tiempo, las olas adquirirán la energía necesaria para alcanzar otra etapa de madurez y un nivel mayor de energía, que es lo que se conoce como *oleaje*. Podemos entender el oleaje como aquellas olas que tienen suficiente energía como para alejarse mucho de su origen. Las ondas sudarán la gota gorda para llegar al otro lado de un estanque si el viento desaparece, las olas no viajarán más de unos pocos kilómetros sin la ayuda del viento, pero para el oleaje lo habitual es cruzar grandes océanos, miles de kilómetros. Al poco de nacer, el oleaje tendrá más altura, pero, a medida que atraviese grandes distancias, su forma irá cambiando poco a poco, y se allanará y perderá altura.

Existe una diferencia entre el comportamiento y la apariencia del oleaje y las olas, pero no es algo científico. Llegado este momento debemos volver al período de las olas, pero la simple diferencia entre los tres tipos de olas —ondas, olas y oleaje— es el tiempo que tarda en pasar cada cresta. Un período de hasta un segundo indica una onda, alrededor de diez segundos es oleaje, y cualquier cosa entre ambas es una ola.

El oleaje es una tendencia a largo plazo, un patrón que puede llegar a durar días. Además, el resto de tipos de ola puede aparecer por encima del oleaje, sin llegar a reducirlo de ninguna manera. Es habitual que haya ondas y olas encima del oleaje, y, en teoría, es incluso posible que haya oleaje fluyendo en una dirección, olas en dirección contraria y ondas surgiendo en cualquier dirección. Ese tipo de patrón no duraría demasiado, pero es posible y sucede esporádicamente.

Una vez tus ojos se hayan acostumbrado a detectar ondas y olas, el oleaje que subyace es fácil de identificar, ya que podrás filtrar las otras dos. Ser capaces de reconocer esta tendencia de capas es también importante, porque es muy habitual que un patrón de oleaje esté justo encima de otro u otros. Las olas no suelen sobreponerse entre ellas durante un largo período

Líneas oleosas.

de tiempo, porque se obstaculizarían a sí mismas y el viento que las lleva acabaría suprimiendo los primeros patrones con bastante rapidez. Pero el olaje es diferente, pasará por encima y por debajo de cualquier cosa, incluyendo otros oleajes, sin verse demasiado afectado, y continuará su camino incluso aunque le pasen por encima olas de tormenta.

Aquí es donde realmente entra en juego la pericia de los habitantes del Pacífico. Distinguir entre ondas, olas y oleaje es solo el comienzo, y para un navegante experimentado es pan comido, pero para ellos también es importante no ser solo capaces de identificar que lo que tienen delante es oleaje, sino también distinguir cada oleaje individualmente. Se sirven de las formas, los períodos y los ritmos. Cada oleaje tendrá un patrón característico que combinará esos elementos y, a veces, es más fácil juzgarlos por el movimiento, más que mirando el mar. Es una manera eficiente de filtrar todas las olas y la mayoría de olas pequeñas solo por el movimiento. Una analogía que puede ayudarnos es estar escuchando sonidos concretos en una habitación ruidosa. Me he fijado en que los padres de niños pequeños son capaces de seguir una conversación en una habitación llena de niños gritando, ruidos de juguetes, música alta y un móvil que suena, todo al mismo tiempo. Esto solo es posible porque afinamos los sentidos y nos concentramos en las ondas sonoras que son más relevantes a cada momento. Los navegantes micronesios y polinesios se las han apañado para hacer lo mismo con los patrones del oleaje, destacando los ritmos pertinentes, mientras que muchos se romperían la cabeza para ver algo más que una acumulación anárquica en la superficie del mar.

El carácter de las ondas es relativamente sencillo, ya que son muy efímeros, pero las olas pueden desarrollarse por tres influencias principales: la fuerza del viento, el tiempo que ha estado soplando y el *fetch,* término inglés usado para referirse a la extensión de mar abierto que ha afectado el viento. Se necesita que cada uno llegue a un nivel mínimo para que se formen olas, y después el incremento de cualquiera de ellos hará que las olas crezcan.

Es importante recordar que el viento nunca genera olas perfectamente uniformes, sino que crea familias de olas de características similares, pero entre las que habrá irregularidades. Es por eso por lo que la convención para hacer informes sobre la altura de las olas tiende a referirse al promedio de la tercera más alta, no de la más alta. Se suele decir que cada séptima ola será más grande que las anteriores, pero lo cierto es que lo más probable es que todas las olas sean de una altura similar al resto de cada serie, aunque también habrá olas gigantes, u olas monstruo.[4] Las probabilidades de que una ola sea algo más alta o baja que la anterior son altísimas, pero las de que sean el doble de altas que la mayoría de olas que veas son muy bajas, aproximadamente 1 cada 2000, según los oceanógrafos. Volveremos a los casos atípicos, a las «olas gigantes», en el capítulo de «Lo raro y lo extraordinario».

Todos sabemos por instinto que podemos esperar un mar picado en un día de viento, ya que la velocidad del viento es una de las influencias más conocidas en la altura de las olas. Pero ahora ya podemos hablar de la relación que existe de una manera algo menos vaga, gracias a los desarrollos que culminaron con la obra del contralmirante Sir Francis Beaufort.

A principios del siglo XIX, Beaufort, un oficial irlandés de la armada, debió apreciar dos aspectos importantes de los marineros y las condiciones marítimas. En primer lugar, la gente de mar tiene una tendencia a la subjetivación y la exageración, desde el pescador que te dice «aquel pez que se escapó» hasta el marinero y sus «olas del tamaño de una montaña» siempre ha habido, y siempre habrá, un montón de hipérboles absurdas rondando. En segundo lugar, e igual de importante, Beaufort se dio cuenta de que una precisión perfecta no era la respuesta al problema; a los marineros les fastidia la precisión tanto como la burocracia.

Una parte de la genialidad de la escala a la que dio nombre Beaufort, aunque otros contribuyeron también antes y después de él, es que funciona a la perfección para una mente marinera, ya que tiene en cuenta que la gente del mar no calcula las cosas como los científicos, sino que las perciben y las sienten más bien como los poetas. Hay algo casi metafísico cuando pasas un tiempo en el mar. Conozco a un profesional náutico al que le encanta decir que «no existen ateos entre los marineros de los transatlánticos».[5] Creo que esa frase ayuda a entender por qué ha triunfado la escala Beaufort: casa a la perfección ciencia y sensibilidad.

La escala Beaufort funciona tan bien porque el comportamiento del agua y del viento tiene una relación muy incestuosa. La escala permitió a los marineros informar sobre las condiciones del viento solo mirando el mar, y decidiendo en qué categoría cuadraban mejor esas condiciones. Con el paso de los años, el uso de la escala ha evolucionado y, de hecho, se ha invertido: ahora se usa más como una herramienta para predecir las condiciones marítimas basándose en las predicciones meteorológicas, que para informar sobre la fuerza del viento basándose en la observación del mar. Los marineros de hoy en día pueden predecir las condiciones marítimas esperables según la fuerza del viento pronosticada presentada con un número de la escala Beaufort.

La escala Beaufort se refiere a las condiciones en mar abierto, y esto es importante por uno de los otros dos factores principales del ciclo de vida de la creación de las olas: el *fetch* o zona de alcance del viento. Una de las grandes diferencias entre los marineros novatos y los más experimentados es que, en etapas tempranas, es fácil leer demasiado en un pronóstico de vientos. Si una oficina meteorológica pronostica un viento de fuerza 5, un marinero novel puede pensar que ya ha pasado por un fuerza 6 y que tampoco fue para tanto, así que no debe preocuparse. Sin embargo, un marinero más sabio se preguntará de dónde viene ese fuerza 5. Porque cuanto más grande sea la extensión de agua en la que sopla un viento, más grandes serán las olas. Un fuerza 5 que haya atravesado cientos de miles de kilómetros de Atlántico genera un mar totalmente diferente al de uno que haya estado soplando cerca de la costa, con tan solo unos pocos cientos de metros de mar entre tú y el viento. Cuando el *shipping forecast,* el pronóstico marítimo del Reino Unido, anuncia vientos de fuerza 7 en las islas Feroe, me producen mucho más escalofríos que unos de fuerza 9 en Dover, no por que esté al norte, sino porque soplan por mares abiertos y desprotegidos.

Puedes ser testigo de este efecto a una escala más pequeña cuando mires a lo largo de un lago con el viento a favor. Fíjate solo en cómo el agua que tienes más cerca está relativamente en calma, mientras que en la que hay a más distancia se están formando ondas que van creciendo y, si el viento es lo suficientemente fuerte y el lago lo suficientemente grande, olas en las zonas más alejadas. De manera inversa, si tienes el viento de cara, llegarán olas a la orilla que tengas cerca de ti, y el agua estará relativamente en calma en el lado opuesto; esto es un mapa básico de los efectos del *fetch*.

También es cierto que cuanto más tiempo haya estado soplando el viento, de más energía dispondrán las olas y más grandes serán. Si duran lo suficiente, las olas en mar abierto llegarán a tener tres cuartas partes de la velocidad de un viento constante. Los tres factores del viento juntos, fuerza, *fetch* y duración, determinarán gran parte de lo que sentirás en mar abierto. También te ayudarán a entender por qué detectamos algunos patrones diurnos, como las olas más pequeñas por la noche; hay un dicho que reza: «cuando el sol se marcha, el océano se relaja», porque el sol es el que genera los vientos. La energía del sol hace que el aire se caliente y se eleve en algunas zonas más que en otras, sobre todo en tierra, lo que produce cambios en la presión atmosférica y la temperatura, que son la causa principal de los vientos.

Una tormenta creará un oleaje que adelantará en poco tiempo a la misma tormenta, así que deberías verlo llegar anticipando una borrasca seria y sus tormentas. Se generarán olas de tipos diferentes, que luego se extenderán y se alejarán de la tempestad. Las olas con los períodos y las longitudes de onda más largos irán más deprisa y llegarán las primeras, seguidas de otros grupos con períodos y longitudes de onda más breves. Esto significa que puedes calcular lo que tardará en llegar una tormenta cronometrando las olas; cuando se reduzca el tiempo entre las crestas, se avecinará tormenta. Por el contrario, si ves que se acercan cielos oscuros por el horizonte pero los mares están relativamente tranquilos, lo más probable es que no sea más que una borrasca que no tardará en irse.

Milenios antes de que los satélites ayudaran a predecir el tiempo, el comportamiento del mar era a menudo el mejor sistema de prevención de los futuros peligros. Tradicionalmente los habitantes de las islas han visto los grandes mares en días despejados como un mal presagio: normalmente es una señal de que el oleaje ha superado la tormenta que lo ha creado, pero esta no tardará en llegar. El 8 de septiembre de 1900, los habitantes de Galveston, en Texas, informaron de oleaje extraordinario llegando a la playa.[6] Al día siguiente, los golpeó uno de los peores huracanes de la historia de los Estados Unidos, durante el cual murieron más de seis mil personas.

A los surfistas les encanta aprovechar este razonamiento. Las noticias sobre tormentas en el Atlántico viajan rápido en esta era de la electrónica, y los surfistas saben cuándo dirigirse a las playas occidentales para disfrutar del oleaje que han ge-

## La escala Beaufort

| Escala Beaufort del viento | Velocidad media del viento en nudos | Descripción del viento | Altura probable de las olas en metros | Estado del mar |
|---|---|---|---|---|
| 0 | 0 | Calma | 0 | Calmo |
| 1 | 2 | Ventolina | 0,1 | Ondas |
| 2 | 5 | Brisa débil | 0,2 | Pequeñas olas |
| 3 | 9 | Brisa ligera | 0,6 | Olas algo más grandes |
| 4 | 13 | Brisa moderada | 1,0 | Marejada |
| 5 | 19 | Brisa fresca | 2,0 | Moderado |
| 6 | 24 | Brisa fuerte | 3,0 | Agitado |
| 7 | 30 | Viento fuerte | 4,0 | Muy agitado |
| 8 | 37 | Viento duro | 5,5 | Alto |
| 9 | 44 | Muy duro | 7,0 | Alto |
| 10 | 52 | Temporal | 9,0 | Muy alto |
| 11 | 60 | Borrasca | 11,5 | Muy alto |
| 12 | 64+ | Huracán | 14+ | Enorme |

nerado aquellas tormentas, mucho antes de que los cielos se oscurezcan.

Si tenemos en cuenta la furia que muestra a veces la superficie del mar, cuesta creer que bajo esa vorágine todo está en calma. Un submarino solo tiene que descender 150 metros bajo un huracán para alcanzar zonas tranquilas.[7]

## Cuando el agua y la tierra se unen

Cuando las olas toman contacto con una orilla lo normal es que hagan tres cosas: se reflejarán, se refractarán y se difractarán. Ya vimos alguno de esos efectos en el Pacífico en el capítulo 3, pero ha llegado la hora de que los conozcamos lo suficiente como para reconocerlos en cualquier lugar en el que se unan el agua y la tierra.

## Olas reflejadas

Vamos a empezar con las más sencillas y con las que la gente está más familiarizada. Cuando una ola se topa con un obstáculo más bien vertical, este la reflejará, y cuanto más inclinado sea y cuanto más profunda sea el agua, más perfecto será el reflejo. La próxima vez que veas olas acercándose a un acantilado, fíjate en cómo se reflejan, porque es un medidor de lo que está sucediendo bajo el agua. Si hay algún obstáculo suave bajo el agua, las olas romperán en algún punto antes del acantilado y perderán casi toda su energía, así que no se reflejarán. Pero si el agua mantiene su profundidad sin óbices hasta el acantilado, se producirá la reflexión de las olas, que mantendrán casi toda su energía.

Hay algunos lugares en los que podemos observar a la perfección cómo las olas chocan contra una superficie vertical en aguas suficientemente profundas y cómo se ven reflejadas, y uno de los mejores sitios es un dique. Cuando las olas golpean un dique pierden muy poca energía, y rebotarán con casi las mismas características que tienen antes del encuentro. Esto puede crear algunos patrones interesantes en el agua que vale la pena estudiar.

Si las olas golpean el muro en línea recta, las olas reflejadas volverán exactamente por la misma dirección por la que vinieron. Pero seguirán llegando olas, lo que significa que habrá olas dirigiéndose directamente hacia el muro que se encontrarán con las olas que vuelven. Cuando se crucen, las crestas y los valles se juntarán y formarán supercrestas y supervalles, lo que hará que, durante unos instantes, las olas parezcan el doble de altas y de profundas. En ciertas situaciones esto puede formar un patrón extraño y fascinante en el agua conocido como «chapoteo» u «onda estacionaria», que es cuando los valles y las crestas de las olas que van y las que vuelven forman una única ola estable. Cuando esto ocurre, deja de parecer que haya olas yendo y viniendo, y lo único que vemos son olas subiendo y bajando en el mismo lugar, sin moverse. En una onda estacionaria habrá franjas en las que el agua ascenderá y descenderá mucho, con un ritmo constante, y entre ellas habrá otras franjas, conocidas como «nodos», en las que parecerá que el agua apenas se mueve.

No es demasiado habitual que las olas choquen contra un dique en línea recta, sino que lo normal es que choquen en diagonal y reboten en el ángulo reflejado, igual que la luz cuando choca en ángulo contra un espejo. De todas formas, esto también crea algunos patrones extraños y fascinantes en el agua, algo así como un efecto de líneas cruzadas; por este motivo, a este habitual fenómeno se le conoce en inglés como *waffled clapotis,* u onda estacionaria de líneas cruzadas.

No te desanimes si en tu primera vez no detectas ninguna onda estacionaria, o su hermana más popular, la onda estacionaria de líneas cruzadas. Yo mismo no vi ninguna que valiera realmente la pena hasta pasados unos meses desde que empecé a buscarlas. Tan solo ten un par de cosas en mente: cuanto más empinado sea el obstáculo contra el que golpeen las olas y cuanto más profunda sea el agua, más se reflejarán las olas. Y cuando las olas reflejadas se crucen con las que llegan, se formarán interesantes patrones, sin que haya dos iguales, y, aunque tan solo un puñado serán realmente fascinantes, merecerá la pena que les eches un vistazo a todos.

El efecto de las olas reflejadas es la razón por la cual el agua hace cosas inesperadas en las playas más empinadas. Es posible que hayas sigo testigo de esa extraña sensación al estar en aguas pocos profundas en una playa con pendiente y que el agua que te rodea no deje de comportarse caóticamente, con crestas ascendiendo, espuma salpicándote en la cara, a pesar de que no parezca que el mar a lo lejos esté picado. Las reflexiones están por todas partes, e incluso podrías ver ondas emanando

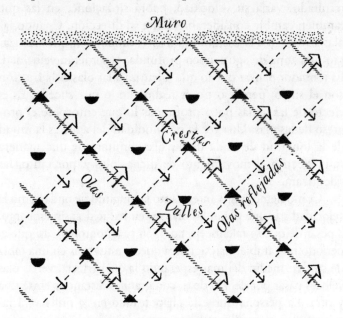

*Clapotis gaufre* o *waffled clapotis.*

de arrecifes si miras durante suficiente tiempo por la ventana de un avión.

De todo esto se deduce que cuanto peor se reflejen las olas, más energía habrá absorbido la barrera en cuestión. Por eso los rompeolas tienen que construirse en aguas relativamente profundas. Sería imposible que pudieran resistir los efectos de las olas durante una tormenta en aguas poco profundas. En aguas profundas las olas no rompen, sino que sencillamente rebotan, inofensivas, en el muro. Si lo que está en juego es la victoria contra las fuerzas del mar, ayuda enormemente poder elegir dónde se librará la batalla.

## *Olas refractadas*

En los momentos en que algo pasa de una zona a otra y, como resultado, varía su velocidad, habrá situaciones en las que también cambie considerablemente su dirección. Cuando las olas se dirijan a la costa, llegará un momento en que alcanzarán una zona de aguas poco profundas y perderán velocidad. Es tentador pensar que lo que ralentiza a las olas es la fricción con el suelo, pero eso no es realmente lo que sucede. Es el efecto de las aguas poco profundas lo que entorpece el progreso de las olas. Una vez la profundidad del agua es la mitad de la longitud de onda de las olas, limitará de una manera muy efectiva el movimiento de dichas olas y, por tanto, las ralentizará.

Como hemos visto antes, tanto la longitud de onda como la velocidad a la que viajan las olas se ven reducidas; sin embargo, a pesar de que se ralenticen, también se amontonan, así que el período no cambia. Eso significa que, si estuvieras en una tabla de surf en medio del mar esperando la ola perfecta, verías olas veloces pasar por debajo de ti, con grandes distancias entre una y otra. La persona que esté chapoteando en la orilla verá las mismas olas, pero ralentizadas y con menor distancia entre ellas.

Sin embargo, si calcularas el número de olas que pasan cada minuto, la respuesta sería la misma.

Por tanto, aguas poco profundas implican olas ralentizadas, y las olas ralentizadas cambiarán de dirección, y aquí es cuando la cosa se pone interesante. La forma del lecho del mar tiende a imitar la forma de la costa, lo que significa que, en la zona en que la tierra sobresale, el mar perderá profundidad, y donde haya una bahía mantendrá algo más su profundidad. Esto hace que las olas se ralenticen y se dirijan a la costa cerca de los cabos, pero seguirán su curso cerca de las bahías para luego dispersarse hacia los extremos. Esto implica que estés donde estés en una zona costera, deberían llegar olas. Esta es también la razón por la que suele haber playas en forma de media luna entre dos cabos; las olas tienden a dispersarse cuando entran en una bahía, y eso hace que la arena se disperse con ellas.

La refracción hace que las olas se dirijan a tierra en la costa.

Hay leyes físicas y fórmulas para describir este efecto, como una terriblemente compleja llamada ley de Snell, pero no necesitamos leyes para comprender las cosas. Esta realidad es muy simple: el agua es menos profunda en la costa y eso hace que las olas se doblen hasta que están paralelas a la costa. (Quizá te cueste menos recordar este efecto si piensas en que la tierra tiene una especie de atracción magnética con las olas, incluso aunque sepas que la tierra no atrae las olas, sino que cambian de dirección cuando las aguas poco profundas las ralentizan.)

No debería sorprendernos que en la Grecia clásica ya fueran totalmente conscientes de este efecto, mucho antes de que los físicos le pusieran nombre. Hay referencias en Homero, Apolonio de Rodas y en muchas otras obras a la manera que tienen las olas de atacar los cabos, lo que no debería sorprendernos, ya que la naturaleza estaba liada con estos efectos muchísimo antes de que empezáramos a ponerles nombre a las leyes.

Esta es una de las razones por las que los puertos ofrecen calma y respiro a los barcos. Las olas en mar abierto se dirigirán hacia los cabos a ambos lados de la bahía, y cualquier ola que penetre en la bahía se dispersará; ambos efectos reducirán la fuerza de las olas que penetren en el puerto. O, en palabras de Homero:

> En el pueblo de Ítaca hay un puerto, el de Forcis, el viejo del mar, y en él hay dos salientes escarpados que se inclinan hacia el puerto y que dejan fuera el oleaje producido por silbantes vientos; dentro, las naves de buenos bancos permanecen sin amarras cuando llegan al término del fondeadero.[8]

En abril de 1930, las olas destrozaron un rompeolas en Long Beach, California. Obviamente, no era la primera vez que las olas destruían una estructura así, y no sería la última, pero esta agresión concreta del mar molestó e irritó a los oceanógrafos más allá de lo imaginable. El problema que tenían los oceanógrafos era que, desde un punto de vista científico, el mar no estaba tan agitado como para provocar tanto daño aquel día. No era solo que las olas no fueran lo suficientemente altas según todos los modelos, pronósticos y datos meteorológicos recogidos, sino también según los testigos que estaban en los casinos flotantes en la orilla. Estas embarcaciones situadas fuera del rompeolas informaron de que el agua estaba sorprendentemente tranquila, incluso cuando el agua estaba arrancando rocas de la estructura que tenían detrás.

Los científicos no conseguían entenderlo, y se estuvieron rompiendo la cabeza durante diecisiete años hasta que uno de ellos, claramente al borde de la locura, decidió que ya no podía más y resolvió el misterio. En 1947, M. P. O'Brien descubrió que había un montículo en el lecho del mar que había ralentizado y cambiado el rumbo de algunas olas en ese día concreto. Las aguas poco profundas cercanas a ese montículo hicieron

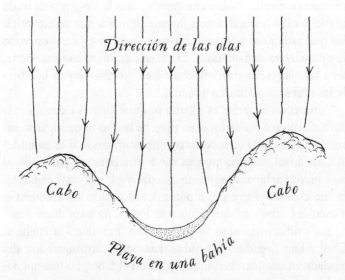

*Dirección de las olas*

*Cabo*

*Cabo*

*Playa en una bahía*

La refracción hace que las olas se dirijan a tierra en la costa.

que las olas se refractaran de una manera bastante particular y desafortunada, lo que hizo que las olas se dirigieran por ambos lados del montículo hasta un punto concreto del rompeolas. El montículo submarino había funcionado por accidente como una lente para las olas, y había concentrado toda la energía en aquel lugar exacto, con la consecuente caída de toneladas de rocas.[9]

## Olas difractas

Las olas se ralentizan y refractan cuando entran en aguas poco profundas, pero sucede algo ligeramente diferente cuando se encuentran con espacios estrechos. Cuando una ola pasa por una zona estrecha —algo comparable con la longitud de onda de dicha ola—, se difractará, lo que significa que se esparcirá. Así que cualquier ola oceánica que cruce el espacio estrecho de una barrera se dispersará. Dado que la energía se mantiene, pero las olas están cubriendo un área mucho mayor, la altura de las olas se reducirá en general.

Una zona estrecha es lo que proporciona el ejemplo más claro de difracción de las olas, pero de hecho tiene lugar siempre que una ola se encuentra con un obstáculo. Si te escondes tras un árbol, todavía podrás oír a una persona hablando al otro lado, incluso aunque no puedas verla, lo cual es ciertamente curioso si te paras a pensarlo; el sonido no atraviesa el tronco del árbol, así que ¿cómo se las apaña para llegar hasta ti? Las ondas sonaras se han difractado, han dado la vuelta al árbol y han llegado a tus oídos. Las ondas lumínicas son demasiado pequeñas en comparación con el árbol, así que apenas se difractarán, y es por eso por lo que no podemos ver lo que hay al otro lado. Pero la luz se difractará bastante por zonas mucho más estrechas, y por eso podemos ver tantos colores al mirar un DVD.[10]

Cuando una ola llegue al extremo de un dique, por ejemplo, fíjate en cómo no seguirán en línea recta, sino que se dispersarán y ocuparán zonas detrás del muro, como en el diagrama de la página 216.[11]

De nuevo, las olas se están esparciendo por una extensa zona, lo que implica que irán perdiendo energía y altura a medida que se dispersan. Sin embargo, si aguzas la vista, es posible que veas una zona estrecha, alineada con el final del muro o cualquier otra barrera (mostrada con una línea discontinua en el diagrama de la página 216), donde la altura de las olas es, en realidad, mayor que en cualquier otro sitio, mayor incluso que la de las olas originales antes de que cruzaran el muro. Esto es algo que deben tener en cuenta los constructores de diques, porque de lo contrario pueden crear por accidente zonas de aguas más agitadas que si no hubieran hecho nada.

Las olas se refractan alrededor de las islas, como vimos en un capítulo anterior, pero también se refractan entre ellas. En resumidas cuentas, eso significa que las islas no son el refugio ante las olas que se suele creer. Mi esposa, Sophie, y yo teníamos la tradición (el uso del tiempo verbal es revelador, como se verá más adelante) de celebrar cada diciembre nuestro aniversario de boda navegando hasta la isla de Wight, cenar por allí, pasar la noche en el barco y después volver a Chichester a la mañana siguiente.

Un domingo, hace ya algunos años, sabía que había fuertes vientos del sur, de aproximadamente fuerza 7, y que, por tanto, no nos pasaría nada si navegábamos por la zona norte de la isla de Wight, y dirigiéndonos al este hasta Chichester. Sin embargo, por las razones anteriores, yo era consciente de que nuestro refugio contra el viento y las enormes olas no du-

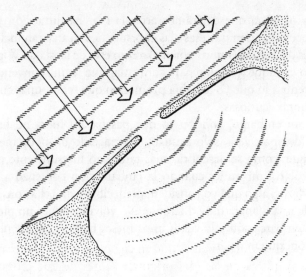

Difracción de las olas al pasar por un espacio estrecho.

197

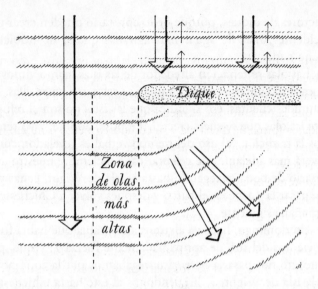

Difracción de las olas al pasar un dique.

raría ni hasta que dejáramos atrás la isla. La difracción y la refracción harían que esas olas enormes nos alcanzaran incluso antes de que saliéramos por el extremo este de la isla de Wight. Se lo expliqué a Sophie para confirmar que seguía convencida de venir a lo que yo le había prometido que serían unas cuantas horas «curiosas».

Sin embargo, conocer lo que pasaba ahí fuera no hacía que desapareciera, solo ayudaba a predecirlo un poco mejor. Lo que, como se descubrió más tarde, no fue suficiente para consolar a mi mujer cuando la embarcación comenzó a dar bandazos, algo que yo consideré predecible y que ella consideró de una manera muy diferente. No volvió a poner un pie en una embarcación y la vendí unos meses más tarde; la embarcación, quiero decir.

## Olas rompientes

Hemos visto el comportamiento de las olas en aguas profundas y bajíos, pero la mayoría estamos acostumbrados a ver agua en zonas muy poco profundas. Cuando una ola entra en una zona en que la profundidad es menos de la mitad de su longitud de onda, la forma de dicha ola y su comportamiento cambian ligeramente. El movimiento orbital de las olas bajo la superficie del agua se ve reducido por el lecho y eso hace que se ralentice, se amontone y se incline. La diferencia entre las crestas y los valles también será más pronunciada, con crestas más estrechas y altas y valles más llanos y anchos.

Dado que los mares poco profundos pueden detectarse en el comportamiento de las olas mucho antes de que rompan o el lecho se vuelva visible, los marineros han estado usando esas señales de aviso durante siglos. Los cambios pueden sentirse y oírse, porque cuesta más navegar por ese tipo de olas que por las olas en mar abierto, y un marinero sensible percibirá si el agua está densa, y el barco se ralentiza, o notará el ritmo o los sonidos del barco con cada cambio en el agua. Al acercarse a la costa todo esto es esperable y no causaría sorpresas, pero en una zona de arrecifes, atolones, escombros o rocas dispersos cualquier cambio inesperado en las olas puede hacer que la mente cansada del marinero vuelva a estar alerta.

El marinero árabe del siglo XVI Ibn Majid compiló una obra titánica conocida por sus amigos como *El Fawa'id*, pero con un título completo algo menos manejable: *Kitab al-Fawa'id fi usul 'ilm al-bahr wa'l-qawa'id,* que podríamos traducir como 'El libro de información útil concerniente a los principios y reglas fundamentales de la navegación'.[12] Es un tocho que estoy orgulloso de poseer. Ibn Majid habla de efectos en muchos lugares, pero mi preferido es cuando describe una zona de mar picado que él considera una señal de aguas poco profundas. Volvió al mismo lugar muchos años más tarde para descubrir que se había convertido en una isla arbolada.

Cuando una ola se acerca a la costa el agua se volvía todavía menos profunda y la ola se ralentizaba y empinaba. En ese momento, la energía de la ola se estaba concentrando rápidamente en pequeñas zonas, lo que hacía que la ola aumentara significativamente su altura. Al mismo tiempo, la parte inferior de la ola se ralentizaba más que la parte superior, lo que hacía que la cresta rebasara la parte inferior y la ola comenzara a «romperse».

Una ola rompiente es la liberación repentina de la energía acumulada del viento y, dado que el viento obtiene su energía del sol, las olas rompientes no dejan de ser una liberación de energía solar. Me parece tan extraño como agradable pensar en el sol calentando la atmósfera a miles de kilómetros, cómo se desarrollan los vientos, en el mar absorbiendo su energía en forma de olas, que transportarán esa energía a tierras lejanas para luego explotar y rugir cuando la energía se libere en la playa.

Las olas rompen porque se han vuelto inestables, y esto siempre sucede cuando la profundidad del agua se reduce hasta 1,3 veces la altura de las olas. Pero no todas las olas rompientes se comportan de manera similar, y la manera en que rompa cada una estará determinada por su altura y la naturaleza del lecho en el momento culminante.

Existe un debate sobre si hay tres o cuatro tipos de olas rompientes, algo bastante absurdo, de hecho, ya que podría decirse que existen tantos tipos como olas.[13] Pero a mí me ayuda pensar en que hay tres familias, por sus términos en inglés: *spilling*, *plunging* y *surging*. La regla general es que cuanto menos profundo sea el lecho en el momento de la rotura, más suave será la ola. Si hay una pendiente con muy poca profundidad, la ola no romperá con ferocidad, sino que se deshará desde la parte superior, lo que hará que salpique agua blanca hacia los lados. Estas son las olas que generan esa espuma en las playas similar a la de los *jacuzzi*, que apenas tienen fuerza y que casi hacen cosquillas si nadas en ellas.

Si la orilla tiene un poco de inclinación, veremos las rompientes *plunging*. Si has visto alguna fotografía o cuadro de una ola que te haya parecido un clásico, o bello de alguna manera, lo más probable es que fuera una ola rompiente *plunging*. Son las que forman las crestas más distintivas y, a veces, las «ventanas» de agua en la cara de la ola por la que se puede mirar. Son también las únicas que pueden llegar a adquirir formas características: el ejemplo más extremo serían los «barriles» con los que sueñan los surfistas.

Al tercer tipo de ola se le conoce como *surging*, y lo más habitual es encontrarla solo en playas con mucha pendiente. Piensa en una ola *plunging* gestándose, con la cresta ascendiendo, pero después, dado que la playa desciende de manera abrupta, esa cresta no tendrá suficiente tiempo para rebasar la parte inferior, así que ambas partes de la ola llegarán a la playa a la vez. Me gusta pensar en ese tipo de olas como si se derramaran sobre la orilla, ya que no acaban de romperse de la misma manera que los dos tipos anteriores. Precisamente por no acabar de romper del todo y por golpear una costa empinada, estas olas reflejan una gran cantidad de energía, y la combinación de olas que se acercan y las poderosas olas reflejadas hace de esas playas lugares peligrosos tanto para bañistas como para embarcaciones; afortunadamente, no son demasiado habituales, y tampoco suelen recibir demasiadas visitas.

Y, como tantas veces ocurre en el mar, el viento siempre tiene la última palabra sobre el comportamiento de las olas rompientes. A ciertas velocidades, el viento puede romper la cresta y arrastrar espuma, un efecto que en inglés llaman *spindrift*. Lo curioso es que suele suceder cuando el viento es de fuerza 8, ni más ni menos; así que es un buen método para identificar ese tipo de vientos. (En tierra también hay un método: un viento de fuerza 8 romperá las ramitas de los árboles, pero no las ramas.) Los vientos costeros harán que las olas rompan antes, en aguas profundas, y aumentará la posibilidad de olas *spilling*. Los vientos más alejados de la costa harán que las olas tarden más en romper, en aguas poco profundas cercanas a la orilla, y aumentarán la posibilidad de que haya olas *plunging*.[14]

Una rompiente *plunging*, con espuma.

Si alguna vez quieres calcular la altura de una ola rompiente desde la playa, existe un método muy sencillo pero cuyos resultados están asegurados, incluso aunque las olas estén lejísimos.[15] Lo único que tienes que hacer es ir de un lado a otro de la playa, acercándote y alejándote del agua, hasta que consigas alinear las crestas con el horizonte; entonces, la altura de las olas será tu altura más o menos la diferencia con el nivel del oleaje. En otras palabras, si todavía tienes los pies secos, las olas rompientes serán más altas que tú, y si tienes que meterte en el agua para alinear las crestas con el horizonte, serán más bajas. Las olas llegan en grupos, llamados trenes, así que es normal ver una serie de olas seguidas de un período de relativa calma que precede a otro tren de olas. Dado que las olas interactúan entre ellas, así como con las olas reflejadas, el viento y las corrientes, eso provoca una oscilación en el nivel del agua en la orilla.

Te habrás dado cuenta de que cuando construyes un castillo de arena, con sus muros exteriores, y esperas a que suba la marea para que destruya las defensas que has erigido con mimo, las embestidas del mar no son demasiado previsibles. Las olas puede que golpeen las murallas durante un par de minutos, luego retrocederán un rato hasta que reciba otro golpazo y vuelva a retirarse unos minutos hasta que el castillo, finalmente, quede sumergido. Este fenómeno de oscilación del nivel del agua se conoce como «remontamiento», y lo causa la influencia recíproca de las olas. Es muy fácil observarlo, pero muy complejo predecir con precisión qué pasará después.

¿Te has fijado en que las olas, tras romper, sacan a la arena lo que haya flotando en las aguas menos profundas de la playa? Es muy habitual, sin duda, pero, si nos paramos a pensar, no debería suceder, porque en teoría las olas no mueven el agua hacia delante. ¿Qué es lo que pasa, entonces? John Scott Russell, un arquitecto naval escocés, resolvió el misterio al descubrir un nuevo tipo de ola.

Las olas que hemos estado viendo son olas de oscilación. Cuando el agua avanza y retrocede, lo único que se mueve continuamente en una dirección es la energía. Sin embargo, Russell estaba observando un par de caballos remolcando un bote por un canal estrecho y, cuando se detuvieron, se dio cuenta de que la perturbación que se formaba en la proa del bote se convirtió en una ola que se alejó a bastante velocidad; Russell la persiguió a caballo, analizando su comportamiento. Lo que Russell observó, y lo que sorprendió a los físicos a los que informó, fue que era, sin lugar a dudas, un tipo de ola diferente a los que conocía, porque no se movía solo la energía, sino también el agua. Russell las bautizó como «olas de traslación».

Cuando veamos agua ascender por la playa después de que haya roto una ola, lo que estaremos viendo será una ola que ha pasado de ser una ola de oscilación a una de traslación. Es esa ola la que remonta la playa. Estas olas de traslación siguen unas normas ligeramente diferentes al resto, lo que produce algunos efectos interesantes. Una de las grandes diferencias es que, cuando esas pequeñas olas llegan a la playa, lo hacen a cuestas de sus predecesoras y, por tanto, como el resto de olas, viajan más rápido en aguas profundas, y verás que tienen la costumbre de competir por superar a la ola menos profunda que va delante.

Así que, la próxima vez que estés en una playa, observa cómo las olas menos profundas transportan la espuma. Estás siendo testigo de un tipo de ola que no fue identificado hasta 1834, el mismo año en que se inventó el primer motor eléctrico.[16]

# Capítulo 12

## *Interludio: delicias omaníes*

Había algo de John Le Carré en mi viaje hasta el *dhow*.[1]

Pasé la primera noche en Omán en un piso humilde del pueblecito costero de Qantab. En las instrucciones para llegar al piso no había ni rastro de la dirección, solo una serie de cifras que formaban un patrón familiar —latitud y longitud precisas—, dadas por un navegante que confiaba en mí. Fue la única vez que tuve que pedirle al taxista que se parara un momento, para que pudiera salir y mirar las estrellas. Cuando encontré el piso, me enviaron un mensaje en el que me decían que alguien vendría a mi encuentro; en algún momento.

Al día siguiente, Will, un joven historiador australiano de Omán, se acercó a mí mientras observaba el mar y me informó de que iba a ayudarme a llegar hasta el barco. Utilizó las pocas nociones que tenía de árabe para convencer a un vecino del pueblo para que nos llevara en coche durante una media hora, hacia el distrito de Matrah. Allí continuamos nuestro camino por el antiguo zoco —*la shukran, la shukran*, 'no, gracias, no, gracias'— en busca de las líneas afiladas y las orgullosas banderas de Bait al Baranda.

Estábamos parados frente a las paredes blancas y las maderas oscuras cuando de repente nos vimos rodeados por danzas tradicionales brotando de todas partes. Ni los saltos, danzas, cantos o juegos de espadas consiguieron distraer mi atención de algo discordante que vi y oí entre la multitud. En un primer momento, mi cerebro se resistió a aceptar las pruebas de lo que oía y veía, pero poco más tarde no tenía ningún sentido seguir negándolo. Había gaitas.

Las danzas y las gaitas se sosegaron, los vestidos se recolocaron, unas mujeres se llevaron los atriles y nos obsequiaron con un par de, afortunadamente, breves discursos en inglés y árabe. Hubo un pequeño aplauso y después los mandatarios omaníes que allí se habían reunido fueron conducidos a la exposición por S. A. Sayyid Shihab Bin Tarik Al Said, consejero de su majestad, el sultán. Entré con ellos, a una distancia prudencial, todavía con la cabeza en aquellas gaitas omaníes, o *habban*, como parece que las llaman allí. (Luego supe por un expatriado que Omán acostumbra a enviar gaiteros para la Edinburgh Military Tattoo, lo cual supone, posiblemente, la exportación cultural más sorprendente que he conocido jamás.)

Estuve un par de horas disfrutando de escenas tradicionales de la vida en Omán expuestas en una cómoda galería provista de un buen cáterin: barcos durante tormentas, en puertos, camellos descansando, camellos enfadados, arena, arena, más arena y el mar.

Me presentaron al autor, el australiano David Willis, que ya llevaba décadas viviendo en Omán, pintando las formas de vida tradicionales. Le dije a David lo mucho que me había gustado su arte, mientras veía a sus espaldas unas antiguas imágenes de un *dhow* surcando el mar. Después de eso estuve dando vueltas entre la alta sociedad omaní hasta que encontré a mi contacto, Fahad, un omaní que no perdía la sonrisa. Me llevó hasta un camión blanco que condujo durante tres horas por carreteras principales y caminos polvorientos llenos de baches hasta el concurrido puerto de Sur.

El sol se estaba poniendo, pero apareció brevemente cuando el camión pasó por encima de una roca del camino.

Al subir a aquel *dhow* tradicional, el *Al Shamilya,* me abrí paso entre cuerpos durmientes que gruñían de vez en cuando hasta que encontré un trozo de madera desocupada en cubierta al que llamar hogar. No pude dormir demasiado, porque las luces y los sonidos de los barcos que faenaban resonaban por todo el puerto y tenían a las gaviotas alteradas. La luna creciente vertía su brillante luz sobre nosotros, y una bola incandescente entre los X de Orión y los mosquitos estuvieron toda la noche de juerga dando vueltas por mi cara y mis oídos.

Unos minutos antes de las cinco de la mañana, una o dos siluetas respondieron al muecín, la llamada musulmana a la oración, y salieron del barco entre crujidos de la cubierta. No tardó en comenzar a salir el sol para acabar de completar la noche en vela, pero antes brillaron con fuerza Júpiter y Mercurio.

Después de un desayuno que consistió en pan ácimo y mantequilla de cacahuete, nos encontramos con una tripulación heterogénea que me ayudaría en aquella improbable misión. Conocía al patrón, y parte fundamental de la embarcación, un estadounidense llamado Eric, de un curso de navegación natural en el desierto que hice durante una visita anterior a Omán. Él había estado viviendo y trabajando allí como especialista en el legado marítimo árabe, y se le había unido en el barco su equipo omaní e hindú de constructores de barcos, cordeleros y veleros: Fahad, Sajid, Muhammad, Ayaz y Nasser. A las manos ajadas de este núcleo se les unieron las manos algo más suaves de académicos y especialistas occidentales, incluyendo un par de arqueólogos marinos, Athena y Alessandro, de Dinamarca e Italia, respectivamente. Mi cometido era llevarles a la experiencia de navegar con el sol, la luna y las estrellas para superar el viaje. El último miembro de la tripulación era uno de los propietarios del barco, se llamaba Stuart y era de las Midlands inglesas.

Stuart se había graduado en arquitectura en la Mackintosh Scholl, en Glasgow, una institución de renombre en la que conoció y se enamoró de una chica omaní. Se casaron, él emigró, se convirtió al islam y acogió con los brazos abiertos su nueva familia y estilo de vida. Fue la silueta de Stuart la que pasó por delante de la luna cuando se disponía a realizar sus oraciones matinales en la mezquita de Sur.

El sol apenas había despuntado antes de que el muelle se llenara con el ajetreo de los preparativos para zarpar. Nos preocupaban los vientos, que se hacían evidentes incluso en la protección del puerto, lo que nos hizo decidir cambiar la vela antes de levar anclas, algo que se convirtió en una experiencia reveladora y atenuante con el sol de media mañana. El *dhow* tenía una vela latina, del francés *latine*, un tipo de velas muy populares desde época romana, que consistían en vergas largas que sostenían una vela triangular igual de larga, que apuntaba a proa. Seguro que has visto estas velas más de una vez, en fotografías o, quizá, en el agua. Son muy bellas, nostálgicas y pintorescas, un símbolo de rebelión contra la obsesión moderna constante de eficiencia y progreso.

Lo que no faltaba nunca en épocas pasadas era la mano de obra, una tecnología que funcionaba bien, pero que requería grandes esfuerzos; no hace demasiado que dejó de considerarse algo justo. Una persona con práctica no tarda más que unos minutos en cambiar una vela de una embarcación moderna. A ocho de nosotros nos llevó horas de sudor cambiar la vela latina grande por una mediana. No se usaba ningún tipo de metal, así que a menudo hacía falta ir atando cuerdas de fibra de cocotero, amarrando primero la vela a la verga y después sujetándola con docenas de nudos rizados. Trabajar con las ásperas fibras de cocotero hizo que no tardara en sentir las manos en carne viva.

Una vez acabados los trabajos, salí a comprar más suministros de pan ácimo y me acerqué a un rompeolas a observar el mar. Estaba repleto de sombras de viento y de corrientes de marea. El puerto estaba bastante lleno de *dhows*, algunos amarrados en muelles, pero la mayoría estaban anclados en la bahía. Fue muy placentero descubrir que las innumerables aves acuáticas estaban alineadas con los *dhows* anclados, apuntando todos al viento del suroeste.

Tuvimos otro retraso, porque el barco necesitaba un nuevo propulsor para el motor. Me dediqué a enseñar a quien me quiso escuchar cómo podía hacerse una brújula con las sombras que aparecían hacia el final del día. Cuando el sol llega a su punto álgido, sus obedientes sombras se acortan. De hecho, es justamente en ese momento cuando son más cortas. Les expliqué que la sombra de una de las farolas del puerto se acortaría y luego se alargaría, y que, si lo observáramos durante todo el mediodía, podríamos saber en qué momento había sido más corta, lo que nos daría una línea norte-sur perfecta.

He hecho ese sencillo experimento cientos de veces en diferentes partes del mundo, y sigo haciéndolo. Además de relajarme, siempre hay alguien a quien le parece interesante, pero, sobre todo, lo hago porque intento aprender algo nuevo cada vez. Es verdad que no siempre aprendo cosas del comportamiento del sol, pero sí que suelo aprender cosas sobre la relación de las personas con el sol y las sombras.

Una vez seguí las curvas en busca de las puntas de las sombras durante una carrera que hice para unos instructores militares de Cornualles. «La del verano va hacia aquí», les explicaba mientras se lo mostraba, «pero la del invierno hace lo contrario». Alguien levantó la mano y uno de los instructores militares de supervivencia comentó que su manera de recordarlo era pensar que en verano estamos más contentos que en invierno: como sonreír y fruncir el ceño. Nunca lo había pensado de esa manera, pero ahora lo hago siempre. Los navegantes naturales llegan a otro nivel de interés con las interpretaciones personales o culturales de lo que vemos en la naturaleza.

En las rocas del caluroso puerto del sur estaba marcando el final de una sombra con unas tizas, y les expliqué que, a medida que nos acercábamos al mediodía, los cambios de longitud de la sombra eran muy sutiles. En ese momento, la llamada a la oración del muecín resonó por todo el puerto, desde diferentes torres.

—El sol está en su punto más alto —dijo Stuart al verme marcar una X al final de una de las sombras.

—¿Estás seguro? —le pregunté—. ¿Cómo lo sabes?

—Es la llamada a la oración del mediodía. Está programada para el momento en que el sol está más alto.

Stuart y yo nos miramos, luego observamos las marcas en el suelo y sonreímos. Todo cobraba sentido para nosotros al apreciar lo que significaba aquello. Seas musulmán o no, la llamada a la oración del mediodía es una señal para mirar las sombras. Formarán una línea perfecta norte-sur en todo el mundo. Acababa de marcar la brújula de sombras con la tiza cuando un pesquero desembarcó con orgullo un tiburón pequeño y un pez espada de un tamaño considerable.

Cuando las sombras ya empezaban a alargarse, fui a inspeccionar un charco en una zona alejada del muelle. Estaba muy lejos del agua, y era evidente que no era cosa del mar ni de la lluvia. En esa parte del mundo solo llueve intensamente un par de veces al año. Pensé que habría sido alguna captura que habían mantenido congelada en una bodega y luego desembarcada allí lo que dejó aquel charquito de agua dulce. Era casi indudable que era agua dulce, pero tampoco tenía el deseo de probarla. Alrededor del agua se había formado un barullo de aves, una señal clara de que habían detectado aquella extraña fuente de agua dulce, y les había encantado. También había muchas moscas.

Al cabo de unas cuantas horas más de preparativos, el sol se puso, ya hacía menos calor, y soltamos las cuerdas de proa y popa. Estábamos en camino y habíamos levado anclas.

La agitación del proceso de zarpar tenía a todo el mundo ocupado, y luego estuvimos una tensa hora serpenteando y esquivando pequeños barcos pesqueros y sus redes conspiratorias, ocultas en la oscuridad de la noche. Desde proa llegaban señales en forma de señas, desde el mástil hasta el timón. Dejábamos atrás boyas, luces y las siluetas abultadas de los *dhows* anclados.

Aquellos momentos de ajetreo dieron paso a la rutina de los turnos de guardia en mar abierto. Los que no están acostumbrados a navegar creen que lo que ven en un trayecto corto de unas pocas horas es lo habitual. Sin embargo, es una representación pobre de cómo es realmente la vida a bordo de una embarcación. En las primeras una o dos horas tras salir de puerto y antes de llegar al siguiente suele haber muchísimo trabajo: hace falta colocar las velas, preparar las estachas y poner o quitar las defensas. Así que cualquier viaje que dure menos de un día da la impresión de que la navegación es pura acción. Pero una vez te alejas de una parte y no estás, ni mucho menos, cerca del destino, la calma impera en el barco, si el tiempo lo permite, que es lo más habitual. Cuando ese sosiego de bienvenida abrazó el *Al Shamilya* y a su tripulación, me dirigí hacia la proa y estuve anotando algunas cosas en mi libro bajo la luz de la luna con una taza de té dulce en mano. Me deleité con las vistas de Canopo, la segunda estrella más brillante en el cielo nocturno, en popa. Es un regalo que vale la pena buscar cuando viajas al sur de Europa, porque es una estrella meridional invisible en las zonas septentrionales del mundo.

Ayaz y Sayid me vieron haciendo formas extrañas con las manos y se me unieron en proa. Eric les había dicho por qué estaba a bordo, y estaban realmente interesados en saber qué me traía entre manos, y más aún al verme haciendo en proa lo que parecía un extraño baile. Les enseñé cómo encontrar la estrella polar con Casiopea y cómo calcular la latitud usando dicha estrella. La latitud es el mismo ángulo que hay por encima del horizonte.

Enseñé a Ayaz y Sayid cómo calcular aproximadamente ese ángulo con los puños: un puño extendido de la mayoría de las personas genera un ángulo de unos diez grados. Después nos pusimos a charlar agradablemente sobre una famosa herramienta de navegación árabe: el kamal.

Si unes dos lados de cualquier triángulo, obtendrás la medida de un ángulo. Pega la espalda a la pared de una habitación y mira el punto en el que la pared opuesta se une al techo. Eso es un ángulo por encima del suelo, si lo mides aproximadamente contando la cantidad de puños extendidos que hay desde el suelo hasta el techo, obtendrás la medida de un ángulo fijo. Hay cinco puños entre el suelo y el techo en la habitacioncita en la que estoy ahora mismo, lo que significa que hay aproximadamente cincuenta grados.

Los navegantes árabes llegaron a la conclusión de que los brazos y los puños no estaban mal, pero que una cuerda y un trozo de madera eran mucho mejor. Sostenían con los dientes el extremo de una cuerda y después medían la altura de las estrellas y el sol desde el horizonte contra la madera. Tenemos un kamal a bordo del *Al Shamilya,* pero, para ser honestos, es un instrumento tan simple que puede haber una especie de kamal en cualquier sitio en el que haya un trozo de cuerda y alguna madera.

Dado que el ángulo de la estrella polar desde el horizonte es una medida de la latitud, lo midas como lo midas, eso significa que si calculas ese ángulo al salir del puerto de origen tendrás un buen indicador de cómo regresar. La manera de calcular ese ángulo ha mejorado con los años. En algunas partes del mundo, al kamal se le unieron o lo suplantaron otras herramientas maravillosas como los *backstaff,* o cuadrantes de Davis, las varas de Jacob, los astrolabios, los cuadrantes, los octantes y, finalmente, los sextantes. Es posible que el sextante sea una pieza fantástica entre los aparejos, y los mejores eran obras de orfebrería y costaban un riñón, pero tanto sus ancestros como la lógica que subyacía son increíblemente simples: lo único que hacen es medir ángulos.

Tomé el timón. Afortunadamente, la luz de la brújula estaba rota, así que el fulgor no podría estropear el momento. Sentí una profunda repulsión cuando alguien propuso, como brújula de recambio, una aplicación de iPhone. Dirigí el barco hacia Deneb y Polaris.

Los que no estaban de guardia se metían en los sacos de dormir y se extendían a lo largo de la cubierta, que se balanceaba suavemente. Algunos susurros en árabe y algunas risas rompían de vez en cuando los sonidos del mar. Alessandro mostró el mismo desprecio que había mostrado yo por lo de la aplicación de iPhone cuando le dijimos de echar un bote entero de salsa en la pasta que acababa de cocinar. Su esfuerzo en los fogones a medianoche había dado sus frutos, y todos habíamos cenado bien en la Trattoria de Ale.

De vuelta en proa, me fijé en una polilla que bailaba alrededor de la luz del mástil, como ceniza en una hoguera. Estuve como un minuto observándola antes de bajar la mirada hacia el agua. Un pez grande, que parecía un tiburón pequeño, saltó. Pero claro, los tiburones no suelen saltar. Y entonces fue cuando lo vi.

La luz de la luna se reflejaba en la superficie del agua, pero no lo hacía uniformemente. El reflejo era más ancho en la distancia y se iba estrechando a medida que se me acercaba, lo normal, pero había algo inusual. El rayo de luz blanca se estrecha radicalmente en un pequeño tramo hacia la mitad, como una cintura estrecha de agua. Observé la luna desde un poco más abajo y el reflejo del océano se estrechó un poco más. El viento desapareció por completo y el camino de la luna se redujo a un fulgurante punto de luces danzarinas.

Continuamos navegando con la estrella más brillante, Sirius, y el resto de la constelación Can Mayor en popa. Intenté quedarme en proa el máximo tiempo posible; los aparejos de pesca siempre son peligrosos, incluso en mar abierto, así que alguien tenía que vigilarlos, y yo estaba encantado de hacerlo. La vigilancia en proa es la más temida de todas durante un temporal, un puesto de miseria que induce al vómito para algunos, pero a mí siempre me ha gustado la cubierta de proa, y con ese tiempo cálido y sosegado era el paraíso.

Nadie olvida su primer turno en proa durante un temporal. Hace muchos años, estaba en la cubierta de proa de una embarcación deportiva de veinte metros durante una tempestad en el canal de la Mancha. A mi compañero en cubierta, Harry, y a mí nos estaba costando horrores solucionar un problema con el foque mientras las olas nos cubrían con cada bandazo de proa. Era febrero y llevábamos muchas mangas, coronadas por chubasqueros, sombreros, guantes, chalecos salvavidas y cables de seguridad. Si el barco conseguía mantenerse por encima de las olas el mayor tiempo posible, no nos pasaría nada, y nos reíamos, nos reíamos mucho. Primero con nervios, después sin aliento y al final a carcajadas, escupiendo agua de mar entre gritos de júbilo.

Cuando acabó nuestra guardia, nos deslizamos como lagartijas por la cubierta, primero hasta el puente de mando y después hacia la cocina. Todavía recuerdo a la perfección las pobres almas agarradas a las barandillas de seguridad de popa y sus continuas arcadas. Bajo cubierta nos encontramos con otros que estaban enfermos o heridos, y nos quitamos el equipo. Teníamos «huevos» en la barriga. Teníamos las botas llenas de agua congelada, igual que el cuerpo, pero por alguna razón ambos teníamos una zona seca con forma de huevo, no más grande que mi mano, en la última parte de piel por encima de la barriga. Volvimos a reírnos, hasta que la temperatura de aquel camarote, húmeda y cálida, nos adormeció, con una mano agarrada a una barra y la otra a una taza de té.

Una visión clara del horizonte, una tarea determinada, la adrenalina y el aire fresco pueden ayudarnos a calmar el mareo durante un temporal. Harry y yo habíamos tenido más que de sobras de todos ellos en proa. Eso nos permitió ser felices en un barco infeliz.

Pronto, el camino de luna volvió a aparecer en el agua, alargándose hasta la silueta casi imperceptible de las montañas en la distancia. Esta vez, el camino ya no era recto, sino que se alejaba de la luna hacia el norte. Estaba extasiado. Había visto miles de veces esos «caminos brillantes», pero siempre me fascina descubrir algo nuevo sobre estos viejos amigos. Era la primera vez que veía un camino de luz curvarse. Me hice una nota mental que luego pasé a papel, para poder investigarlo más adelante.

Mis ojos trazaron una línea descendente desde la espada de Orión hacia el sur, y me di cuenta de que se acercaba mucho a Canopo. Las condiciones previas al alba eran idílicas, y algunos se habían reunido en proa, así que aproveché para enseñarles algunos métodos para usar las estrellas. Observamos Orión, Auriga, Casiopea y el Carro, que acababa de salir por el noreste. Pero lo más increíble fue poder ver Mercurio saliendo por el este, porque al estar siempre tan cerca del sol suele pasar desapercibido. Si el cielo está despejado y sabes dónde mirar —solo es visible justo después del ocaso o antes del alba—, en ocasiones puede ser fácil encontrarlo. Y aquella mañana era perfecta.

El sol estaba saliendo y comenzaron a soplar vientos. Los que estábamos de guardia comenzamos a ir de un lado a otro de cubierta, porque hacían falta todas las manos posibles para cambiar el ángulo del viento, lo que conllevaba cambiar la vela latina al otro lado del mástil. No parábamos de sudar y nos comenzaron a doler las manos. Los vientos no tardaron en volverse más agresivos y el cielo se cubrió de nubes negras. Nos vimos obligados a buscar refugio en una bahía un poco más adelante.

Amarramos el barco en una bahía resguardada y vimos como el cielo se oscurecía todavía más. Nuestras esperanzas de un viaje largo desaparecieron con la llegada de una tormenta. Pero había visto un montón de cosas, y una de ellas por primera vez. Debo de haber visto cientos de veces el camino de luz bajo la luna curvarse de aquella manera, pero nunca lo había apreciado tanto como aquel día en el *dhow*. Es un patrón que atesoro y en el que profundizaremos en el capítulo de «La luz y el agua». Este capítulo va sobre algo diferente, más amplio.

Me había desplazado hasta Oriente Medio para subirme a un *dhow* y estudiar el agua en un antiguo entorno que, sin embargo, era nuevo para mí. Esperaba volver con incontables tesoros, con una bolsa llena de joyas de la observación. Nos vimos obligados a buscar refugio después de haber visto un montón de señales en el agua que me eran familiares, pero acababa de observar algo nuevo y peculiar: la forma curvada del reflejo de la luna en el agua.

Corría el riesgo de acabar por decepcionarme, pero aquel viaje me recordó que las frustraciones de los lectores del agua se convierten en placeres si aprendemos a aceptar que las señales que buscamos están en algún sitio y que las encontraremos, pero no cuando nosotros queramos. Después de aquel breve viaje, llamo a ese tipo de placeres «delicias omaníes». Al contrario que las delicias turcas, dulces y empalagosas, la delicia omaní es la costumbre del agua de enseñarte lo que ella quiere cuando quiere.

Me tambaleé un poco al ritmo del barco mientras miraba el accidentado paisaje que me rodeaba. El aire bailaba entre las rocas del *jebel* y los vientos levantaban el polvo. Aunque ya hubiera bajado del *dhow,* las aguas de la costa omaní seguían teniendo algo pendiente conmigo.

# Capítulo 13

## *La costa*

Si definimos una zona costera como aquella que está a veinte metros tierra adentro y otros veinte hacia el mar, hay mucho más territorio costero en Inglaterra que de tierra firme.[1]

La longitud de cualquier costa engaña porque es fractal: cuanto más nos acerquemos y cuanto más de cerca la miremos, más se alarga. Si miras un atlas del mundo, desde el límite suroeste de Cornualles hasta el límite sureste de Kent hay unos 500 kilómetros. Sin embargo, si sigues la costa a pie, lo más probable es que la distancia sea el doble, porque vas siguiendo los giros y cambios de cada bahía y cala. Y si fueras una hormiga y siguieras cada saliente y cada roca, la distancia se dispararía miles de kilómetros. Una de las peculiaridades matemáticas de la naturaleza es que puede haber tanta costa como nosotros escojamos ver.

Y hay otra peculiaridad matemática al considerar lo que vemos en la costa. Si miramos al mar, estamos acostumbrados a observar la línea que separa el cielo del agua, el horizonte. Raramente hay algo en el horizonte en lo que podamos fijar la vista, así que puede parecer que esa línea está siempre a la misma distancia independientemente desde dónde la miremos, pero eso no es cierto. La altura de nuestros ojos por encima del nivel del mar tendrá un impacto enorme en lo lejos que podremos ver mar adentro. La diferencia es especialmente abismal si estás bajo.

Si caminas por un camino costero y al subir una pequeña colina la altura sobre el nivel de mar aumenta de los 100 a los

125 metros, podrás ver algunos kilómetros más mar adentro, de unos 36 kilómetros a unos 40. Sin embargo, si estabas jugando con las olas y subes una pequeña colina de unos 25 metros de alto, la distancia a la que podrás ver se habrá disparado de unos 5 kilómetros a más de 18.

De hecho, la diferencia es incluso más enorme, porque no solo podemos ver más lejos al aumentar la altura, sino que también aumenta radicalmente la extensión de mar que vemos. En una colina de unos 25 metros podemos ver unas diez veces más mar que si estuviéramos en la playa. Ahí tienes una de las razones por las que se enviaba a los marineros a la cofa y por qué los radares y otros transmisores de radio están colocados actualmente en la punta de los mástiles. La altura de los faros también es capital.

En este capítulo veremos cómo podemos mejorar profundamente nuestra comprensión y lectura de los efectos en las costas aprendiendo a apreciar mejor el mundo costero. La visibilidad, los vientos costeros, la forma y la historia natural de la costa forman todos parte de un precioso puzle, y en este capítulo aprenderemos, primero, a detectar las piezas para luego poder unirlas.

## *Visibilidad*

Solo un 0,04 % de toda el agua dulce del planeta está en nuestra atmósfera, pero es una fracción muy llamativa, porque cada segundo en el mar está influido por las nubes, las nieblas y su impacto en la visibilidad.[2] Incluso una falta de agua en el aire se percibirá como un maravilloso día de sol y, a menudo, gran visibilidad. De hecho, la visibilidad es una pista para mucho más que los niveles de humedad. Cuando el aire es estable y las capas no se mezclan, la capa inferior se convierte en una especie de charca estancada que atrapa la contaminación y el polvo en la atmósfera inferior, lo que provoca condiciones de niebla y poca visibilidad. Por tanto, si podemos ver a lo lejos, es una señal de poca humedad en el ambiente, de que el aire se está mezclando y de bajos niveles de contaminación. Hay algunos ejemplos famosos en los que se puede apreciar a la perfección la enorme visibilidad que hay, como cuando se puede ver el reloj del ayuntamiento de Calais desde Dover, usando alguno de los telescopios turísticos.

Támesis, Dover. Cambios de sureste a suroeste cuatro o cinco, ocasionalmente seis más avanzado el día. Lluvias ocasionales. Buen tiempo, cada vez menos chubascos.

La frase final de este pronóstico marítimo de la BBC Radio 4, «buen tiempo, cada vez menos chubascos», hace referencia a la visibilidad. Si hay algún lugar de costa regular desde el que hagas observación marítima, es vital, tanto para la vida en el mar como para su observación, que busques algunos lugares en los que la tierra tenga longitudes y direcciones diferentes. Así, podrás aprovecharlos como medidores personales de la visibilidad de un día concreto.

—Caerá un aguacero en unos doce minutos… sí, un señor aguacero —dice el típico viejo con un trozo de hierba en la boca y, aparentemente, mirando al infinito. Y entonces llueve, justamente doce minutos más tarde, y te ves bajo el aguacero, ensimismado por la sabiduría de aquel viejo, que, evidentemente, hace rato que se ha ido. No es hechicería, basta con saber que, por ejemplo, si la torre de radio al oeste desaparece, es que se acercan chubascos.

Las zonas costeras son especialmente proclives a que aparezca niebla, porque pueden verse atacadas por cualquier frente, por tierra o por mar, y porque la costa es donde normalmente se encuentran los aires frío y caliente, y el agua. Hay diferentes tipos de niebla, pero hay un par que vale la pena conocer, porque una vez hayas aprendido a distinguirlos puedes predecir su comportamiento con bastante precisión.

El primer tipo son las nieblas terrestres. Son más habituales en las épocas más frías del año, sobre todo a finales de otoño e invierno, y suelen aparecer después de noches con cielos despejados. Si ha habido una noche despejada, la tierra irradia calor y este asciende hacia la atmósfera, de ahí que el nombre meteorológico para ese tipo de niebla sea «niebla de radiación». Después, cuando el aire húmedo entre en contacto con el suelo, que se habrá enfriado mucho, se condensará y formará niebla. Sin embargo, estas nieblas solo se mantendrán si el aire está sosegado. Las nieblas de radiación se agitan y dispersan cuando se levanta brisa. Es tan habitual que ese tipo de nieblas matutinas obstaculicen a los pilotos que han aprendido a predecir en unos pocos minutos cómo se dispersará, tan solo echándole un vistazo a la velocidad del viento. A nueve nudos, todavía hay un montón de niebla que se niega a despegarse de la pista, pero a doce nudos habrá desaparecido toda. (Un nudo equivale a una milla náutica por hora, que a su vez equivale a unos 1 900 metros.)

El otro tipo de niebla que vale la pena tener en cuenta es harina de otro costal: la niebla marina, también conocida como «niebla de advección». Esta niebla tiende a formarse por encima del mar en primavera o verano, cuando se condensa el vapor de agua al soplar aires cálidos y húmedos por encima de un mar frío. Esta niebla puede parecerse a la de radiación, pero se comporta de una manera muy diferente, porque no la detendrá ni un viento fuerte, así que se mantendrá incluso en días ventosos. Recuerdo que una vez, hace mucho tiempo, me vi en medio de fuertes vientos y nieblas de advección en un pequeño yate en el Canal de la Mancha; no le deseo a nadie sentir cómo le desplaza el viento y no poder ver absolutamente nada.

## Vientos costeros

Una vez comprobada la visibilidad, lo siguiente que debemos observar con atención en una costa es el viento, porque si ya la altura y la humedad del aire determinan la mayor parte de lo que puedes ver, la fuerza y la dirección del viento determinarán la mayor parte de lo que verás en el agua. Muchos marineros utilizan pequeños trozos de tela que anudan a las velas y los estaye (las cuerdas que estabilizan el mástil), para tener un recordatorio visual constante de lo que está haciendo el viento. Esto es, sin duda, vital para conducir un barco de manera segura y eficiente, pero no es menos valioso para entender el comportamiento del mar desde tierra firme. Allí, también podemos encontrar algunos señalizadores bastante grandes: las banderas o las columnas de humo son pistas visuales excelentes para conocer el comportamiento del viento.

Cuando hayas estado un rato pensando en la fuerza y la dirección del viento, intenta relacionar la dirección y características del viento con la forma de la tierra que te rodea. Para muchos pueblos antiguos, incluidos los griegos, las características del viento y la dirección en que soplaba estaban tan íntimamente asociadas que sus significados se entrelazaban. Las palabras griegas para los vientos y las direcciones eran, a menudo, intercambiables: por ejemplo, los Anemoi, los dioses del viento, estaban relacionados cada uno con un punto cardinal. Más recientemente, los isleños del Pacífico diseñaron «brújulas de viento», unos instrumentos para nada extraños, pero en los que deberíamos pensar como una comprensión y un registro sólidos de las características de los vientos que soplaban desde diferentes direcciones. Los vientos que llegaban a Tonga desde el noroeste eran cálidos y húmedos, los del suroeste limpios y fríos y los del sureste arrastraban unas nubes muy características.[3]

El concepto de «brújulas de viento» no ha dejado de ser confuso para los occidentales, probablemente porque, para nosotros, la palabra *brújula* está inextricablemente relacionada con la idea de un instrumento físico. Pero no debería ser así, porque no debería ser más complejo que esto: la próxima vez que sientas una brisa mucho más fría de lo que esperabas, intenta comprobar si viene de algún punto cercano al norte. Si lo haces suficientes veces y adoptas ese enfoque más tradicional de relacionar las frías temperaturas del viento con el norte, tendrás tu propia, aunque básica, brújula de viento. Es posible que no necesites ni quieras saber la dirección del viento, pero eso da igual. Aquí es donde comienzas a conocer el viento en sus diferentes formas, y esto es esencial para leer el mar.

Cuanto más sensible al viento te vuelvas, más probabilidades habrá de que conozcas algunas características de los vientos costeros. Algunas hacen acto de presencia en todo el mundo, mientras que otras son más localizadas; algunas duran estaciones enteras y otras unas pocas horas. Los vientos etesios, o *meltemi*, llegan de improviso, soplando desde el norte hacia el mar Egeo entre los meses de mayo y septiembre, y pueden durar desde unas pocas horas hasta días. Son vientos fieros y temidos, y las guardias costeras prohíben regularmente a las pequeñas embarcaciones zarpar si hay señales de etesios inminentes. Es fácil entender por qué las civilizaciones antiguas veían a estos vientos como personajes, a menudo traicioneros y malévolos, pero a veces también amistosos. El rey Filipo II de Macedonia usaba los etesios en beneficio propio, porque sabía que a los barcos les costaría navegar hacia el norte con ellos soplando en verano, así que tenía más libertad para comenzar guerras.

Tengamos en cuenta dos de las características globales más constantes: la brisa marina y la brisa terrestre. En un día cálido, el sol matutino calienta la tierra más rápido que el mar, así que el aire por encima de la tierra asciende y comienza a circular; en ese momento, el aire frío se mueve en forma de brisa desde el mar hasta la tierra para cubrir el espacio que ha dejado el aire cálido ascendente. Por la noche el ciclo se invierte y la tierra se enfría más rápido que el mar; se forma una brisa terrestre y el aire sopla en la dirección contraria. En días tranquilos, estas brisas pueden ser el único viento que se note.

Esta es una de las razones por las que en días de calor sofocante y agobiante la gente sigue buscando el frescor de la costa, una costumbre que sigue hoy tan en boga como cuando el Eurimedonte y el Néstor de Homero buscaban la brisa marina para refrescarse en la *Ilíada*.[4] Una de las señales inequívocas de que lo que estás sintiendo es brisa marina es que notes que el viento viene del mar, independientemente de la parte de costa en que te encuentres. Si das una vuelta a pie o en coche alrededor de una isla, es posible que sientas, en un mismo día, el viento de cara viniendo del norte, el sur, el este o el oeste, siempre desde el mar.

La siguiente característica ubicua que vale la pena que conozcamos es el viento catabático. Recuerda cómo el calor irradiaba del suelo en noches despejadas; si esto sucede en las laderas empinadas de una montaña, nos encontraríamos con la misma capa de aire frío en la que se formaba la niebla, pero, dado que eso ocurre en una ladera, la niebla se niega a quedarse quieta. El aire frío es más denso que el aire caliente, y, por tanto, comenzará a descender rápidamente la ladera. Dicho así parece un fenómeno algo agradable e incluso adorable, y a veces lo es, pero hay un efecto acumulativo en juego, y eso implica que, si la montaña es alta, empinada y suficientemente fría, incluso cubierta de nieve, el resultado final pueden ser unos vientos muy poco amistosos. En algunas partes del Ártico, se conoce a los catabáticos repentinos como *williwaws*, una palabra cuyo origen es incierto, aunque poco importa, porque la palabra recoge a la perfección la ansiedad que generan esos vientos.

La siguiente parada de nuestro recorrido es un efecto del viento en la costa menos conocido, y muy intrigante, que podemos llegar a ver cuando el viento sopla casi paralelo a la costa. Siempre que un viento entra en contacto con la superficie de la tierra, la fricción lo ralentiza más o menos según la rugosidad del terreno. Las zonas montañosas ralentizan muchísimo el viento, las llanuras no tanto, y sobre el mar muy poquito. Esto significa que hay grandes diferencias entre la fricción que sufre el viento por encima de la tierra o del mar. Cuando los vientos sufren algún tipo de fricción y se ralentizan, en el hemisferio norte dan la vuelta, es decir, giran en el sentido contrario a las agujas del reloj, y, por tanto, un viento del oeste puede convertirse en un viento de suroeste.

Si unimos todas las piezas, esto implica que los vientos que soplan a lo largo de las costas experimentan diferentes niveles de fricción dependiendo de si soplan por encima de la tierra o del agua, lo que a su vez significa que girarán diferentes cantidades y en direcciones ligeramente variadas. Si un viento sopla a lo largo de una costa con la tierra a su izquierda (por ejemplo, de oeste a este con la costa al sur), el viento se dividirá. A este hecho se le conoce como «divergencia costera». Por el contrario, cuando un viento que sopla por encima de la tierra gira hasta encontrarse con el que sopla por encima del mar y se unen, se conoce como «convergencia costera». Si sospechas que puede haber alguno de los dos, busca patrones divergentes o convergentes en las nubes, y después en el agua.

El hecho de que los vientos se ralenticen en la tierra en relación con el agua también implica que a veces notarás que los vientos girarán a la izquierda al pasar por encima de islas. Nainoa Thompson, un navegante del Pacífico contemporáneo muy respetado, fue capaz de calcular dónde se encontraba en relación con Hawái antes de tenerlo a la vista, fijándose en cómo giraban los vientos al pasar por la isla.[5]

Los vientos tuercen a la izquierda y se desaceleran cuando pasan del agua a la tierra, pero hacen justo lo contrario al pasar de la tierra al agua, se aceleran y tuercen a la derecha, por ejemplo al cruzar grandes lagos.

El agua fría ralentiza los vientos más que el agua caliente, y las aguas poco profundas normalmente son más cálidas que las profundas, así que si, te fijas con atención, es posible que detectes el lugar en el que una brisa tuerce a la izquierda o a la derecha al pasar por agua fría o caliente, respectivamente.

Hay un rebelde entre las filas de los vientos que cruzan el mar llamado «turbonada». Las turbonadas son células complejas, minisistemas aislados de mal tiempo que se forman cuando el aire húmedo y caliente asciende para ser vomitado de vuelta en algún lugar cercano como ráfagas mucho más violentas y frías, coronadas con rachas de aguaceros. No me olvidaré jamás de uno de mis encuentros con uno de estos rebeldes cuando crucé solo el Atlántico en 2007. Cuando cruzas un océano, y sobre todo si no tienes demasiada ayuda, es importante que estés muy atento a datos y pronósticos meteorológicos, así como vigilar y detectar cualquier señal de cambio de la naturaleza.

En el Atlántico es posible encontrarse con tormentas muy desagradables, aunque las posibilidades pueden minimizarse si escoges con cuidado la fecha de salida. Aunque la verdad, por mucho que le cueste admitirlo a los meteorólogos profesionales, es que no hay ninguna manera de predecir exactamente dónde y cuándo se formará una turbonada; son demasiado pequeñas y caprichosas, y aparecen espontáneamente para desaparecer de la misma manera. En aquella ocasión en el Atlántico, me encontré con turbonadas con demasiada frecuencia, y cada una requería agotadores cambios de velas y algo muy parecido a una montaña rusa de viento y agua durante algunos minutos, antes de que todo volviera a la calma.

Sin embargo, si no eres el responsable de dirigir una pequeña embarcación a través de una turbonada, es mucho más fácil que te caigan bien, y mis quejas de esas bandidas se han suavizado ya casi por completo, y ahora me gusta bastante contemplar turbonadas desde la costa casi tanto como odiaba verlas desde un pequeño barco hace unos años. Pueden admirarse los patrones que crean en el agua como si fueran obras de arte rabiosas y fulminantes, con unos vientos que son más bien explosiones descendentes, que irradian desde el centro de las oscuras nubes de la turbonada. Por tanto, si ves una nube aislada con cara de pocos amigos, asegúrate de que buscas patrones interesantes en el agua justo bajo ella.

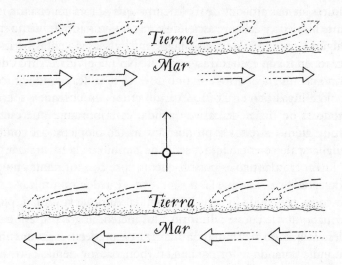

Vientos convergentes y divergentes a lo largo de una costa al sur.

## La forma de la costa

En la década de 1880, un oficial naval y explorador del Ártico danés, Gustav Holm, se encontró con muchas comunidades de inuit al aventurarse hacia la costa este de Groenlandia. Regresó con un *souvenir* académico único. Uno de los inuit que conoció en sus viajes, un hombre llamado Kunit, le vendió a Holm unos trozos de algo que, a simple vista, parecía madera que hubieran arrastrado las corrientes, con los cantos redondeados por el mar. Pero lo que Holm descubrió era que aquello distaba mucho de ser simples trozos de madera: eran mapas. Holm era en aquel momento el propietario orgulloso de unos mapas de madera tridimensionales, unas formas que reflejaban las características de la costa y podían leerse con tan solo tocarlos ya fuera de noche o de día. Cada bul-

226

to en los extremos de aquella cartografía física representaba un cabo o una isla, y también había muescas que indicaban lugares propicios de almacenamiento y marcas para los lugares en los que un kayak podía llevarse por tierra entre dos fiordos.

El lugar en el que Holm hizo aquel descubrimiento era la costa de Ammassalik, y aquellos mapas de madera recién adquiridos fueron a parar a un museo en Copenhague, para más tarde volver al Museo Nacional de Groenlandia en Nuuk. Hay copias expuestas en la Biblioteca Británica de Londres.[6]

No hay nada que nos impida hacer nuestros propios mapas de madera de nuestras costas favoritas, pero hay un ejercicio que es más sencillo, rápido y manejable. Podemos llegar a conocer el relieve de una costa reconociendo formas y usándolas como un truco para recordarlas.

Volviendo al fenómeno conocido como «pareidolia» que veíamos en el capítulo «La luz y el agua», recuerda que a nuestros cerebros les gusta reconocer formas y patrones, y no necesitan demasiadas excusas para inventarse algunas donde no las hay. A veces es divertido —cuando vemos rostros en lugares como la espuma del mar o las nubes—, y en ocasiones engañoso, como cuando pensamos que los delfines nos están sonriendo solo porque antropomorfizamos la forma de sus hocicos. Pero también puede sernos de utilidad, sobre todo cuando intentamos reconocer y recordar formas inamovibles pero complejas, como paisajes o, en particular, costas.

Cuando observes una costa verás el relieve del terreno, sus formas, una serie de promontorios, cabos, bahías, calas, salientes, playas, pendientes y todo tipo de elementos. En un primer momento, será demasiada información como para poder recordarla, pero, si te fijas en las características más distintivas y permites que tu cerebro juegue un poco con ellas, hay muchas posibilidades de que un afloramiento rocoso se alinee con otro y juntos formen una forma vagamente reconocible. Es algo que deberías hacer siempre, porque te ayudará enormemente a reconocer y recordar el relieve de una costa. A su vez, también será de gran ayuda para entender algunos de los patrones presentes en el agua.

Por ejemplo, es posible que veas un cabo largo en la distancia y uno algo más modesto más cerca de ti que, juntos, te recuerden vagamente a unas cabezas de gato. Por lo tanto, les llamas «la Pareja de Gatos». Como ya hemos visto, los cabos tienen un impacto enorme en los patrones del agua, y establecer una relación con un par de cabos así y bautizarlos puede incrementar mucho tus posibilidades de recordar esos accidentes geográficos y, por tanto, de reconocer los patrones que creen en el agua.

A medida que avances por la costa, las formas que veas mutarán, aparecerán y desaparecerán, así que esas características que memorices serán específicas de ciertas zonas. Has comenzado a crear tu propio mapa mental del relieve de una costa y, aunque no los encuentres en ningún museo, estos mapas son incluso más portátiles que los mapas de madera *ammassalik* de los inuit. Imagina que aparcas el coche y aprovechas para observar la costa. Detectas un accidente rocoso que te recuerda al rostro de un anciano de perfil, así que lo llamas «El Anciano». Continúas avanzando y, a los pocos minutos, El Anciano «desaparece», porque el acantilado ya no se le parece. Algo más tarde ese mismo día, estás volviendo al coche y crees que ya debe de estar cerca, pero piensas en volver la mirada hacia aquella familiar roca: no ves al Anciano, así que sabes que todavía te falta un rato. Minutos más tarde, vuelves a girarte y El Anciano ha reaparecido, y por tanto ya estás seguro de que el coche está cerca, y aparece al tomar la siguiente curva en el camino.

Aunque puedan parecer juegos inocuos y, quizá, inútiles, en realidad son una introducción a una de las técnicas costeras más potentes jamás concebidas por los marineros, conocida formalmente como usar un «tránsito», y vale la pena que la conozcamos un poco mejor. De manera resumida, si dos elementos se alinean, uno delante del otro, es lógico pensar que nos encontramos cerca de una línea recta que los atraviesa. Pongamos, por ejemplo, que vemos una torre de radio en una colina lejana, justamente por encima de la aguja de una iglesia; lo más probable es que nos encontremos en algún punto de esa línea. Es una manera increíblemente eficaz de alinearse sin necesidad de electricidad, fácil de usar y entender, y muy precisa si identificas ambos elementos y puedes verlos con claridad.

Les Écréhous son un grupo de rocas al noreste de Jersey, en las islas del Canal, y un verdadero desafío para navegantes. Hay algunos refugios en la isla principal en los que nos gusta acampar en verano, pero para llegar tienes que sortear unas aguas con enormes cambios en las mareas y corrientes muy rápidas, incontables salientes rocosos y una historia repleta de fatales naufragios. Es demasiado pequeño para cualquier ayuda de navegación de tecnología punta, e incluso los GPS no sirven de mucho cuando te has acercado demasiado, porque todo sucede muy rápido; sin embargo, el truco que ha funcionado durante siglos es la alineación, usar un tránsito. Hay tres rocas que sobresalen del mar y lo único que tienes que hacer es alinear la que se parece un poco a la aleta de un tiburón entre las otras dos, y así sabrás que vas por el camino correcto. Después tienes que girar y alinear un panel negro en un asta con una roca que han pintado de blanco y continuar tu recorrido sin peligro hacia la islita.

Durante siglos, cualquier marca que facilitara la lectura de la tierra desde el mar ha salvado vidas, ya fuera natural o artificial. A Isabel I le dolió admitir que el bienestar de la nación cada vez dependía más del bienestar de sus marineros, así que uno de sus decretos menos conocidos, aunque muy pragmático, fue para proteger esos elementos costeros: destruirlos o cambiarlos era delito.[7] Hoy en día, la mayoría de autoridades portuarias intentan que esos tránsitos sean fáciles de detectar, y es habitual pintarlos de blanco o negro.

Es algo que deberías tener en mente cuando explores la costa, porque, si observas algo pintado de blanco o negro, a menudo sobresaliendo por encima de otros elementos, es muy posible que estés delante de parte de un tránsito. Encontrar las otras partes te revelará la línea que usan los barcos para navegar por allí sanos y salvos. Por supuesto, echarle un vistazo a una carta náutica es una manera fácil de resolver cualquier misterio: los tránsitos aparecen como unas líneas rectas y delgadas pintadas de negro que salen de la tierra hacia el mar.

El académico y marinero David Lewis estaba a bordo de una canoa tradicional que se alejaba de las islas Puluwat en el Pacífico. Estaba investigando cómo el navegante local, Hipour, se las apañaba para mantener el rumbo cuando navegaba por el oleaje sin la ayuda de ningún instrumento. Tal como Lewis sospechaba, Hipour se ayudaba de un tránsito: navegaba intentando que las dos islas a sus espaldas nunca se separaran del todo ni se sobrepusieran por completo. Intentaba que las islas estuvieran, en sus palabras, *parafungen*. Hipour le explicó a Lewis que había mucho chascarrillo entre los miembros de la tripulación. Lewis supuso acertadamente que *parafungen* significa que las islas se sobreponían, pero era una metáfora y en realidad implicaba que dos personas habían intimado.[8]

Estas dos técnicas relacionadas para reconocer características y alinear tránsitos son fundamentales en todas las tradiciones náuticas de alrededor del mundo. Son igualmente útiles e interesantes en tierra firme, como una manera de reconocer y recordar características costeras cercanas, pero también para llegar a comprender en profundidad tu situación en relación con esas características.

Otro método útil es calcular la altura de elementos distantes o el ángulo entre ellos usando el sextante más sencillo del mundo: un puño extendido. El año pasado aparqué cerca de unas dunas de arena y fui hasta la playa de Talacrea, cerca de Point of Ayr, el punto más al norte de Gales. Comencé a caminar hacia un faro impresionante, ahora inactivo, pero apenas había dado dos pasos cuando caí en la cuenta de que me costaría volver a encontrar el coche. Estaba aparcado en un lugar cualquiera, escondido tras unas dunas que se extendían kilómetros. Decidí calcular la altura del faro extendiendo el puño y contando cuántos nudillos había desde la playa hasta la punta del faro. Un par de horas más tarde estaba regresando al coche y sabía que cuando el faro volviera a dos nudillos podría atravesar las dunas y encontrar el coche.

Si intentas algo así, estarás siguiendo los pasos de navegantes costeros milenarios. Puedes hacerlo calculando la altura de diferentes cosas: faros, cabos, iglesias, cualquier cosa con cierta altura te valdrá. O también puedes usar el mismo truco para el ángulo horizontal entre diferentes elementos, quizá el final de un muelle tiene el ancho de un puño extendido desde el final de la tierra firme.

Todas estas técnicas reunidas —reconocer características, detectar tránsitos, medir ángulos y observar cómo cambian a medida que avanzas por la costa— han salvado incontables vidas a lo largo de los siglos, pero lo más importante aquí no es la seguridad, sino la conciencia. Es muy fácil creer que algo es bonito sin percibir ninguno de los ricos detalles que lo rodean; pero si quieres entender los patrones del agua cercana a la costa, tendrás que entender la complejidad de la tierra que rodea al agua.

## Criaturas costeras

Cuando el escritor Stephen Thomas estaba investigando sobre métodos micronesios de navegación, le intrigó mucho uno de ellos que describían como *pookof*.[9] Ciertas aves o peces volvían a las mismas áreas de alimentación a diario, y los navegantes indígenas, como Mau Pialug, aprendieron a ubicarse leyendo la actividad asegurada de algunas criaturas. Todos los animales tienen hábitats y hábitos, así que no debería sorprender demasiado que aquellos navegantes hicieran mapas con la ayuda de los animales, pero fue el nivel de detalle lo que fascinó a Thomas. Los navegantes micronesios no utilizaban el enfoque general que a nosotros se nos ocurriría: por ejemplo, que haya pájaros terrestres como los cuervos debe indicar que hay tierra cerca. Hablaban de características concretas muy específicas en animales precisos: a Thomas le describieron una ubicación, conocida como Innamowar, como el lugar en el que veías una raya con una mancha roja detrás de los ojos.

He de admitir que la primera vez que me hablaron de aquel nivel de detalle no me lo creí. Sospechaba con arrogancia que algunos métodos factibles estaban empañados por el folklore y la superstición. Pero cambié de opinión en unas circunstancias inesperadas. Estaba de vacaciones con la familia visitando a mi hermano, en Grecia, cuando una excursión aleatoria por la costa del Peloponeso en un *jeep* alquilado nos llevó a descubrir una playa paradisíaca. Estábamos encantados con nuestro descubrimiento y decidimos volver al día siguiente. Sin embargo, y por muy embarazoso que sea, tengo que admitir que la segunda vez nos costó encontrarla más de lo que esperábamos.

Volvimos a la misma playa al día siguiente también, pero esta vez la encontramos mucho más rápido, y la estuvimos visitando el resto de días de nuestra semana en Grecia. Encontrarla resultó ser muy fácil gracias a la ayuda de una extraña técnica. La bautizamos como playa *pookof*, por la sencilla razón de que la manera que tuvimos de encontrarla con facilidad fue ir conduciendo por una carretera cuya acera estaba llena de unos cubos de basura municipales idénticos, hasta que vimos que en uno de ellos solían estar siempre jugando unos gatitos blancos y negros, y era justamente por allí por donde debíamos girar a través de un camino polvoriento que llevaba directamente a la playa. Los gatitos nunca nos fallaron.

Dado mi encuentro surrealista con este método, siempre he disfrutado del hecho de encontrar ejemplos de la íntima lectura de la relación entre animales y lugares. Existe un registro encantador de esa técnica usada en el mar Arábigo, que data del siglo XIII: «Si un viajero ve en este mar siete pájaros, sabrá que está delante de la isla de Socotra. Cualquiera que viaje por este mar y se encuentre con la isla, verá a los siete pájaros, de día o de noche, mañana y tarde. Vengan de donde vengan, los pájaros les darán la bienvenida».[10]

Todos los animales nos revelan algo, y depende enteramente de nosotros decidir o no descifrar el mensaje. Habrá un montón de pistas generales, sobre todo sobre cambios meteorológicos, que podemos llevar con nosotros a cualquier parte; las aves costeras, como las gaviotas, tienden a dirigirse a tierra firme si se acerca un temporal. Sin embargo, cuanto más estudiemos una zona, más profundo será nuestro conocimiento para leer las pistas animales. Quizá veamos algunas aves que disfrutan escalando grandes alturas en busca de zonas termales y, al cabo de un tiempo, nos sorprenda que planeen por el mar en invierno y aterricen en verano, porque el mar está más caliente que la tierra en invierno, pero más fresco en verano. Cuando Robert Stevenson estaba luchando por construir uno de sus famosos faros en Bell Rock, se acostumbró a las pistas que le ofrecían los animales sobre el mal tiempo, ya que cuando hacía buen tiempo los peces se reunían en el arrecife, pero se largaban cuando se acercaba un temporal.[11]

## Escarceos y estupidez

Una vez tuve cinco días libres del trabajo y quería pasar unos días en el mar, así que el plan, si a algo tan vago se le puede llamar plan, era viajar hacia el oeste-suroeste desde el puerto de Chichester durante unos dos días y medio y navegar de vuelta durante otros dos días y medio. Pensé que aquello era lo mejor que podía hacer para aprovechar al máximo el tiempo que tenía —estaríamos cinco días enteros en el mar, en vez de ir saltando entre puertos deportivos— y no tendríamos la posibilidad de gastar nada. El amigo que se animó a unirse en aquel ejercicio de dudoso valor se llamaba Will, y recuerdo la cara que puso cuando llegó el problema que habíamos invitado.

Gordon Tullock, un economista estadounidense que murió en 2014, se hizo famoso por sugerir que la seguridad en la carretera podía mejorarse si todos tuviéramos una aguja que saliera del volante y nos apuntara al corazón. Creo que a lo que se refería es a que las cosas que están diseñadas para protegernos pueden ser contraproducentes si inconscientemente nos llevan a tener comportamientos de riesgo, por culpa de sentirnos protegidos. No puedo afirmar si esa teoría tuvo alguna relevancia en el pequeño viaje que hicimos Will y yo, pero lo cierto es que el pequeño yate que tenía en aquel momento estaba diseñado para ser tan resistente al mar como puede serlo un barco de 10 metros, así que quizá sí que tuvo alguna relevancia en decisiones posteriores.

El mantra sensato es que, si ves garabatos en la carta náutica, evites navegar por esas aguas, sobre todo si en ese momento hay corrientes de marea violentas. Sin embargo, Will y yo pensamos que aquello no podía aplicarse a todas las embarcaciones y, si no se aplicaba a todos, no se aplicaría a la nuestra aquel día concreto. Los garabatos, o líneas onduladas, de la carta náutica representaban «escarceos» cerca de la península de Portland Bill, en Dorset (Inglaterra), que es el nombre dado a un fenómeno marítimo que se produce cuando las rápidas corrientes de marea atraviesan una zona de terrenos muy irregulares, lo que hace que el agua en la superficie sea turbulenta y potencialmente peligrosa. Las leyes físicas que lo determinan son bastante evidentes y se pueden demostrar fácilmente en casa: si abres el grifo y dejas que el agua caiga sobre una superficie llana, como una bandeja, la superficie del agua se mantendrá lisa. Si, por el contrario, haces que caiga sobre algo relativamente irregular similar a las cuevas, abismos y rocas del lecho marino, como, digamos, la parte más áspera de un rallador, aparecen perturbaciones importantes en la superficie del agua.

Se estaban deslizando hacia el suelo tazas, cuencos, cubertería y libros que caían de los armarios, lo que generaba una cacofonía alarmante. Nos amarramos a los cables de seguridad mientras la proa se alzaba y descendía a un ritmo antinatural y violento. La cubierta se iba llenando de espuma blanca a medida que los nudillos también se nos ponían blancos de apretar, y otra ráfaga de objetos se despedazó contra el suelo bajo cubierta. Aquello duró aproximadamente una media hora, terrible y agotadora, hasta que cesaron los escarceos y dimos la bienvenida a los movimientos calmados y relajados del barco. A pesar de no tener ningún objetivo claro para aquel experimento, los dos consideramos que había sido un éxito rotundo.

De aquella experiencia tengo un recuerdo especialmente claro: al levantar la mirada hacia los acantilados durante el episodio con los escarceos, me pareció ver un guardacostas en un puesto de vigilancia en la parte más alta. Me imaginé a un par de guardacostas mirándonos, compartiendo un par de prismáticos y haciendo turnos para dedicarnos palabrotas sobre el par de idiotas que había en el agua allí abajo.

El año pasado estuve en Dorset por motivos laborales y tenía un par de horas libres, así que pensé que sería satisfactorio observar la misma zona de aguas turbulentas desde un sitio con unas vistas más privilegiadas. Me enteré de que había un puesto de vigilancia de la National Coastwatch Institution un poco más adelante por la carretera, en un lugar llamado cabo de Saint Alban. La Coastwatch Institution es una organización formada por voluntarios cuyo cometido es vigilar para promover la seguridad en el mar. (Te perdono si pensabas que eso es lo que hacían los guardacostas ingleses, ¡pero no! Los guardacostas de su majestad ahora solo operan radios y dispositivos electrónicos desde una zona industrial en Hampshire sin vistas al mar; supongo que es una señal de los tiempos.)

El puesto de vigilancia estaba anclado en unos acantilados desde los que se veía una zona de escarceos muy similares a los que disfruté cerca de Portland Bill. Soplaba un viento fuerte y me mantuve alejado del borde; no sería el primero que muere al caer desde un estrecho camino que bordea la costa, y pensé que sería un extraño giro del destino que mi deseo de observar los escarceos desde una posición segura me llevara a salir volando acantilado abajo.

Conocí a los amables trabajadores de la estación y estuvimos un rato hablando con los sonidos intermitentes de la radio VHF que tanto conocía. Miré por un ventanal hacia la violenta zona blanquecina de los escarceos. El mar hervía entre siseos y escupía espuma hacia el aire. Me explicaron que a muchos yates se les rompía el mástil al meterse en aquella violenta zona del mar, y me enseñaron una foto en la que se veía cómo remolcaban uno de esos barcos para ponerlo a salvo. Al escuchar cómo golpeaba el viento contra el edificio desprotegido, les pregunté a qué velocidad creían que estaba soplando el viento en aquel momento. Uno de los miembros del equipo miró la bandera y dijo: «La punta de la bandera está muy agitada, así que debe ser de unos 40 nudos o más». Me encantó oírlo hablar, y aún más al ver que había dos aparatos electrónicos justo a nuestro lado. Ambos daban una lectura de 41 nudos (unos 75 km/h).

Se estaban formando algunos remolinos fácilmente identificables al pasar el agua por una zona de rocas. Igual que los remolinos se forman en los ríos y arroyos cuando el agua fluye a través de un obstáculo, lo mismo pasa en el mar cuando las corrientes de marea empujan el agua hacia zonas costeras que sobresalgan, ya sea un cabo o rocas pequeñas. Después me fijé en una zona de agua cercana al pie de unos acantilados que se estaba comportando de una manera muy diferente a lo que la rodeaba. Era el punto de encuentro de un remolino de agua y otro de viento.

El viento en el exterior venía del mar, pero a unos 50 metros tierra adentro había un viento litoral visible en algunas banderas de las casitas cercanas. Aquel remolino de viento lo estaban creando los acantilados, y estaba generando sus propios patrones en el agua, influyendo, simultáneamente, al agua a la que estaba dando forma el remolino formado por las corrientes de marea. La única ligera decepción fue que aquel día no hubo ningún capitán lo suficientemente estúpido como para atreverse a navegar por el cabo de Saint Alban.

Antes de marcharme de la estación, uno de los empleados señaló una de las zonas del agua: «Justo ahí es donde se paran por completo los yates. Hay un abismo de unos 53 metros de profundidad». Observé una pequeña zona de aguas tranquilas rodeada por crestas irregulares, parecía que la hubiera planchado.

Poco después entró apresuradamente un hombre canoso con la cara colorada, cuyos ojos, inyectados en sangre, eran de un azul claro impresionante. Entre resoplidos y jadeos dijo que tenía una emergencia bovina; unas cuarenta vacas frisonas habían roto una valla vieja de madera y estaban peligrosamente cerca del borde del acantilado y de una muerte certera. ¡Que alguien avise al ganadero! A la luz de aquel drama, y visto que no podía hacer demasiado por ayudar a las vacas, di las gracias al equipo, hice una donación y volví al fragor de los vientos del exterior. Un Land Rover azul se desplazaba entre la brisa y deduje, con una sonrisa, que el viento ya debía de soplar a unos 45 nudos.

Esperaba, en secreto, ver algún chaval bobo atreviéndose a cruzar aquella zona de escarceos bajo los acantilados, igual que hice yo años antes. Pero, de nuevo, el agua decidió enseñarme algo diferente. Bajé por un caminito hasta que la costa se abrió ante mí en una idílica cala que recordaba bien de viajes anteriores a la zona: Chapman's Pool. Allí, lo primero que me sorprendió después de admirar el impresionante azul del agua fue la demostración clásica de la reacción de las olas al llegar a la costa; el cabo y la bahía recibían las caricias de olas reflejadas, refractadas y difractadas. En la bahía, las olas se dispersaban y llegaban a la ancha playa en forma de medialuna.

# Capítulo 14
## *La playa*

En los años 90, el ejército de los Estados Unidos llevó a cabo uno de los estudios más exhaustivos jamás hechos sobre los procesos de formación de las playas. Se le conoció como «Sandyduck '97», y llevó a otro nivel nuestras habilidades para leer las playas. Es posible que no estemos planeando ningún desembarco anfibio a corto plazo, pero, si observamos con atención, podemos esperar que cada playa nos asalte los sentidos.

La palabra *playa* es la que usamos para describir una serie de características familiares que no solemos distinguir individualmente. Cuando una ola llega a una playa mueve una parte de la arena, y cuando se retira la vuelve a mover. Cuando ese efecto acumulativo sucede miles de veces cada día se crean formas que podemos aprovechar para leer lo que ha estado haciendo el agua.

A todos nos suena la idea de que las playas son empinadas en algunas partes y llanas en otras, y todos lo hemos experimentado al entrar en el agua y vernos sorprendidos por la profundidad. Esos cambios de pendiente forman parte del mapa y las pistas de una playa que indican a qué se ha estado dedicando el agua. Una playa de arena típica tendrá, al menos, seis zonas reconocibles: la duna, la anteduna, la berma, la playa baja, el valle y la barrera. Si miras el diagrama de la página siguiente, verás cómo encajan todos esos elementos.

Lo primero en que nos debemos fijar es en que las playas no tienen una pendiente regular hasta llegar al mar, sino que en cierto punto hay un elevación conocida como «cresta de la playa». La inclinación es bastante pronunciada en el lado orientado hacia el mar, y esa zona de pendiente se conoce como «playa baja». La zona justo al lado de la cresta de la playa orientada hacia tierra firme es la parte más ancha y llana de arena conocida como berma: la berma es donde dejamos las toallas, y la playa baja es donde nos sorprendemos de la rapidez con la que aumenta la profundidad del agua. Sin duda, el estado de las mareas tendrá un impacto enorme en la proporción de la playa baja cubierta, puesto que, si hay pleamar, es posible que no veas nada de la playa baja, pero la notarás en cuanto te metas en el agua.

Si estás mirando hacia el mar, intenta detectar la zona en la que rompen la mayoría de olas. Bajo la superficie del agua habrá un descenso repentino de la profundidad, porque ahí es donde se forma la «barrera». En cualquier playa de arena en la que haya olas de cualquier tamaño se tiene que formar una barrera, tal como dicen los físicos a partir de los experimentos con tanques de olas. En el lado de la barrera en dirección a tierra firme habrá un valle de aguas más profundas. En algunas playas, se formarán más de una barrera y habrá ondulaciones empinadas y valles en el lecho. Dado que es la acción de las olas lo que crea y da forma a esas olas, el lado de la barrera en dirección a la playa suele tener bastante pendiente, mientras que el que está orientado hacia el mar tiene una inclinación más gradual. En según qué momento de las mareas, si te adentras lo bastante en el mar y cruzas el valle hasta la barrera, esa parte más inclinada tiene la manía de hacerte tropezar.

En una playa que visito con regularidad, West Wittering en Sussex Occidental, siempre hay una procesión de personas expresando su sorpresa al ver cómo fluctúa el nivel del agua y pasa de estar a la altura de la rodilla hasta la cintura, para luego descender otra vez, y uno de los deportes aceptados en ese playa es tropezar, intentar aparentar que no ha pasado nada y ver cómo a aquellos que se reían de ti les pasa lo mismo. Esas zonas de agua a ambos lados de las barreras a menudo provocan esas marcadas fluctuaciones también de temperatura, y notarás zonas de agua extrañamente calientes y otras, a pocos metros, mucho más frías.

La próxima vez que vayas al mar, mira a ver si puedes sentir en qué punto la arena se vuelve más áspera, justo antes de que aumente la profundidad del agua. Hay una zona, conocida como «escalón», en la que la playa baja se allana al encontrarse con el valle, y allí suele haber una línea de sedimentos ásperos.

Cuando la gravedad hace que el agua vuelva al mar, la barrera la detendrá. Eso significa que el agua en el valle está constantemente luchando por su libertad y por volver al océano. Seguro que conoces alguna de esas playas en las que tienes que estar constantemente nadando hacia una dirección para evitar que el mar se te lleve hacia un lado. Eso es muy común, porque el valle suele ser un lugar muy agradable, protegido de cualquier ola rompiente significativa pero bastante profundo para nadar.

Ocasionalmente el agua del valle intenta escapar y fuerza la apertura de una brecha en la barrera de arena. Imagina que toda el agua encuentra de golpe una estrecha ruta de escape; probablemente ya habrás adivinado las consecuencias: una corriente de retorno.

En 1998 estaba de vacaciones con mi mujer, por aquel entonces novia, en Bali, Indonesia. Estábamos disfrutando de un baño entre las grandes olas de una playa cercana a Kuta. Estaba a punto de salir del agua para ir con Sophie a la arena cuando oí un ruido antinatural. Me giré y pude ver que había alguien en la playa gritando y señalando a una persona en el agua que se notaba que estaba sufriendo; agitaba los brazos y su rostro se retorcía de dolor. Intenté buscar alguna señal de socorristas, de salvavidas o algo similar, pero no vi ni ras-

Topografía de una playa clásica.

tro. Estaba razonablemente en forma en aquel momento y era buen nadador, así que sentí que tenía que hacer algo. Volví a meterme en el agua y comencé a nadar hacia el hombre en apuros. Me pasaron por la cabeza cientos de cosas durante las primeras diez brazas, mientras nadaba con fuerza para superar las olas que se acercaban.

Sé que la estrategia más sensata habría sido pedir ayuda, y era consciente de los peligros de intentar salvar a alguien que se está ahogando (la psicología detrás de todo eso es extraña y terrorífica). Las personas que se están ahogando a veces ahogan, por error, a su salvador e intentan salvarse recurriendo a la violencia; esa es una de las razones por las que muchos dispositivos salvavidas disponen de cuerdas largas. Pero saber todo eso no me hizo cambiar de opinión. Nadé todavía con más fuerza y me sumergí cuando me sobrepasaron un par de olas enormes.

Después volví a salir a la superficie y oí otro sonido antinatural y espantoso, pero extrañamente familiar. Me detuve y miré a mí alrededor.

El sonido era Sophie gritándome a pleno pulmón que volviera a la orilla; recuerdo a la perfección pensar que estaba más lejos de lo que me esperaba. Miré en la dirección opuesta hacia el hombre al que en teoría tenía que salvar, y la distancia entre los dos se había disparado, incluso aunque hubiera estado nadando con todas mis fuerzas y que él no se hubiera movido. De repente caí en la cuenta, mejor tarde que nunca, de que a los dos nos había cogido la corriente de retorno. Luchando contra una urgente necesidad de entrar en pánico, me giré y comencé a nadar lo más fuerte y rápido que pude hacia la orilla. Ahí es donde se vuelve más extraña la psicología de esas situaciones. La parte racional de mi cerebro me decía con tranquilidad: «No nades en línea recta hacia la orilla, estás en una corriente de retorno, no lo conseguirás, tienes que nadar en paralelo hasta que salgas de la corriente, y después ir hacia la playa». Pero la parte emocional del cerebro me gritaba: «¡Estás a punto de ahogarte! ¡Mira, hay una preciosa y firme playa justo delante de ti, nada hacia ella, idiota!».

Dado que es obvio que sobreviví, quizá esperas que te explique cómo prevaleció la calmada voz de la razón. Pero no es, en absoluto, lo que sucedió, y no tiene sentido que explique esta historia si no soy honesto. Lo que pasó en realidad fue que el intercambio de gritos de mi cabeza continuó, y le sucedió un compromiso ciertamente surrealista. No fui capaz de nadar en paralelo a la orilla. Aunque los pocos pensamientos racionales que me quedaban me decían que era lo que tenía que hacer, estaba demasiado aterrorizado y lo único que quería era estar en tierra otra vez.

Sin embargo, de igual manera, también era consciente de que nadar en línea recta hacia la playa estaba resultando contraproducente y peligrosamente agotador, así que me giré para nadar en diagonal hacia la orilla. Atravesé tambaleándome la zona menos profunda del oleaje, a mucha distancia de la zona por la que había entrado al mar, terriblemente exhausto, y me desmayé en la playa al lado de Sophie. Durante el par de minutos siguientes, ella también encontró una solución intermedia propia, y mientras expresaba alivio por haber sobrevivido me reprendía por haber sido tan increíblemente estúpido en primer lugar.

Pasaron algunos minutos más antes de que llegara un vecino de la zona y se arrodillara a mi lado, al ver que yo estaba completamente tirado. Me habló con tranquilidad, con un susurro conspiracional: «Gracias por intentarlo, pero no lo vuelvas a hacer. Te ahogarás. Siempre perdemos a alguien en esta época del año». Miró hacia el mar.

—¿Ha conseguido volver el otro hombre? —le pregunté.

—He visto varios surfistas que se le acercaban, así que… seguramente sí.

A pesar de que lo intenté, nunca descubrí lo que le pasó.

Las corrientes de retorno aterrorizan a la gente, pero son unas grandes incomprendidas. A menudo se las llama «mareas de retorno», pero no son un fenómeno mareal, y eso es solo el comienzo de la confusión que parece que generan. Las leyes físicas que las provocan son muy simples: las corrientes de retorno se forman cuando una zona amplia de agua en la playa es empujada hacia el mar por la fuerza de la gravedad, pero atraviesa un canal estrecho. El agua se acelera siempre que pasa por un agujero estrecho (es como poner el pulgar en un grifo o en la punta de una manguera) y, por tanto, se forma una corriente rápida que va hacia el mar. Pueden llegar a fluir a dos metros por segundo, más rápido que cualquier nadador.[1]

Algunos de los canales estrechos son permanentes, lugares en los que hay una brecha entre arrecifes, por ejemplo, y esas corrientes suelen ser famosas entre los habitantes. Pero algunos son temporales, cuando el agua que vuelve al mar atraviesa un canal nuevo entre bancos de arena; esos son los que cogen a la gente desprevenida. Irónicamente, dado que las corrientes de retorno pueden tener un efecto mitigador en las olas, puede que atraigan a nadadores que piensan que están entrando en una zona benigna y relativamente en calma de un mar, en general, picado.[2]

Puede ser algo difícil detectar las corrientes de retorno desde la playa, y aún más desde el agua. La única regla general que conocemos es que el agua que se esté comportando de manera diferente parecerá diferente. En el caso de las corrientes de marea, busca un canal estrecho de agua que esté más o menos agitado que el agua que lo rodee (variará según la dirección del viento), una línea de agua con más espuma que se dirige hacia el mar, una disrupción continua de los patrones de una ola junto con una línea en concreto o cualesquiera otros patrones anómalos que formen un línea perpendicular en relación con la orilla. La mayoría de amantes de las playas no detectan ni uno de esos fenómenos, pero un lector del agua debería aspirar a más. Hagas lo que hagas, intenta no seguir el ejemplo que di en Bali al no detectar la corriente y al saltar después al agua y nadar hacia el mar.

Es tentador pensar que todas las características de las playas son permanentes, pero lo cierto es que la playa en su totalidad está en un flujo constante. Las barreras, los valles, las zonas bajas y las bermas se reesculpen, se destruyen por completo y vuelven a formarse cada año. También habrá cambios estacionales en las playas: las bermas tienden a ser más altas y delgadas en invierno, y las barreras bastante más grandes, cuando las olas invernales, más poderosas, se llevan consigo la arena de la berma y construyen barreras más altas.

Estoy suscrito a un boletín informativo por correo electrónico que se llama «Noticias para marineros» en el que me envían noticias náuticas de mi zona. El año pasado, en Nochebuena, recibí una bastante típica, aunque poco festiva para el momento del año:

Se informa a los marineros de que un estudio batimétrico llevado a cabo en Chichester Bar el pasado 15 de diciembre de 2014 muestra un punto aislado de 0,9 m debajo de Chart Datum, cerca del límite oeste del canal, al norte de Chichester Bar Beacon. Las mayores profundidades están al este de la línea entre Chichester Bar Beacon y Eastoke Buoy, donde la profundidad mínima es de 1,3 m debajo de Chart Datum.[3]

En otras palabras, la barrera se había movido y había crecido en algunos lugares, uno de sus hábitos estacionales. Las grandes tormentas cambian mucho más el paisaje, y pueden llegar a alterar no solo la berma y la barrera, sino la playa entera. Orkney es un lugar de fuertes vientos, pero en el invierno de 1850 una tormenta especialmente violenta golpeó la isla, y la acometida trajo consigo una pleamar considerable. Cuando las cosas se calmaron,

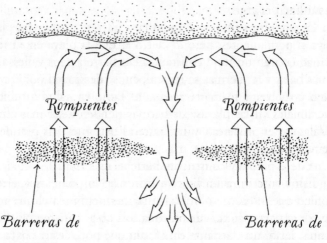

Corriente de retorno.

los habitantes de la isla se sorprendieron al encontrar el contorno de unos edificios de piedra entre las dunas, en una zona conocida en aquel momento como Skerrabra. Hoy en día es Patrimonio de la Humanidad por la UNESCO, conocido como Skara Brae, un asentamiento del Neolítico que ofrece detalles únicos sobre la vida de hace cinco mil años.

También se pueden formar barreras muy sustanciales en las desembocaduras de los ríos, donde se unen con el mar. Si no se dragan, las barreras pueden llegar a bloquear el flujo del río y provocar que el río se desvíe noventa grados hacia un lado o el otro.

## El arte de la resaca

Ha llegado el momento de buscar y observar de cerca algunas de las características de las playas que más me gustan. Una de las sensaciones más familiares en las playas es la de las olas que pasan bruscamente por debajo de ti y a las que les sigue casi inmediatamente una espuma suave que te hace cosquillas en los pies a medida que el agua vuelve al mar. El agua que llega a la playa al romper una ola se conoce como «rebalaje», y el agua que vuelve al mar es el «reflujo», lo que más tarde se convierte en la resaca. La resaca es una capa llana de agua que fluye por debajo de las olas que se acercan a la costa. Puede ser increíblemente fuerte, lo que hace que provoque muchas cosquillas en los pies, pero nunca puede llegar a ser una corriente de retorno.

Este es uno de los malentendidos más habituales: cuando alguien siente movimientos violentos en los tobillos aparece la tentación de comenzar a farfullar cosas sobre las corrientes de resaca, pero los dos fenómenos son cosas totalmente diferentes. La resaca puede parecer fuerte a veces, pero es bastante débil y se extingue en cuanto se encuentra con las olas que se acercan a la orilla. Las corrientes de retorno pueden arrastrarte cientos de metros, pero la resaca a duras penas es peligrosa para cualquier persona que pueda caminar o andar de manera autónoma.

Sin embargo, a pesar de que la resaca no suponga un gran peligro, es fascinante y creativa. Cuando el agua fluye por la arena, la moldea, y nos permite buscar patrones y usarlos para conocer un poco mejor el comportamiento del agua. En bajamar, vale mucho la pena acercarse al mar y mirar la playa. Deberíamos esperar ver ondas en la arena, muchas de ellas en paralelo a la orilla y a las líneas de las olas que han estado rompiendo unas horas antes. Sin embargo, si observas la zona del valle, quizá detectes ondas de arena que no siguen ese sencillo patrón.

Si ha habido corriente por el valle —contra la que hemos estado nadando—, habrá pruebas en la alineación de esas ondas. En el valle, la arena se moldea por la acción de las olas, lo que crea algunas ondas paralelas a la orilla, y por la corriente que fluye a lo largo de la costa por el valle, lo que crea ondas perpendiculares a la playa. Si se forman ambos tipos de ondas, se produce un efecto en la arena llamado ondas «escalera», algo similar a líneas cruzadas. Dado que la corriente en el valle es mucho más estrecha que las olas, las ondas de corriente suelen ser también las más estrechas.

Ten en cuenta que todas las ondas de sedimentos que se han creado al fluir algo por encima siguen una sencilla regla: la zona desde la que proviene el flujo tendrá una pendiente más suave, mientras que la zona hacia la que dirige el agua estará más inclinada. Pasa exactamente lo mismo con las dunas que forma el viento en el desierto y las ondas en la nieve de las montañas que con las ondas en la arena de las playas; su forma es una pista de la dirección que seguía lo que ha estado fluyendo por allí. (Busca alguna duna de arena en las zonas altas de la playa y también verás ondas que ha formado el viento; prueba a tocar alguno de los lados de esas pequeñas ondas y deberías ser capaz de sentir que uno, el que está a favor del viento, es más suave que el otro. Si sabes en qué dirección ha estado soplando el viento, esas ondas te pueden servir como si fueran una brújula. Es un truco que aprovechan los tuareg en el Sáhara, pero funciona igual de bien en cualquier playa.)

Si el flujo del agua crea un patrón de ondas con una parte más inclinada en la dirección en la que fluye, lo que podemos intuir es que, si las ondas están igual de inclinadas en ambos lados, eso debe de indicarnos algo. Esas ondas de arena simétricas son el resultado de la oscilación del agua al fluir en ambas direcciones por la arena, y es muy habitual cerca de las olas rompientes. Sin embargo, si el agua no ha oscilado pero ha estado fluyendo durante un rato en una dirección y luego en la dirección contraria (muy común en lugares con grandes cambios en las mareas), la parte superior de las ondas será llana, algo muy distintivo, porque primero se formará la cresta habitual para después desaparecer y allanarse al volver a pasar el agua por encima.

Si las olas han venido de direcciones diferentes, como por ejemplo cuando ha habido un cambio meteorológico, y, después, en la dirección del viento, se creará otro patrón diferente, conocido como «ondas de interferencia». Y si el agua ha estado en movimiento y luego se ha detenido, los sedimentos formarán una delgada capa en las pendientes de las ondas; si esos sedimentos son diferentes a la arena del lecho, quizá barro de un estuario, se formará un colorido efecto conocido como «ondas *flaser*». No te preocupes si no puedes identificar a la perfección lo que ha estado haciendo el agua con cada grupo de patrones de ondas que veas; intenta disfrutar de la observación e intenta sacar algunas conclusiones.[4]

Cuando una ola rompe y el rebalaje se dirige velozmente hacia la playa, la energía se consume en forma de espuma, un rápido flujo de agua que en cierto momento se detiene en la playa, lo que hace que la arena que había estado haciendo autoestop se deposite. Esa arena no será apenas diferente a la que ya había, pero creará un registro visible del punto máximo que ha alcanzado el rebalaje. Esas líneas curvas, que puedes ver en cualquier playa de arena con olas, se conocen como «marcas de rebalaje».

Cuando el rebalaje alcanza su punto máximo, parte del agua se hunde en la arena y el resto se retraerá hacia el mar como reflujo. El reflujo crea sus propios patrones, muy diferentes de las marcas de rebalaje; lo más habitual es que sean algo más parecido a diamantes estrechos de unos quince centímetros de largo que se extienden en dirección al flujo del agua.[5]

Si hay pleamar y el rebalaje es suficientemente grande y potente, llegará hasta zonas de arena seca. En ese momento, parte del agua se hundirá en la arena y hará que el aire entre los granos de arena ascienda. Ese aire saldrá y creará una serie de agujeritos en la arena. Si al aire le cuesta salir a la superficie, creará burbujas por debajo de la capa superior de agua húmeda y las forzará a salir, lo que creará pequeñas colinas. Si tocas ligeramente algunas de esas colinas, se derrumbarán.[6] Es habitual ver agujeritos y no ver colinas, pero no a la inversa.

El agua que ha empapado la arena en pleamar comenzará a retirarse cuando la marea vuelva a bajar. El agua emerge de la playa baja y desciende, lo que crea un grupo de patrones conocidos como «marcas en forma de rizo». Estas marcas tienen algunas características delatoras: primero se extienden, y luego pasan de ser un simple hilo principal a un montón de pequeños arroyos mucho más estrechos. Esto hace que se diversifique y se asemeje a un árbol o, a mi parecer, a las raíces de un árbol.

Ocasionalmente puedes cruzarte con características mucho más grandes llamadas «cúspides de playa». Estas cúspides son una especie de barridos de sedimentos en forma de media luna que pueden llegar a tener 50 metros de ancho. Las medias lunas se unen para formar una serie de cúspides que se tocan en los cuernos. Los sedimentos más ásperos se acumulan en los cuernos y las partículas más finas se mueven hacia el centro de las ensenadas. Los científicos todavía no tienen claras sus causas, lo cual es bastante bonito y desconcertante para los lectores del agua. Se cree que el espaciado entre las cúspides lo determina la altura de la ola y, por tanto, las olas más grandes generan cúspides más anchas.

Vale la pena observar con atención la arena que rodea las rocas aisladas en una zona de mareas, ya que es posible rastrear el flujo del agua gracias a los patrones de arena que encuentres allí.

He visto algunos ejemplos maravillosos de la reflexión, la refracción y la difracción en las ondas de la arena que mimetizan los patrones que tienen lugar en las zonas más profundas

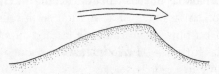

El agua ha fluido de izquierda a derecha.

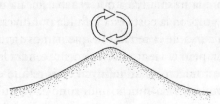

El agua ha oscilado, probablemente
se ha formado debajo de las olas rompientes.

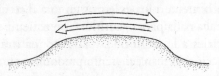

El agua ha fluido en una dirección
con la marea, y después a la inversa.

del océano que rodean islas (como explicaba en capítulos anteriores). En Cornualles, un condado conocido por su relación con el mar, hay incluso una palabra tradicional para referirse a las zonas de aguas tranquilas a sotavento de las rocas, en el lugar que ofrece refugio frente a las mareas y las olas: lo llaman, en inglés, el *spannel*.[7] Cuando la marea ha retrocedido, la arena de esas zonas es muy diferente a la del lado contrario. Incluso aunque haya pasado mucho desde que el agua se ha ido, puedes seguir sintiendo la calma anterior en la suavidad de la arena.

El mejor momento para buscar esas microcaracterísticas de las playas es la primera hora de la mañana, cuando hay bajamar. Lo más probable es que tengas la playa para ti, y la pleamar previa habrá borrado las huellas y marcas del día anterior.

## A la deriva

Al examinar una playa en bajamar, fíjate en que el reflujo no sigue siempre la misma línea que el rebalaje. La dirección en que las olas golpean la costa está influida por diversos factores, incluidos la curva de la refracción que hemos visto en el capítulo anterior, pero el viento normalmente tendrá la última palabra. Pero estos factores no influyen en el reflujo de la misma manera: vive una vida mucho más simple, ya que desciende por la playa por el efecto de la gravedad. Eso significa que, según la relación de la playa con la dirección del viento predominante, lo más probable es que veas tendencias del rebalaje empujando la arena o los guijarros en una dirección y que el reflujo no haga nada para revertirlo. Con el tiempo, esto arrastrará materiales a lo largo de la playa de manera consistente en una dirección, cercana al viento predominante, lo que provocará lo que se conoce como «deriva litoral» (tan amado por los profesores de geografía de primaria; debe ser, junto con los lagos en herradura, de sus cosas favoritas).

Ese transporte de sedimentos es un problema para los que creen que en las playas todo es permanente y para los ingenieros de costas que intentan defenderlos. Hay una extraña verdad en el perfil de las playas: desde un punto de vista físico, han evolucionado de tal manera que tiene la forma casi ideal para defenderse de las embestidas del mar. Esto implica que en casi cualquier intento de diseñar una solución contra lo que la naturaleza intenta conseguir lo más probable es que acabe saliendo el tiro por la culata. Los rompeolas que se extienden a lo largo del mar y que, en teoría, actúan como barreras frente a la playa y que los acaban arrastrando en una dirección son un buen ejemplo. Nunca verás un solo rompeolas, porque lo único que hará será impedir que la playa se reconstruya un poco y agravará el problema, así que necesitas otro rompeolas para compensar el problema creado por el primero.[8] Desde un punto de vista algo más positivo, al menos puedes mirar en qué parte del rompeolas se está acumulando la arena o la grava, lo que te revelará inmediatamente las tendencias de la deriva de esa playa.

La combinación del rebalaje empujando la arena hacia una dirección y el reflujo hacia otra no hace que la arena o la grava se muevan de manera uniforme, sino que las clasifica. Las partículas más densas se asientan antes en el agua que las más ligeras, lo que hace que no viajen tanto de media y que las playas tengan una arena gradual. Como regla general, cuanto más oscura sea la arena, más pesada será, ya que las arenas oscuras están normalmente compuestas de minerales más pesados que las más claras. Por tanto, es bastante habitual que las playas sean algo más claras en la dirección de la deriva.

En los lugares en los que hay una serie de playas en diferentes direcciones, como en un archipiélago, por ejemplo, los efectos de esa clasificación pueden ser todavía más radicales. Las islas Sorlingas son famosas por sus arenas blancas y sus aguas de un azul claro tropical. Sin embargo, la arena es muy diferente según dónde estés.[9] Al oeste de las islas, en lugares como St. Agnes, la arena es áspera y hace un sonido característico cuando caminas por encima; más al este, la arena de Tresco es más parecida al polvo y la de Bryher es más cristalina.

Las investigaciones han revelado que cada pequeña zona de arena del mundo es única, lo cual puede ayudarnos a entender por qué hay una palabra para los coleccionistas de arena —*arenófilos*—, aquellos que están enganchados a su infinita variedad.[10] (Si alguna vez has sentido la llamada de la arenofilia, échale un vistazo a la Sociedad Internacional de Coleccionistas de Arena, cuyo lema es «Descubriendo el mundo, grano a grano».) Nunca cogeremos un par de puñados con una mezcla idéntica de minerales y conchas, ya que el agua genera estas mezclas incansablemente, día y noche, hasta que aparecen patrones. Las olas hacen mapas de la arena para nosotros.

Una de las clasificaciones más simples puede observarse en las playas en las que hay grava en el agua y después una franja de arena; son el tipo de playas que percibimos como más clásico en bajamar, porque hay suficiente arena como para tumbarse. La grava llega más arriba que la arena porque las olas son más poderosas que el reflujo. Empujan las piedras más pesadas hacia la playa, y allí se quedan, mientras que la arena más ligera vuelve al mar.

La acción del agua en la arena es similar al bateo en busca de oro: el movimiento constante hace que las partículas más pesadas —como el oro— caigan al fondo y las más ligeras sean arrastradas. Esa es la razón por la que los buscadores de tesoros experimentados se agachan en las playas al alba y al anochecer en busca de los lugares en los que hay arena húmeda cerca de donde han estado rompiendo las olas, porque ese suele ser el lugar en el que se ha producido el movimiento más vertical de la arena y donde se habrán acumulado los elementos más pesados, como el oro.

El viento también mueve la arena y, de nuevo, los granos más ligeros y pequeños viajan más lejos. Los granos más oscuros y pesados caerán en cualquier zona en la que el viento tenga la costumbre de perder fuerza, como en la zona de sotavento de algún obstáculo, que es donde habrá más concentraciones de arena oscura.

La grava se comporta de una manera similar pero diferente a la arena, porque las piedras más grandes adquieren impulso y viajan más lejos que las pequeñas, lo que hace que las piedras sean más grandes al final de la playa, hacia donde se ha movido la deriva. Esto clasifica los guijarros de una manera tan efectiva que su tamaño se convierte en una especie de mapa: habrá guijarros del tamaño de un guisante en uno de los extremos y otros más grandes que un puño al otro lado. Tradicionalmente, los pescadores de la playa de Chesil descubrían dónde estaban mirando el tamaño de los guijarros, los más pequeños al oeste, los más grandes al este.[11] He leído historias de pescadores de Cornualles que se ubicaban en medio de la niebla gracias a la «canción de la orilla», que son los diferentes sonidos que hacen las olas al romper en orillas de diferente tipo.[12]

## Flora y fauna

¿Cuál crees que es el material biológico más fuerte que se ha probado jamás? ¿La tela de araña?

«La gente está siempre buscando algún material que sea más fuerte, pero la tela de araña lleva varios años siendo la ganadora», explicó la profesora Asa Barber a la BBC. «Así que estamos bastante contentos con que los dientes de lapa la hayan superado».[13]

Los dientes de lapa son tan fuertes que un trozo de espagueti hecho del mismo material podría levantar un Volkswagen Golf. Las lapas tienen una base, un hogar en una roca, que abandonan con la pleamar en busca de algas y a la que vuelven cuando baja la marea. De todas maneras, sus hábitos son más complejos que eso, ya que su comportamiento varía según las mareas y la luz diurna. Sus hogares pueden verse como cicatrices en la roca cuando las lapas no están en casa. La mayoría de criaturas costeras tienen hábitos y ritmos que dependen de las mareas. Los ostreros, las gaviotas, los zarapitos y los cuervos suelen escarbar en las playas cuando baja la mar y la arena se llena de comida fresca.

Los animales también nos ofrecen pistas sobre acontecimientos pasados, tanto recientes como más remotos. Seguro que te has encontrado con cáscaras de busicones en la playa, esas cáscaras de huevos blanquecinas que parecen un cruce entre plástico de burbujas y una esponja; de hecho, antes los marineros las usaban para lavarse, de ahí que se apodaran «bolas marinas para lavarse».[14] Si las cáscaras son grises, los busicones ya habrán salido, pero si son amarillas, es probable que todavía haya algunos dentro. Los busicones son caníbales, y los primeros en salir se montarán un festín con sus hermanos no-natos. Estas cáscaras suelen verse en enero, en la época de cría, y son más comunes si ha habido tormentas recientemente.[15]

Una profusión de erizos de mar, mielgas y rayas en una sección de la orilla es una señal gemela: lo primero que indica, y lo más obvio, es que ha habido mal tiempo. Pero la razón de la concentración de esos animales en una playa puede ser que haya habido un naufragio. Los restos de los naufragios forman un terreno óptimo para la cría de esas y otras criaturas.[16]

Los bígaros, esas criaturas similares a los caracoles, señalizan la playa: los bígaros planos suelen estar en las zonas bajas, cerca o dentro del agua, mientras que los comestibles suelen estar en zonas más altas, ya que solo necesitan el agua ocasionalmente, y en las zonas superiores de la playa están los bígaros que pueden sobrevivir largos períodos de tiempo sin agua.[17]

Las criaturas que encuentres en los charcos de rocas cambiarán a cada paso que des en dirección al mar, porque la altura de los charcos determinará no solo a cuánta altura por debajo del nivel del mar se encuentran, sino también la concentración de sal causada por la evaporación. En un día caluroso de verano, los charcos rocosos más altos pueden tener niveles de salinidad que matarían a las criaturas de los charcos más bajos. El cangrejo común, que es el más habitual de ver, soluciona ese problema alterando los niveles de sal en su cuerpo.

Las algas marinas también conforman un mapa de la playa. Los sargazos canalizados, vesiculosos o dentados (o aserrados) se consideran también algas marinas, porque sus nombres contienen pistas sobre su aspecto.[18] Los sargazos canalizados tienen canales. Los vesiculosos, vesículas, y los dentados, dientes. El sargazo vesiculoso es el más común de las costas inglesas, pero el resto también son habituales y cada una ha evolucionado para especializarse en una zona de la costa. Las algas canalizadas suelen estar en las zonas altas de las playas, después vendrían las vesiculosas y, en la zona más baja, las aserradas. Solo tienes que recordar esta regla mnemotécnica: «Comprueba la variedad de las algas», canalizadas, vesiculosas y dentadas.

Hay un alga parda llamada «cinturón de mar» que puede llegar hasta los cinco metros de largo y que se amarra a las rocas de las aguas poco profundas y zonas intermareales. También se la conoce como «barómetro del pobre», porque puede usarse para calcular el nivel de humedad cuando las tiras cuelgan expuestas al aire.[19]

Las algas rojas no tienen clorofila y, por tanto, no dependen de la luz solar, lo que les permite sobrevivir en aguas profundas. Sin embargo, es habitual que la marea las arrastre hasta zonas de bajamar. Una de las más comunes es la «dulse», que ha servido de comida durante siglos en algunas partes de Escocia occidental e Irlanda.

En una costa rocosa también detectarás diferentes entornos en franjas de colores, cada uno correspondiente a un tipo diferente de liquen. En las zonas más bajas, en las rocas que cubre el agua en pleamar, encontrarás un liquen negro, parecido al petróleo, llamado *Verrucaria maura*. Siempre que hay un vertido de petróleo, se reciben docenas de informes de personas preocupadas sobre la presencia de petróleo en las rocas; afortunadamente, la mayoría resultan ser el liquen *Verrucaria*, negro y resistente.

Por encima de esa franja negra se encuentran líquenes naranjas, de las familias *Xanthoria* y *Caloplaca*. En zonas algo más altas, los líquenes se vuelven grises: los que crujen son *Lecanora*, y los foliosos, *Ramalina* y *Parmelia*. Una regla mnemotécnica en inglés para recordarlos: «You get out of the sea, into a BOG»*, que corresponde a *Black, Orange* y *Grey* ('negro', 'naranja' y 'gris', respectivamente). Cuanta más luz, más líquenes habrá, así que el efecto es todavía más evidente en costas rocosas orientadas hacia el sur.

La línea de costa es el nombre que se le da a la línea de plantas y animales muertos y restos que se mezclan y forman la marca más alta del avance del mar. Imagínate que pasas una mopa ancha por la cocina; la línea de costa es la curva de restos y polvo en uno de los bordes. La línea de costa suele estar formada por una serie de curvas arqueadas porque la crean una serie de marcas de fuertes rebalajes.

La línea de costa no es un lugar demasiado popular para poner la toalla, ya que la densidad de materia en descomposición y de pequeñas criaturas dándose un banquete provoca fuertes olores y ruidos, pero vale la pena investigarla. Si miras con atención, es probable que veas pulgas de playa, conocidas así por su habilidad para saltar si se sienten amenazadas. Las pulgas de playa necesitan estar húmedas y, por tanto, durante el día se entierran hasta que alcanzan un nivel de un 2 % de humedad, antes de volver a la superficie tras el ocaso. Algunos estudios han revelado que las pulgas de playa son navegantes naturales expertas, capaces de utilizar puntos de referencia, así como el sol y la luna.[20]

Entre los restos, también encontrarás maderas arrastradas por las corrientes, en las que puedes calcular aproximada-

---

* Se ha mantenido este fragmento en inglés porque no era posible mantener la regla mnemotécnica que se genera con la palabra *bog* y con las siglas que, en esta parte del libro, representan. *(N. del T.)*

mente el tiempo que han pasado en el mar por cómo estén de suavizadas y por el número de gusanos o percebes que las hayan convertido en su hogar.[21] (En el momento en que estoy escribiendo esto ha tenido lugar una extraordinaria coincidencia. Este método de datar los restos a partir de los percebes ha aparecido en televisiones y periódicos de todo el mundo. Los primeros restos que se cree que pertenecen al Boeing MH370 de Malaysia Airlines han aparecido en la isla Reunión. Los expertos sugieren que la parte de ala que han encontrado, el flaperón, tiene la cantidad y el tipo exactos de percebes parar creer que ha estado en el mar alrededor de un año, tiempo suficiente para que sea del vuelo perdido.)

En el Pacífico, David Lewis encontró conocimientos meteorológicos extraordinarios que los isleños utilizaban como ayudas para planificar el momento de comenzar sus viajes. Un *tia borau*, un navegante, de la isla de Nikunua, en las islas Gilbert, le explicó al detalle cómo el comportamiento de los cangrejos podía aprovecharse para pronosticar el tiempo. Si un cangrejo bloquea la entrada de su agujero y araña y allana la arena de la entrada (lo que crea marcas similares a rayos solares), indicará que en dos días llegarán vientos y lluvia. Sin embargo, si el cangrejo hace un montón de arena, sin cubrir el agujero, habrá vientos pero no lloverá. Y si bloquea el agujero, pero no allana el montículo de arena ni deja marcas de arañazos, lloverá, pero no hará ni pizca de viento. Solo si el cangrejo deja en paz la pila de arena excavada y el agujero, podremos esperar buen tiempo.[22]

Las hormigas de playa pronosticaban el tiempo para los isleños por la manera con que trataban la comida. Si dejaban comida al aire libre, indicaba que se acercaba buen tiempo; sin embargo, si la escondían en sus hogares o en cualquier tipo de refugios, significaba que se acercaba una borrasca. Había pistas adicionales en los lugares en que las arañas tejían sus telarañas y el comportamiento de las estrellas de mar en los arrecifes. Incluso se decía que los arrecifes predecían cambios meteorológicos, ya que emitían un fluido claro antes de los días despejados y otro oscuro o lechoso si las olas iban a ser grandes.

Abandonaremos la playa después de intentar secarnos y no conseguirlo tras un baño, gracias a un fenómeno conocido como higroscopia. ¿Te has fijado alguna vez en que cuando estás en la playa nunca llegas a sentirte 100 % seco después de haberte bañado? Siempre sientes una especie de humedad, de sudor, cuando ya ha pasado suficiente rato como para el sol te haya secado. La higroscopia es el nombre dado a la manera que tienen ciertas sustancias de atraer el agua. La sal es una sustancia higroscópica, y es por eso por lo que suelen meterse granos de arroz en los saleros o cualquier otra cosa que permita evitar la humedad. Es también la razón por la que tras bañarnos en el mar seguimos húmedos durante mucho tiempo: en cuanto nos hemos secado, la sal que tenemos en el cuerpo comienza a atraer la humedad del ambiente hacia nuestra piel. Ahí tenéis otra cosa en la que fijaros, juntamente con otros fenómenos menos intrigantes desde el punto de vista científico, como el hecho de que siempre haya arena en los bocadillos.

# Capítulo 15

## *Corrientes y mareas*

Durante el mediodía del 19 de septiembre del 2010, un pequeño grupo de espectadores se reunió en el Trinity Buoy Wharf junto al río Támesis para ver y escuchar una campana que iba a tañer por primera vez en su historia. La nueva campana se llama Time and Tide Bell ('Campana del tiempo y la marea'), y fue diseñada para sonar cuando las aguas del río llegaran a la base de la campana con la pleamar. La multitud se llevó un fiasco: el agua no consiguió llegar a la campana y, por tanto, permaneció en silencio.

—Lo que ha complicado el acontecimiento de hoy es que hay una alta presión atmosférica… y es algo de lo que no tenía ni idea, de cómo puede llegar a afectar una presión alta al nivel de la marea… —le explicaba Marcus Vergette, el escultor de la campana, a la audiencia, perpleja—. Debería estar sonando ahora mismo.[1]

Si observas durante bastante tiempo un rompeolas, verás el agua chocando contra él y cómo el nivel del mar cambia. La mayoría de personas descubren rápidamente que las causas de ambos efectos deben de ser las corrientes y las mareas. Pero existe cierta malicia en la expresión «corrientes y mareas», usada por muchos para ocultar una enorme ignorancia.

Las corrientes se refieren al flujo de agua en dirección horizontal. Las mareas, en cambio, son el cambio cíclico de la altura del agua, motivado por fuerzas astronómicas, como la

Luna. No olvides esas dos definiciones, porque pueden sacarte de más de un apuro.

Entender a grandes rasgos lo que son las corrientes y las mareas es fácil, pero descubrir con exactitud cómo influirán en una zona de agua es un desafío totalmente distinto. Es un desafío ineludible para el lector del agua, y en este capítulo iremos paso a paso desde las nociones más básicas hasta un nivel al que, aunque no es ingeniería aeronáutica, muy poca gente en la Tierra se atreve a llegar. Para demostrarlo, hay un acertijo que puedes compartir con un marinero. Formúlale las siguientes preguntas, después mira cómo se desfigura su rostro, cómo sus respuestas se enredan como nudos, antes de dar media vuelta y saltar corriendo al mar:

Si la luna solo da una vuelta a nuestro alrededor cada 24 horas, ¿por qué hay dos pleamares y dos bajamares diariamente?

¿Por qué la segunda pleamar a veces no es igual de alta que la primera?

## Corrientes

En el mes de mayo de 1990, una tormenta arrastró consigo los contenedores de un carguero, lo que provocó la pérdida de 61 820 zapatillas deportivas Nike. Durante los meses siguientes, comenzaron a aparecer zapatillas por las playas, lo que suponía un conocimiento extraordinario para los oceanógrafos y una oportunidad inusual para rastrear su viaje. Un par de años más tarde, 28 800 patitos de goma (bueno, patitos y juguetes de todo tipo) cayeron de un barco y comenzaron a luchar por su libertad. Cansados de la vida en el mar, los patitos de goma comenzaron a aparecer en las playas diez meses después del vertido. Se encontraron desde Hawái hasta Islandia; un sospechoso llegó a Escocia once años más tarde.[2] Gracias a las zapatillas deportivas y a los juguetes sabemos mucho más sobre las corrientes oceánicas de lo que sabíamos hace unas décadas.

Las corrientes aparecen en el agua siempre que haya un desequilibrio. Cuando el sol calienta el mar se generan dos desequilibrios, en la temperatura y en la salinidad, lo que conduce a que el agua en ciertas zonas se vuelva más densa que en otras. El mar Mediterráneo es uno de los mejores ejemplos de ese efecto. El sol hace que el agua, al estar confinada, se caliente y evapore con más rapidez que la del Atlántico, lo que hace que el nivel del mar del Mediterráneo sea más bajo, pero también hace que los niveles de salinidad y densidad del agua sean más altos. Esto provoca dos corrientes: una cercana a la superficie donde el agua del Atlántico pasa por el estrecho de Gibraltar para «rellenar» el Mediterráneo; la otra, una corriente mucho más profunda, lleva las aguas más densas y saladas hacia el océano. Estas corrientes o circulaciones oceánicas se conocen como «termohalinas», y son comparables a la manera que tiene el sol de calentar la atmósfera, cambiar la temperatura y la presión atmosférica y, por tanto, generar vientos.

No es habitual ver las mayores corrientes oceánicas, pero su principio no deja de ser importante: si hay algún cambio en la temperatura, la salinidad o la densidad, influirá en el comportamiento de las corrientes. El mejor lugar para ser testigo de algo así es en la costa, sobre todo en las partes en que las aguas de los estuarios se encuentran con el mar. Si puedes detectar el cambio de color que marca los límites entre los dos tipos de agua, fíjate con atención y quizá encuentres pruebas de que las corrientes también se están comportando de manera diferente.

La principal causa de las mareas oceánicas, y una de la que es muy probable que seas capaz de leer sus efectos, es el viento. Hemos visto cómo el viento crea olas pero también genera corrientes. Cuando soplas una taza de té, y después de que hayan desaparecido las ondas, sigue habiendo algo de movimiento en la superficie.[3] Será más fácil detectarlo si le has echado un poco de leche, pero antes de removerlo; las «nubes» de leche te ayudarán a ver el movimiento arremolinado de las corrientes.

El viento empuja el agua de la superficie, pero la «pegajosidad» de las moléculas de agua, que veíamos casi al principio del libro, hace que esa parte del agua de la superficie arrastre consigo a sus camaradas. Por lo tanto, no es solo la capa más superficial la que comienza a moverse, sino una capa más amplia, que puede llegar hasta los cien metros en los océanos. Cuanto más rato sople el viento y cuanto más fuerte sea, sumado a unas aguas poco profundas y calientes, más rápidas serán las corrientes. En un océano abierto y profundo lo más habitual es que las corrientes que crea el viento luchen por superar un 2 % la velocidad de ese viento, pero en las aguas menos profundas y calientes el efecto será más perceptible.[4] Un viento de diez nudos que sople por una extensión de agua caliente que tenga solo un metro de profundidad creará una corriente de un nudo, un 10 % de la velocidad del viento.[5] Dado que la mayoría de corrientes se producen en aguas profundas, el promedio global es de solo medio nudo.[6] Allá donde haya una corriente acuática provocada por el viento, será más fuerte en la superficie e irá perdiendo intensidad con la profundidad.

Si miras un mapa de corrientes de un océano, detectarás que casi siempre siguen un camino curvo con tendencia a seguir las agujas del reloj en el hemisferio norte y, en cambio, a seguir el sentido contrario a las agujas del reloj en el hemisferio sur. La razón es que cualquier cosa que viaje unas distancias significativas alrededor de una esfera que rota, en este caso la Tierra, se desviará, una tendencia denominada «efecto Coriolis». En el caso de las corrientes oceánicas que cubren largas distancias, esto puede significar una desviación de hasta 45 grados de la dirección del viento dominante.

Ha llegado el momento de enfrentarnos a una de las pequeñas manías náuticas que, de lo contrario, podrían llegar a confundirte si no te familiarizas con ella. La convención es que cuando se habla de la dirección del viento nos referimos a la dirección de origen, pero, en el caso de las corrientes, lo normal es que haga referencia a la dirección hacia la que se dirigen. Por tanto, un viento del oeste crea una corriente que se dirige al este.

Existe un gran desafío para el lector del agua al tratar con las corrientes: a menudo son casi invisibles. A menos que tengas suerte y la corriente esté llevando agua de un tipo concreto a su nuevo hogar, como en el caso de los estuarios como el del Nilo, que vierte cieno en el Mediterráneo, o los sorprendentes azules oscuros de las corrientes de Kuroshio y del Golfo, las corrientes acuáticas son difíciles de detectar. Difícil, pero no imposible. Si el agua está haciendo algo, debe de haber alguna manera de leerlo. Lo que pasa es que, en el caso de las corrientes, se trata de un delicado arte. Por ejemplo, imaginémonos dos escenarios similares pero con diferencias. En el primero, una corriente está moviendo el agua a una velocidad de dos nudos en un día calmado. El efecto en la superficie del agua será el mismo que si el agua estuviera inmóvil y estuviera soplando una suave brisa a dos nudos: se formarían pequeñas ondas, lo que indica que, si no hay ningún tipo de brisa, el agua se está moviendo.[7]

Ahora imaginemos que sopla una brisa a dos nudos en el océano y que está creando algunas ondas. Si hay una corriente estrecha moviéndose en la misma dirección, se formará una corriente en calma, sin ondas, porque, aparentemente, no está soplando el viento en esa zona (el agua se está moviendo a la misma velocidad que la brisa). No voy a negar que hace falta estar ojo avizor para detectar esos efectos, pero se manifestarán casi siempre que miremos hacia el mar.

Las corrientes afectan poco a la longitud de onda y la altura de las olas que se hayan formado.[8] Una corriente que fluya en la misma dirección que las olas las alargará y reducirá un poco, mientras que una corriente que se dirija hacia ellas comprimirá su longitud de onda y las elevará. Cuando se juntan vientos y corrientes fuertes se generan mares picados y peligrosos, pero normalmente el efecto es sutil.

El navegante hawaiano contemporáneo Nainoa Thompson, de la Polynesian Voyaging Society ('Sociedad Viajera Polinesia'), informó de que había detectado un cambio en el comportamiento del agua en mar abierto.[9] Tuvo que confiar en su experiencia para decidir si el cambio era debido a un cambio en el viento o si la corriente había comenzado a fluir contra él, lo que se saldría de lo habitual y crearía un mar ligeramente más picado. Los regatistas expertos peinan las aguas para ver si pueden distinguir por la forma de las olas las zonas donde la corriente pueda ser más o menos fuerte, y así tenerlo en cuenta para su estrategia durante la carrera.[10]

Uno de los mejores lugares para practicar la observación de este efecto es, de hecho, en un río. En los días en que el agua esté fluyendo velozmente en una dirección pero el viento sople en la contraria, échale un vistazo con atención a la forma de las ondas. Verás que tienen características propias; yo suelo pensar que parecen algo más «serradas» o agitadas. Cuando te acostumbres, lo reconocerás sin que haga falta que pienses en el viento ni que lo sientas, y es muy satisfactorio ser capaz de detectar e identificar al instante cómo el enfrentamiento entre el viento y la corriente modela la superficie del agua.

Las corrientes oceánicas pueden arrastrar cualquier cosa en la superficie, como bambas o patitos de goma, a largas distancias. Pero no lo arrastran todo por igual. Oceanógrafos holandeses descubrieron que las botas de agua que perdían los pescadores del mar del Norte no se embarcan en el mismo viaje. Las corrientes llevaban hacia el este las botas izquierdas, que eran las que llegaban a las costas holandesas, y las derechas al oeste, hacia Escocia. La forma de los restos determina cómo y, por tanto, hacia dónde serán arrastrados.[11]

Al otro lado del mundo, en la costa Ka'ū de Hawái, hubo una tradición extraña y macabra común entre los que habían perdido a un ser querido en el mar. Los habitantes buscaban en dos zonas diferentes de la playa, según el estatus social de la persona que se había ahogado. Esto no formaba parte de ninguna práctica religiosa o supersticiosa, sino que, efectivamente, los ricos y los pobres llegaban a playas diferentes. La línea de la playa conocida como *Ka-Milo-Pae-Ali'i*, que podríamos traducir más o menos como 'el agua arremolinada que lleva la realeza a la orilla', era la favorita de los cuerpos de clase alta, y una algo más alejada, la *Ka-Milo-Pae-Kanaka*, 'el agua arremolinada que lleva la plebe a la orilla', era el lugar de reposo preferido de los plebeyos.[12] Las corrientes separaban los cuerpos ricos y orondos de los pobres y flacos.

## Corrientes mareales

Sir James Lighthill fue uno de esos brillantes matemáticos que mejoraron significativamente nuestra comprensión de un ámbito concreto. Su campo era la fluidodinámica y llevó a cabo algunos trabajos pioneros que ayudaron a descifrar el comportamiento de las olas en zonas tan dispares como flujos de lodo o atascos de tráfico. Sin embargo, el interés de Lighthill sobre la manera de fluir de los elementos no se limitaba a lo puramente académico. Estudió la manera que tenía el agua de fluir vigorosamente por las islas del Canal para después poner a prueba esas observaciones. En 1973 se convirtió en una de las primeras personas en rodear a nado los casi treinta kilómetros de la isla de Sark.[13] Este increíble desafío poco tuvo que ver con la distancia a nado: Lighthill fue capaz de predecir correctamente cómo fluiría el agua; se mueve demasiado rápido como para poder nadar contra ella. Sir James repitió sus circunnavegaciones en Sark varias veces con éxito, hasta que su corazón no pudo soportarlo y se rindió en su sexto intento, cuando murió luchando contra las corrientes mareales en el mes de julio de 1998, a la edad de setenta y cuatro años.

Pero ¿qué significa exactamente la expresión «corrientes mareales»? Si pensamos en las dos definiciones al principio del capítulo, encontraremos la respuesta en la combinación de ambas. Mareal es, obviamente, el adjetivo que hace referencia a las mareas, así que las corrientes mareales se refieren a la corriente de agua que resulta del cambio en el nivel del agua provocado por las mareas.

Si el nivel del agua es más alto en unas zonas que en otras, la gravedad hará que caiga hacia el nivel inferior. Dado que las mareas elevan el agua en algunas zonas en relación con otras cercanas, habrá una corriente de agua que se dirigirá hacia esas zonas más bajas. Y, con las condiciones adecuadas, esa corriente puede ser extremadamente poderosa. Podemos encontrar corrientes mareales rápidas por todo el Reino Unido, y algunas tan impresionantes que se les han dado nombres, como la Merry Men of Mey o la Hell's Mouth, en Escocia (tengo clarísimo a cuál de esas dos no me acercaría nunca).[14] La más fuerte del mundo está en el Saltstraumen, cerca de la ciudad de Bodo, en Noruega, en la que millones de toneladas de agua marina atraviesan con fuerza el estrecho a una velocidad de hasta 22 nudos (unos 40 km/h).[15]

En cualquier zona costera, las corrientes mareales son, normalmente, las corrientes más fuertes, y eclipsan a los efectos de la densidad, la salinidad, la temperatura e, incluso, el viento. Son las corrientes que los marineros costeros deben temer más, razón por la que cualquier carta náutica decente de las zonas costeras incluirá información sobre dichas corrientes.

Las corrientes mareales son una característica tan fundamental de la navegación costera que se ha generado su propio subcampo de lenguaje náutico. Por ejemplo, podemos hablar de «rápidos» de corrientes, en los que las veloces corrientes mareales se convierten en algo todavía más preocupante al ser forzadas a atravesar estrechos, lo que genera turbulencias en los mares; y también tenemos las «compuertas» de marea, que suponen una oportunidad para que pasen los barcos, pero que en otros momentos pueden llegar a cerrarse porque la corriente del agua es demasiado fuerte y desfavorable. Una vez tuve que capitanear un barco desde de Saint-Malo, en Bretaña, una ciudad de la que solo puedes zarpar en ciertos momentos de la marea, a través de una zona de remolinos de marea, hasta Saint Helier, en Jersey, donde, de nuevo, solo puedes amarrar en ciertos momentos. Esas situaciones requieren mucho trabajo de preparación, garabateos y romperse la cabeza antes de zarpar si quieres evitar convertirte en un juguete para las corrientes mareales.

Una de las mejores formas indirectas de detectar una de esas mareas es mirar los barcos anclados. Tanto las corrientes como los vientos harán que los barcos anclados o amarrados se tambaleen, pero en las zonas de mareas las corrientes le ganan la batalla al viento y se puede ver cómo los barcos apuntan en la dirección de la corriente como si fueran veletas. Hay pocas cosas más placenteras que mirar hacia un puerto con el cambio de las mareas y ver cómo los barcos giran suavemente alrededor de sus amarras para apuntar en la dirección contraria; para el lector del agua ese momento es el cuco saliendo del reloj.

También puedes intentar buscar la diferencia entre la dirección hacia la que apunta un barco lento y la dirección hacia la que realmente se dirige. Si una embarcación está navegando a una velocidad de 5 nudos (unos 10 km/h) en una contracorriente de 2 nudos (unos 3,7 km/h), tendrá que dirigirse a unos 20 grados respecto a la corriente para continuar navegando en la dirección deseada (los marineros tienen que hacer esos cálculos antes de zarpar y organizar lo que se conoce como «rumbo a seguir»). Es algo muy fácil de ver desde cubierta, pero también puedes detectarlo desde la orilla. Verás el mismo efecto en un lugar muy diferente, si miras un avión aterrizando en un día de viento: si sopla un viento cruzado, el piloto tendrá que cambiar la dirección de la aeronave hacia la pista hasta el último momento.

Las corrientes mareales no fluyen a una velocidad estable: no fluyen en una dirección a una velocidad concreta, dan media vuelta y fluyen en la dirección opuesta a la misma velocidad. Lo que sucede es que están casi constantemente acelerándose y desacelerándose. De estar inmóviles, lo que se conoce como «estoa», hasta la pleamar y la bajamar, la corriente se acelera de una manera continua hasta el período a medio camino entre la pleamar y la bajamar cuando se esté moviendo a más velocidad, en su punto máximo; sin embargo, en cuanto alcance ese punto comenzará a desacelerarse de nuevo, hasta volver a la estoa. Dicho de otro modo, cuanto más te acerques a la pleamar o a la bajamar, a menos velocidad fluirá el agua, y durante las dos horas intermedias se llegará a la velocidad máxima. La corriente de agua durante las mareas vivas es aproximadamente el doble que durante las mareas muertas (explicaré pronto ambos tipos de mareas).

La velocidad de cambio de las corrientes mareales coge a mucha gente desprevenida. Una de las situaciones clásicas y peligrosas que provocan es cuando un grupo de bañistas decide imitar a otro grupo, y asumen que las condiciones serán idénticas. Recuerdo una vez en el estrecho de Solent cuando un grupo de bañistas estaba disfrutando de un baño relajado y un segundo grupo siguió la misma ruta unos diez minutos más tarde solo para encontrarse con dificultades. Lo recuerdo con especial claridad porque yo estaba en ese segundo grupo. Hubo un momento en que éramos casi incapaces de nadar contra la corriente, aunque nuestros amigos lo habían conseguido con una aparente facilidad. Diez minutos pueden ser suficientes para marcar la diferencia entre una zona peligrosa y una en la que te puedes bañar.

En las zonas del mundo en las que el mar es una parte esencial de la vida de sus gentes, y con algunas otras referencias fiables, las corrientes mareales se perciben como algo amistoso. Desde los waraos del delta del Orinoco, en Venezuela, hasta climas más fríos, las corrientes del agua se ven como una ayuda para la navegación, no como una amenaza. Los waraos ven el mundo en términos de río arriba o río abajo y hacia el mar o alejándose de él, y usan su sensibilidad sobre la dirección hacia la que fluye el río como una ayuda vital que les ayuda a orientarse.[16]

En el Ártico, los iglulingmiut, un grupo inuit, detectan hacia donde fluyen las corrientes mirando las frondas de *qiqquak* (un tipo de algas), y usan únicamente sus profundos conocimientos sobre los hábitos del agua para situarse. Tienen suficiente experiencia como para ser capaces de distinguir entre la corriente principal y los remolinos de retorno que se forman cerca de la costa, que los enviarían en la dirección opuesta a la deseada.[17]

## Las mareas

El agua de las costas asciende y desciende regularmente, y la luna es una de las culpables. Creo que ese es un resumen práctico del conocimiento popular de las mareas. De hecho, me atrevería a decir todavía más: es un resumen incluso del conocimiento de las mareas de los marineros experimentados. Muchos marineros aprenden a predecir y calcular las alturas de las mareas en los puertos con cierta precisión, pero son muy pocos los que aprenden o dedican tiempo a entender la causa de esas alturas.

Desde 1833, cuando el Almirantazgo británico creó las primeras tablas de mareas, el énfasis se trasladó de la observación, la reflexión y la comprensión a depender de lo que otros medían.[18]

En todas partes se suceden dos pleamares y dos bajamares en un período de 24 horas; la pleamar reemplaza a la bajamar y viceversa. Encontramos pleamares y bajamares en lados opuestos de la Tierra al mismo tiempo. Podemos imaginarnos las mareas como un par de olas larguísimas que cruzan la Tierra. Estas olas cubran la mitad del mundo entre crestas, tienen una altura de unos 60 centímetros y viajan a una velocidad de entre 1 200 y 1 300 kilómetros por hora. Pero, antes de eso, ¿por qué existen estas olas?

La Luna es un trozo de roca que aparece, aproximadamente, por la misma parte de la Tierra cada 24 horas y 50 minutos. Es relativamente pequeña comparada con la Tierra, con un volumen similar al del Pacífico, pero está muy cerca de nuestro planeta y, por tanto, ejerce sobre nosotros una atracción gravitacional significativa. La mayoría de cuerpos se mantienen firmemente enraizados al suelo, fijados por la gravedad propia y mucho más fuerte de la Tierra; sin embargo, los grandes cuerpos de agua son más fluidos y reaccionan a la atracción de la Luna.

Las grandes extensiones de agua que se encuentra directamente debajo de la Luna se sienten ligeramente atraídas por el satélite, que intenta alejarlas de la Tierra, lo que crea pequeñas perturbaciones en el agua. Esta es la pleamar que todavía entienden la mayoría de personas. Pero ¿por qué hay pleamar en el lado opuesto del planeta si, en teoría, la provoca la atracción de la Luna en el agua? Eso es, ciertamente, muy extraño. La respuesta es que la Luna no solo atrae el agua, sino absolutamente todo en la Tierra, incluido el planeta y toda el agua que lo recubre, incluso la del lado opuesto. A pesar de esto, y he aquí la clave, la Luna está tan cerca de la Tierra y esta es tan grande en comparación con su satélite que eso implica que la fuerza gravitacional de la Luna es mucho más potente en el lado más cercano a la Tierra. La Luna atrae hacia ella el océano que tenga más cerca con mucha fuerza, lo que genera una perturbación y pleamar; atrae la Tierra algo menos, así que se queda un poco atrás; y, finalmente, atrae todavía menos a los océanos más alejados, y se queda aún más atrás. Es precisamente eso lo que genera las pleamares en los océanos del lado opuesto del planeta. A medida que la Tierra gira sobre su eje, esas perturbaciones rotan alrededor del mundo, lo que nos da dos pleamares y dos bajamares cada 24 horas.

(Estrictamente hablando, la Luna no orbita alrededor de la Tierra, sino que cada una orbita alrededor de la otra en un centro gravitacional compartido que se encuentra a unos 4600 kilómetros desde el centro de la Tierra. El escritor James Greig McCully nos ofrece una bonita analogía: imagina una chica patinando sobre hielo con una coleta larga girando a gran velocidad que sostiene un cubo de agua en los brazos extendidos. El agua se vería atraída hacia el exterior y pegada a la parte inferior del cubo: primera marea. La coleta también se vería atraída hacia el exterior por la fuerza centrífuga: segunda marea.)

Puede parecer extraño la primera vez que te cruces con esta explicación, pero aguántate, porque hay tan pocas personas que la entiendan que ahora estás entrando en una camarilla secreta y selecta, el grupúsculo de personas que saben a ciencia cierta qué son las mareas. A Alejandro Magno le desconcertaban las mareas, e incluso Galileo fallaba en comprenderlas, así que podemos perdonarnos a nosotros mismos si a veces nos parecen todo un reto.[19]

Dado que la Luna dicta las mareas altas y bajas, lo lógico sería que hubiera pleamar siempre que el satélite estuviera en lo alto del cielo. En mar abierto es, básicamente, cierto, aunque hay un pequeño retraso de unos tres minutos, porque no hay tierra obstaculizando el agua. Sin embargo, en zonas costeras, al haber mucha más fricción, la perturbación se retrasa de forma significativa. En la práctica, esto significa que siempre hay una relación entre que la Luna alcance su punto más alto y que haya pleamar en ese lugar, pero la diferencia de tiempo será específica en cada sitio. Lo único que tienes que hacer es fijarte en lo que tarda en haber marea alta después de que la Luna alcance el punto más alto, y tendrás un patrón para siempre de ese lugar. Pueden ser minutos u horas, pero será bastante constante.

La Luna sale cada día, de promedio, 50 minutos más tarde que el día anterior, porque orbita alrededor de la Tierra len-

273

tamente de oeste a este, así que siempre va ligeramente por detrás del Sol. Dicho de otra manera: si mirases la Luna y el Sol pasar por el campanario de una iglesia e iniciaras un cronómetro, el Sol tardaría 24 horas en volver a pasar por el campanario, mientras que la Luna tardaría, de promedio, 24 horas y 50 minutos. La Luna tiene un ciclo que dura 29,5 días, que es el tiempo que tarda en volver a pasar por el mismo sitio en relación con el Sol. Estos dos períodos determinan dos de los ritmos mareales principales: las pleamares llegan 50 minutos más tarde cada día de media, y el ciclo completo dura aproximadamente un mes. (Si te puede ser de ayuda, piensa en el Sol y la Luna comenzando juntos una carrera en el momento que nosotros llamamos luna nueva. El Sol, sin embargo, siempre va más rápido y se aleja a unos 12 grados o 1/30 partes del círculo cada 24 horas, hasta que dobla a la Luna al cabo de un mes y el ciclo vuelve a comenzar.)

El efecto de la Luna y su órbita mensual nos ofrecen la plantilla básica de las mareas, los patrones de las pleamares y bajamares durante un mes. Lo siguiente que tenemos que entender es por qué cambia tanto la altura de las mareas a lo largo de un mes en el mismo lugar. Después de la Luna, el influjo más importante en el ciclo de las mareas es el Sol. Nuestra estrella tiene 27 millones más masa que la Luna, así que lo lógico es esperar que el influjo sea muy superior; sin embargo, está tan lejos, unas 400 veces más lejos de nosotros que nuestro satélite, que su efecto gravitacional se atenúa hasta el punto de que se convierte en un jugador menor, pero no insignificante.

El Sol ejerce la mitad del efecto gravitacional de la Luna sobre nuestros océanos. En el centro de un gran océano, la Luna es capaz de elevar el agua hasta aproximadamente los 30 centímetros, mientras que el Sol solo es capaz de elevarla la mitad, unos 15 centímetros. Si ambos atraen la Tierra y sus aguas a la vez, las fuerzas se combinan y la perturbación del océano será el resultado de los dos, unos 45 centímetros. Sin embargo, si el influjo se produce por separado, los efectos se minimizan. El Sol y la Luna se alinean dos veces al mes, en las lunas nuevas y llenas; poco después, experimentamos los puntos álgidos de las pleamares y las bajamares, lo que se conoce como «mareas vivas». En cambio, cuando el Sol y la Luna no ejercen su atracción a la vez, se producen las pleamares y las bajamares más débiles. Se conocen como «mareas muertas».

Tengo que admitir que me costó años entender del todo la lógica tras las mareas vivas y muertas; me parecía muy extraño que las mareas muertas se dieran cuando el Sol atrajera en una dirección a 90 grados de la Luna. Me parecía contraintuitivo, porque pensaba que tendría más sentido que las mareas muertas se produjeran cuando el Sol y la Luna están en lados opuestos. El descubrimiento que me lo aclaró, y que espero que te ayude a ti también, es que, cuando el Sol se encuentra a 90 grados de la Luna, en vez de dos pleamares y dos bajamares potentes dando vueltas alrededor de la Tierra, lo que tenemos, de hecho, son dos pleamares bastante fuertes, causadas por la Luna, y entre ellas dos pleamares débiles, causadas por el Sol. Al haber tantísima agua y atraer la Luna a la mayor parte, las pleamares que causa el Sol acaban siendo lo que conocemos como mareas muertas. No te preocupes si esto no te ayuda, es solo una perspectiva más dentro de un área bastante compleja.

De todas maneras, no debemos ser demasiado duros con nosotros mismos al aprender cosas sobre las mareas; es un campo complejo. Durante la Segunda Guerra Mundial, en la batalla de Tarawa en el Pacífico, los marines estadounidenses se enfrentaron a una batalla terrible contra los determinados defensores japoneses, y era todavía más duro por el hecho de que «el océano no hacía nada».[20] Los que planearon el ataque cometieron el grave error de apreciar que la marea muerta implicaría que habría menos agua en el arrecife de la que esperaban. La situación la agravaba el hecho de que la Luna estaba muy lejos de la Tierra, lo que debilitaba todavía más la pleamar. La mayoría de embarcaciones eran incapaces de atravesar el arrecife y se detenían nada más entrar, lo que los dejaba expuestos ante los bombarderos. Se perdieron mucho más vidas de las necesarias y sigue habiendo restos de metales dentados en el arrecife.

Más recientemente y lejos de las nieblas de la guerra, un carguero portautomóviles, un tipo de embarcación grande, varó en un banco de arena de Solent, cerca de Southampton, en enero de 2015. El diario británico *The Guardian* informó de lo que pasó a continuación:

> Inicialmente, la idea era reflotar el barco el miércoles porque se temía que pudiera ocasionar más daños si se quedaba en el banco de arena en el que descansaba; además, era muy probable que recibiera las acometidas del mal tiempo que golpeaba el Reino Unido.
>
> Se abandonó la idea porque se creyó que no habría suficiente tiempo para vaciar toda el agua del barco y, en su lugar, se decidió anclarlo y reflotarlo más adelante. Sin embargo, la pleamar y los vientos huracanados provocaron que el barco reflotara solo. Algunos oficiales explicaron que estuvo fuera de control un rato, hasta que pudieron estabilizarlo y remolcarlo hasta un lugar seguro.[21]

Aquí podemos ver cómo algunos de los mejores expertos del mundo en salvamento marítimo echaron mano de siglos de experiencia, consultaron concienzudamente datos sobre la meteorología y consultaron las predicciones informáticas sobre las alturas de las mareas y, aun así, no fueron capaces de decir cuándo sacaría la marea la embarcación del banco de arena.

Las buenas noticias son que la mayoría de los momentos clave del ciclo lunar son fáciles de detectar. La luna llena indica que no falta mucho para que haya mareas vivas; las altas serán muy altas y las bajas, muy bajas. Si ves un cuarto, sea cual sea

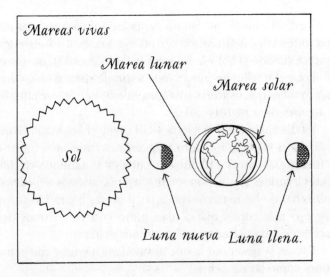

Las mareas vivas se forman al alinearse la Tierra, la Luna y el Sol.

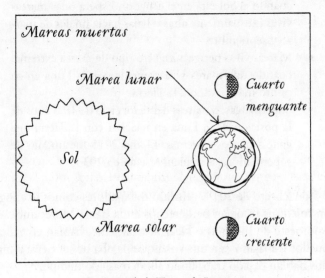

Posición de la Tierra, la Luna y
el Sol cuando crean mareas muertas.

la mitad iluminada, no faltará demasiado para que haya mareas muertas y las alturas no sean tan radicales. La luna nueva aparece cuando el Sol y la Luna están casi alineados, momento en el que el satélite no puede verse a simple vista; si en ese momento sabes que se acerca una luna nueva, sabrás que también se acercan unas mareas vivas.

La distancia entre la Tierra y la Luna y el Sol varía, ya que la órbita es elíptica, y cuanto más cerca estamos, más fuerte es la fuerza gravitatoria. El Sol y la Luna están también en diferentes latitudes según el momento, así que además del cambio quincenal de las mareas vivas a las muertas habrá ciclos más largos o más cortos que actúan junto con esos ritmos para hacer que cada marea sea más o menos extrema.

Esta es la razón por la que nos podemos cruzar con expresiones como las siguientes:

- Mareas equinocciales: estas mareas extremas suceden cuando el Sol está en el ecuador. Espera unas mareas vivas inusualmente altas o bajas hacia finales de marzo y septiembre.
- Mareas vivas perigeanas: otro tipo de marea extrema, cuando una marea viva coincide con la Luna en su punto más cercano a la Tierra.
- Supermareas, o mareas del siglo: ciclo de 18,6 años de la posición de la Luna en relación con la Tierra que genera mareas extremas. El año 2015 fue un año de supermareas; las siguientes serán en 2033.

El 5 de febrero de 2014, veintiún trabajadores chinos se ahogaron mientras recogían berberechos en la bahía Morecambe, en el noroeste de Inglaterra. Desgraciadamente, habían enviado a aquellos trabajadores a una zona que pasaba de ser tierra a mar, y los habían dejado trabajando allí demasiado tiempo.[22]

Si miras cualquier carta náutica de una costa en una zona de mareas, verás un área que está entre la tierra y el mar de una forma que incomoda. En el mapa aparecerá de un color diferente al resto de la tierra o el mar; ese color indica que esa zona se conoce como «sondas negativas». Las sondas negativas son las zonas que, según el momento, pueden estar secas o cubiertas por el mar. La fluctuación en la altura del agua de las mareas genera esas depresiones y, si la pendiente de la costa es suave y la amplitud de las mareas es alta, pueden llegar a ser bastante grandes y extenderse a lo largo de cientos de metros. Durante las mareas vivas más fuertes, se dobla el terreno de la isla de Jersey cuando el agua retrocede, de la pleamar a la bajamar.[23]

Estas zonas normalmente están cubiertas de agua durante una pleamar de mareas vivas y secas durante la bajamar, pero en el período del medio hay una lucha constante entre ellas. La ambigüedad entre la tierra y el mar ha allanado el camino para algunos usos creativos de esos espacios temporales; los últimos años ha habido unas fiestas en el Támesis llamadas «Reclaim the Beach» ('Reclamar la playa'), en las que los juerguistas disfrutan de las estrechas franjas de tierra húmeda, entre las casas en primera línea de río y el Támesis.[24] Y en el estrecho de Solent hay un banco de arena llamado Bramble Bank que está al descubierto durante las bajamares de las mareas vivas. Fue justamente en el Bramble Bank donde varó el carguero que os comentaba antes. Esta islita temporal ha sido tradicionalmente la anfitriona de un partido esporádico de críquet entre dos clubs náuticos, pero es raro que alguien complete un *over*, ya que las mareas no suelen respetar el críquet.

Durante la bajamar de mareas muertas, vale la pena visitar las partes de las playas que solo están expuestas durante algunas horas al mes. Además, durante las mareas más extremas, equinocciales o perigeanas, pueden aparecer tramos de tierra que pueden estar bajo el agua durante meses. Si tienes suerte, es posible que llegues a ver algún naufragio o bosques petrificados emergiendo del mar.[25]

Después de treinta años de interés apasionado por el mar, no recuerdo haberme cruzado con nadie que estuviera familiarizado con la razón detrás de los fenómenos siguientes, muy comunes. La mayoría de días, las dos pleamares que veamos serán de diferentes alturas. Es obvio que esto no puede tener nada que ver con la posición de la Luna en relación al Sol —lo que explica las mareas vivas y muertas—, ni tampoco con la distancia de la Luna o el Sol y la Tierra, ya que los cambios que provoca a lo largo de doce horas no son notables.

La respuesta radica en algo conocido como «declinación lunar», que, afortunadamente, es mucho más simple de lo que parece. La Luna solo se ve en una de las secciones de la superficie de la Tierra que se extienden a ambos lados del ecuador. El ancho de esta sección varía, pero en su tramo máximo podemos pensar que es algo más grande que los trópicos (en términos de latitud, está a 28,5 grados al norte y al sur del ecuador). Dicho de otra manera, nunca verás la Luna por encima de tu cabeza ni al norte ni al sur de África.

Cuando la luna está a la mitad de esa franja, se encuentra por encima del ecuador y las dos pleamares y bajamares serán casi idénticas; sin embargo, cuando la Luna esté cerca de los límites norte o sur, las alturas se desequilibrarán, y una de las mareas será visiblemente más alta que la otra. La única manera de saberlo con la vista es mirar la Luna cuando pase por tu sur: si parece que esté anormalmente alta o baja en el cielo, es posible que esté al norte o al sur del ecuador y que las mareas sean desiguales.

Casualmente, el tiempo que tardan en sucederse los rangos máximos de la declinación lunar es de 18,6 años, y de ahí es de donde sale el intervalo de tiempo entre las «supermareas» que comentaba más arriba.

La Luna y el Sol son los que crean conjuntamente las olas largas y bajas que cruzan el planeta y establecen el ritmo de las pleamares y bajamares, pero no explican que haya esas variaciones tan enormes en la altura y el comportamiento de las mareas entre un lugar y otro. Los ritmos lunares y solares son constantes, regulares y predecibles, y, aun así, las mareas que veamos en las costas de todo el mundo son tan variadas que cuesta imaginar que estén conectados. Hay dos cosas que debemos tener en cuenta y que pueden ayudar a explicar esa variabilidad: el tamaño del mar que baña la costa y su forma.

Cuanto más grande sea el mar, más agua habrá en la perturbación de la marea; por eso los mares pequeños no pueden generar grandes carreras de marea. No hay ninguna referencia a las mareas en la Biblia, porque el Mediterráneo es demasiado pequeño como para que sean significativas.[26] Sin embargo, al otro lado de la península arábiga, encontramos las referencias siguientes al comportamiento de las mareas del mar en el registro de un comerciante del siglo I d. C.:

En la India hay muchos ríos, y muchos altibajos en las mareas; se elevan con la luna nueva y con la luna llena durante tres días, y descienden durante las fases intermedias. Pero en Barygaza las diferencias son aún más grandes, ya que se puede ver el fondo de repente, y partes de tierra firme que se convierten en mar, y zonas de tierra seca en las que poco antes navegaban barcos; y los ríos, durante el influjo de la marea creciente, cuando se dirige hacia ellos toda la fuerza del mar, se ven arrastrados hacia arriba con más fuerza que la de su corriente natural, a lo largo de muchos estadios.[27]

Uno de los factores más decisivos en la altura de las mareas que ves en la costa será la topografía de la zona. Cuando el aumento de la marea entra en contacto con la tierra, comienzan a pasar cosas extraordinarias. El agua remonta las entradas de los ríos, anega el litoral, se arremolina alrededor de las islas. A veces rebota y se cancela a sí misma, y es por eso por lo que en algunos lugares del mundo solo hay una pleamar al día, como en algunas partes del golfo de México. En el estuario Southampton Water, tiene lugar un fenómeno conocido como «doble marea», en el que la topografía y el flujo de agua resultante generan un pico doble de

281

la pleamar y un período extralargo de la marea alta (una de las características que ayudaron a que Southampton creciera como puerto náutico y comercial).

La acción combinada del Sol y la Luna solo pueden elevar la marea 45 centímetros, y cualquier cosa por encima de eso solo puede explicarse por la forma de la tierra y la manera en que el incremento de la marea reacciona al encontrársela. En algunos casos, la tierra puede concentrar ese pequeño incremento hasta generar alturas de quince metros o más, como en el caso de lugares como el estuario del Severn. Es fácil entender la razón por la que este estuario tiene esas enormes oscilaciones si lo miras en un mapa: es un embudo estrecho, y siempre que se fuerza el agua que viene de zonas abiertas y profundas a entrar en otras poco profundas, su velocidad, altura y comportamiento se exagera de forma radical.

Hay un par de reglas básicas para distinguir si las diferencias que ves en el comportamiento de la marea se deben al Sol, a la Luna o a factores locales. Si ves que la altura y los patrones de las mareas se comportan de diferentes maneras y en días distintos en el mismo lugar, la razón podrá encontrarse en el influjo de la Luna y el Sol. Si ves que el comportamiento de las mareas es diferente en distintos lugares en el mismo día, la razón estará en la topografía.[28]

La altura de las mareas no cambia a un ritmo constante, pero sigue un simple patrón que podemos recordar con la ayuda de un truco muy útil conocido como «regla de los doceavos». Pasan aproximadamente seis horas entre cada pleamar y bajamar, y el total de agua que llega en ese período puede concebirse como que está dividido entre doce volúmenes iguales que se comparten durante las seis horas de una manera equitativa. En cada hora después de una bajamar, llegan las cantidades de agua siguientes:

$$\frac{1}{12}, \frac{2}{12}, \frac{3}{12}, \frac{3}{12}, \frac{2}{12}, \frac{1}{12}$$

Como puedes observar en estas fracciones, la mitad del agua llega en las dos horas centrales ($\frac{3}{12}$ + $\frac{3}{12}$ = $\frac{6}{12}$), y la altura varía muy lentamente a medida que te acercas a la pleamar o la bajamar. Este es el mismo efecto que veíamos con las corrientes mareales, solo que aquí nos referimos a cambios verticales, no horizontales; es decir, a alturas y no a flujos.

En cada pleamar o bajamar hay una calma momentánea, la pausa que se produce antes de que el proceso se revierta y el agua comience a elevarse o descender de nuevo. Se conoce como *slack water* o «*tand of the tide* en inglés, «estoa» en español, pero todas las culturas marineras tiene su propia visión de esa estasis. Entre las persones de las Naciones Originarias de la Columbia británica, en Canadá, a esa pausa se la conocía como *xtlúnexam,* y se usaba en historias para explicar que, al final, todo acabaría bien.[29]

La relación entra la Tierra, la Luna y el Sol determina los ritmos de las mareas que vemos, y la topografía de la costa explica la mayoría de los cambios de un lugar a otro durante el mismo día. Pero hay un montón de factores menores que pueden influir en la altura de las mareas. Individualmente no suelen provocar grandes diferencias, pero si, por casualidad, coinciden, sus efectos pueden combinarse.

Los vientos hacen que el agua se acumule en las costas a sotavento y pueden provocar algo conocido como «marea de tempestad»: este fenómeno hace que se disparen las alturas máximas de las mareas y pueden provocar daños severos personales y materiales. En 1953, hubo una marea de tempestad que elevó varios metros los niveles del mar del Norte, lo que se saldó con la pérdida de la vida de más de dos mil personas en las costas de Holanda y Gran Bretaña.

Los vientos fuertes suelen formarse en zonas con bajas presiones atmosféricas, que pueden agravar el problema. Como veíamos antes, la presión atmosférica influirá en la altura de la marea: cuanto más baja sea la presión, más se elevará la marea, sea cuando sea. Quizá te resulte más fácil recordarlo si piensas en las presiones altas aplastando el agua y en las bajas permitiendo que ascienda, como apretar el extremo de un globo largo y estrecho. Normalmente, la influencia es mínima, pero una presión atmosférica extremadamente baja puede añadirle 30 centímetros a la marea en la costa.

Los vientos afectarán a las mareas más allá de la zona en la que están soplando. Es por eso por lo que, si la marea es más alta de lo esperado o pronosticado y las bajas presiones atmosféricas no acaban de ofrecer una explicación, puede que sea una advertencia de fuertes vientos en alta mar y de la cercanía de un temporal.[30]

Además del viento y la presión atmosférica, la temperatura del agua también afectará a las mareas. Si el agua está muy caliente, el nivel del mar puede ascender hasta 15 centímetros más.

El viento también puede tener impacto en el tiempo que tardan en cambiar las mareas: si sopla a favor de las corrientes mareales, retrasará el cambio, mientras que si sopla en contra, lo acelerará, hasta una hora en cada caso.

En ríos cercanos a la costa, cuanto más te alejes del mar, más tardará en cambiar la marea, de media. Puede que se produzca solo diez minutos más tarde, si estás tan solo a pocos kilómetros de la costa, o incluso hasta una hora, si estás a unos cincuenta kilómetros de la costa. Esto puede tener la extraña consecuencia de que un río fluya en varias direcciones al mismo tiempo en lugares separados tan solo por unos pocos kilómetros.[31]

Hay muchas asimetrías en el comportamiento de los ríos de marea. El reflujo suele ser más fuerte que la marea creciente, ya que esta tiene que luchar contra el descenso del flujo natural de agua dulce.[32] Cuando el reflujo finalmente prevalece, el agua que se ha acumulado sale con fuerza hacia el mar. Y, como pasa en todos los ríos, la corriente es desigual, mucho más rápida en las zonas profundas que en las poco profundas.

Hay un par de cosas que vale la pena saber sobre los ríos de marea. Estos ríos depositan ramas y todo tipo de restos en las zonas máximas a las que llega la pleamar, sobre todo en las trampas convenientemente colocadas en el borde del agua, como en la horca entre las ramas de un sauce. Pero, si aguzas la vista, comenzarás a darte cuenta de que la cantidad de restos que puedes detectar en el agua (ramitas, hojas, juncos, detritus, etc.) se dispara cuando se acercan las mareas vivas. Durante estas mareas el agua asciende más que durante los quince días anteriores, lo que significa que, una vez cada quince días, el agua barre parte de la materia indeterminada de los márgenes de los ríos. Todo eso acaba en las partes más rápidas del curso del río, el centro, hasta que consigue escaparse gracias a un remolino o un refugio, donde se acumula. Por lo tanto, encontrarás más restos en el agua y acumulándose en montones en los márgenes cuando se acerquen mareas vivas.

Si te familiarizas con un río de marea, detectarás rápidamente cómo el nivel de detritus, natural y humano, fluctuará en esos puntos, ya que la altura y la velocidad del agua varía con el tiempo. Por extraño que parezca, puedes estimar la fase lunar mirando la cantidad de restos en cualquier río de marea. Los incrementos y la velocidad de las mareas más notables se producen después de las lunas llenas y nuevas; por tanto, si ves muchos restos en el río acumulándose en esos puntos de aguas estancadas, sabrás que se acerca una de esas dos fases lunares. Hace poco, después de una temporada de buen tiempo, estuve espiando una tumbona que flotaba apaciblemente, pero a una velocidad considerable, por el centro del río; no era una coincidencia que hubiera habido luna llena la noche anterior.

Sabrás que todas las piezas del puzle comienzan a encajarte cuando veas esas pequeñas señales y activen una ráfaga de deducciones en tu mente. «¡Ah! Un montón de ramitas en el río, debe de ser cosa de las mareas vivas, lo que indica que estamos cerca de una luna llena o nueva.» Cuando esa misma noche veas una luna llena, te sentirás la mar de bien.

# *Animales*

Hay tantísimos animales en sintonía con las mareas que es posible que detectes cambios distintivos en su comportamiento con cada cambio en las mareas. Un amigo me informa de que los cormoranes son mucho más comunes en el Támesis durante la marea descendente que durante la ascendente, y que, cuando vuelve la bajamar, los cormoranes se van.[33] A propósito de esto, me he cruzado con algunas personas que afirman ser capaces de escuchar el cambio de las mareas, pero yo todavía no he tenido el placer y sigue en mi lista de deseos. Lo más cerca que he estado ha sido al oír el borboteo en marismas cuando se escapan los gases durante la bajamar, pero seguro que tú puedes conseguir algo más.

Muchos animales están en sintonía con los poderosos efectos de las corrientes mareales. Claudio Eliano, un autor latino que escribió sobre el comportamiento de los animales en el siglo III d. C., se fijó en que los cangrejos no intentaban luchar contra las corrientes que fluían velozmente por los cabos, por el motivo siguiente:

> Son conscientes de los peligros de antemano y, cuando se acercan a un cabo, cada cangrejo busca un recodo y espera a los demás. Luego, una vez que se han concentrado todos en el mismo sitio, trepan a tierra firme y gatean por los acantilados, y pasan a pie aquella zona del mar en el que las corrientes son más fuertes y violentas.[34]

Me gustan especialmente estos ejemplos antiguos, porque se parecen a los del comportamiento de las nutrias que veíamos en el capítulo «Ríos y arroyos»; la manera que tienen las nutrias de nadar con la corriente del agua cuando van río abajo, cómo toman atajos por tierra cuando tienen que remontar el río.

Dado que las vidas de todas las criaturas del litoral están hasta cierto punto influidas por las mareas, el mejor enfoque es centrarse en unas pocas que tengas a mano o que te resulten más fascinantes. No puedo listar todas las relaciones intrigantes que quizá descubras, pero te ofrezco un ejemplo común para ilustrar la idea: la lombriz marina o arenícola *(Arenicola marina)*. Aunque el nombre sea algo nuevo para ti, estoy seguro de que te sonarán las pruebas que dejan tras de sí, ese humus de lombriz que encontramos en las arenas húmedas de algunas playas (son algo así como un cruce en miniatura entre un zurullo de perro y un helado suave de nata).

Es fácil confundir a las dos especies principales de arenícolas, como sucede tan a menudo con los animales y plantas la primera vez que los conocemos (¿sabías que hay 375 especies de moras?). A pesar de eso, los especialistas aprenden a diferenciar entre esas dos especies principales. Las arenícolas son un buen cebo, y los pescadores, que tienden a ser los más adecuados para opinar sobre el tema, llaman a esas dos especies, en inglés, *black lug* ('arenícola negra') y *blow lug*.[*] Los excrementos del *black lug* son más pulcros, redondeados y enrollados de una forma muy ordenada. En cambio, lo que deja el *blow lug* es más anárquico.

Los *black lugs* suelen encontrarse en zonas mucho más bajas que el *blow lug*, que normalmente solo se revelan cuando se acercan mareas vivas. Es difícil recordar todo esto, incluso para fanáticos, así que, cuando las cosas se complican, lo mejor es buscar algo ridículo:

Si de la lombriz ordenados son los excrementos,
y no un desastre, sino un portento,

---

[*] Estas dos especies de lombrices de mar para cebo son muy poco comunes en el Mediterráneo; por eso, los hablantes no han creado términos tan precisos como el inglés. Independientemente del color, en español se las conoce como arenícolas *(Arenicola marina)*. *(N. del. T.)*

*Humus de blow lug*

*Humus de black lug*

arenícola marina no va a ser,
sino una negra debe ser,
cuando se acerca la bajamar.

Y, si nos ponemos otra vez el sombrero de la sensatez y simplificamos las cosas:

Si la lombriz es ordenada, la bajamar está asegurada.

Hemos echado un vistazo a las influencias principales de la altura de las mareas, la Luna, el Sol, el viento, la presión atmosférica y la temperatura, pero el lector del agua puede llevar todo hasta un punto de investigación incluso preocupante si quiere. La Administración Nacional Oceánica y Atmosférica, una agencia federal norteamericana que cubre este ámbito, tiene en cuenta 37 variables principales e independientes para predecir las mareas: el Sol, la Luna y 35 más.[35] El oceanógrafo Arthur Doodson identificó un total de 396 factores que entraban en juego. Puede que sea un área compleja, pero las mareas son una oportunidad para maravillarse ante la interconexión del mundo natural.

# Capítulo 16

## *Aguas nocturnas*

Incluso los marineros más experimentados recordarán la primera vez que timonearon una embarcación hacia un puerto ajetreado de noche. Son momentos de nerviosismo y belleza, pero también de adrenalina y desconcierto. Hay tantísimas luces destellando y parpadeando que la diferencia entre saber lo que está pasando y sentir una especie de confusión aterradora no es tan evidente como podría esperar un capitán novel.

Al acercarme a Cherburgo por primera vez de noche, enfrentándome a fuertes corrientes de marea, me esforzaba por darle sentido al agua que tenía frente a mí. Había destellos verdes, rojos, amarillos y blancos sumados al ancho barrido de los faros. Siempre que recuerdo aquello, me viene a la cabeza una escena de la comedia absurda *Aterriza como puedas 2*, en la que el comandante, interpretado por William Shatner, está a punto de tener una crisis nerviosa provocada por todas las luces que lo rodean: «¡No lo aguanto más! ¡No paran de pitar y parpadear! ¡Por qué no tira nadie de la palanca!».

Afortunadamente, con un poco de práctica, la mezcla de luces comienza a tener sentido, y lo que antes parecía una alfombra negra sobre la que alguien hubiera tirado sin cuidado las luces de un árbol de Navidad, puede descifrarse con facilidad y, por tanto, las aguas oscuras a su alrededor pueden leerse rápidamente.

Si volviera a tener la oportunidad, dedicaría mucho más tiempo a apreciar las luces en las aguas nocturnas desde la comodidad de la orilla y desde la cubierta de los ferris, antes que tener que pelearme con ellas para conducir un yate. En este capítulo, resumo los principios básicos y necesarios para comenzar a seguir algunos principios sencillos para que seas capaz de construirte una imagen la próxima vez que mires hacia la oscuridad del mar o de un estuario.

## El código

Aprender a leer el código de las luces en el agua comienza por los rudimentos de una nueva lengua. La primera regla, y la más obvia, es la siguiente: cuando se trata de luces en el agua, no hay ningún color aleatorio; todos significan algo. La segunda regla es que el comportamiento de las luces es muy importante: ¿están fijas o parpadean? ¿Cuánto tiempo están parpadeando y apagadas? El color y los patrones de comportamiento de estar apagadas o encendidas son las características de las luces, y una vez que hemos dado el pasito de ver un mar de parpadeos aleatorios a ser capaces de leer las características de cada luz concreta, habremos avanzado mucho en nuestro camino para leer el agua en la oscuridad.

Comencemos por la característica más sencilla de todas: si una luz no parpadea, se conoce como «luz fija». Sin embargo, si ves que se apaga en algún momento, todo se volverá más desafiante e interesante. He usado la expresión «destellando y parpadeando» unos párrafos más arriba. Esta expresión se usa habitualmente para referirse a las luces que se encienden y se apagan, pero, si quieres dominar el código, debes saber que hay una diferencia importante entre «destellar» y «parpadear». Podemos pensar en una luz que destella como períodos de oscuridad rotos por breves períodos de luz; la luz está más tiempo apagada que encendida, y es un patrón habitual. Sin embargo, una luz que parpadea está más tiempo encendida que apagada, y es menos habitual. Las luces parpadeantes se describen como «de ocultación», y son luces que se ven interrumpidas por períodos breves de oscuridad. Imagínate que estás en una habitación a oscuras y hay una linterna encendida en el lado opuesto apuntando hacia ti; sería una luz fija. Si alguien comienza a pasar por delante de una manera regular y acompasada, sería una luz parpadeante o «de ocultación».

¿Y qué sucede si los períodos de luz y oscuridad son idénticos? ¿Lo llamaríamos destello, parpadeo o ambos? Bueno, pues hay una solución: «isofase».

Hay luces que destellan a más velocidad que otras, algunas que cambian de color y otras que incluso destellan en código morse, pero vamos a dejarlas aparcadas de momento.

## Marcas laterales

Las marcas laterales son las luces más comunes que verás, son rojas o verdes y se usan para señalizar los bordes de los canales a las embarcaciones. Las marcas rojas muestran el lado a babor (izquierda) del canal, mientras que las verdes muestran el lado a estribor (derecha). La clave está en recordar que las boyas están colocadas para los barcos que vuelven del mar, no para los que zarpan (esto es válido para todo el mundo excepto en América y Japón, donde funciona a la inversa). Cuando aprendí todo esto me dijeron que siempre estabas más cansado y estresado (y, por tanto, necesitabas más ayuda) cuando volvías a casa tras una temporada en el mar que cuando zarpabas después de haber estado un tiempo en tierra, así que hay cierta lógica en que las boyas estén colocadas de esa manera. No las tengo todas conmigo de que esa sea realmente la explicación, pero la menciono porque a mí me ha ayudado a recordarlo siempre.

Las marcas laterales pueden tener cualquier ritmo lumínico: fijo, destellante, de ocultación o isofase. Es probable que haya un montón de marcas laterales fijas, pero no debería haber dos destellantes demasiado juntas. La idea es que las luces fijas son como los ojos de gato de las carreteras: permiten al capitán seguir la trayectoria general del canal si se mantiene entre las luces rojas y verdes. Pero también habrá algunas marcas importantes con destellos característicos y únicos, que permiten al capitán de una embarcación que se dirige por primera vez hacia un puerto de noche ser capaz de identificar no solo que está viendo una marca a babor o a estribor, sino también ubicar con precisión cada una de ellas.

En la práctica, lo que hará un capitán diligente será un «plan de pilotaje» antes de intentar adentrarse en un puerto. El plan incluye una nota de las luces que espera encontrarse sucesivamente a medida que se acerque a su destino, y también incluye otras concretas por las que debe estar alerta. Si tomamos como ejemplo el puerto de mi ciudad, Chichester, hay largas extensiones por las que puedes navegar apaciblemente entre las luces fijas rojas y verdes. Sin embargo, hay un par de lugares en los que los capitanes descuidados se meten en problemas cada año al encontrarse con aguas poco profundas a gran velocidad y guijarros y bancos de arena en sitios inesperados.

Uno de esos lugares se conoce como «Winner Bank». Lo bordean tres marcas laterales a estribor, con luces verdes, pero, dado que es muy importante que los capitanes puedan ubicar esta baliza, cada una de las luces tiene un patrón de destello único. La primera destella cada diez segundos; la segunda, dos veces cada diez segundos, y la tercera, tres veces cada diez segundos. Estas marcas únicas suelen tener nombre propios: por ejemplo, «Mid Winner». En una carta náutica, aparecerán claramente marcadas con taquigrafía; por ejemplo, D(3) V 10s' (tres destellos, verde, cada diez segundos). Es muy divertido estudiar las cartas, y tienes muchas muestras gratuitas en Internet, aunque quizá valga la pena que compres una de tu zona favorita; sin embargo, no tienes que estudiar cartas náuticas para entender cómo funcionan las marcas. Tan solo intenta identificar la línea de luces rojas y verdes que señalizan el canal para los barcos y observa con atención cómo la siguen al entrar al puerto y al zarpar.

Cuando lleves un rato observándolas, te darás cuenta de que las embarcaciones más pequeñas, como algunos yates, no siempre siguen esos canales estrictamente. Y hay una buena razón que lo explica: estos canales están generalmente pensados para las embarcaciones comerciales más grandes, y estos raramente se desviarán de los canales marcados. Pero las embarcaciones más pequeñas pueden esquivar a los barcos más grandes, algo que es bienvenido de noche, si navegan justo por fuera de la línea del canal, donde pueden encontrar aguas suficientemente profundas para navegar en la mayoría de estados de la marea. Cuando veas esos barquitos por fuera de los canales marcados, será una señal de un habitante de la zona con conocimientos, un buen lector de cartas náuticas o ¡alguien que no sabe lo que hace y esté a punto de encallar!

Durante el día, las marcas laterales pueden identificarse con la misma facilidad. Las marcas a babor son rojas y las de estribor, verdes. También tienen sus propias formas: las marcas de babor tienen una forma similar a un cilindro rojo, mientras que las de estribor tienen la forma de un cono verde que apunta hacia arriba.

## Marcas cardinales

El siguiente elemento que es más probable que encuentres son las marcas cardinales, que son, personalmente, mis favoritas. Estas luces son muy útiles para marineros y es muy divertido observarlas desde tierra firme; además, siguen un sistema lógico que hace que la mayoría de ellas sean fáciles de detectar e identificar.

Las marcas cardinales deben su nombre al hecho de que se refieren a los puntos cardinales de norte, sur, este y oeste, y usan esas direcciones para apuntar hacia la ruta segura en el agua. Hay cuatro tipos de marcas cardinales, una para cada punto cardinal. Cada marca nos dice la dirección hacia la que se encuentran las zonas seguras del agua en relación con las aguas peligrosas, y es bastante lógico: una marca cardinal norte indica que las aguas seguras están al norte de esa boya.

Las luces de las marcas cardinales siempre son blancas y destellan según una sencilla serie de reglas, que funcionan de una manera similar a una brújula y la esfera de un reloj; por raro que pueda parecerte, una vez te acostumbres te ayudará a recordar fácilmente el funcionamiento de estas luces. Con el paso de los años, he olvidado las características de un montón de luces de navegación y he tenido que volver a aprendérmelas, pero jamás me he olvidado del sistema de marcas cardinales. Si te parece algo extraño al principio, intenta perseverar, porque cuando lo hayas dominado y salgas a buscarlas unas cuentas veces lo más probable es que recuerdes el método durante toda tu vida.

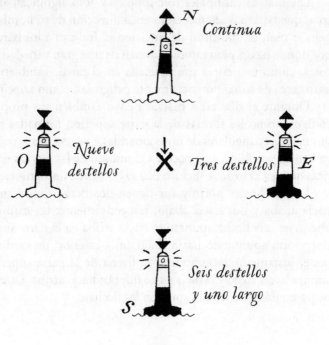

295

Si pensamos en una esfera de reloj divida en cuatro cuartos según una brújula, podemos aprovechar un reloj para que nos ayude a identificar las luces por la noche.

Comencemos con un este cardinal: imagina la esfera de un reloj y verás que el este cardinal estará aproximadamente en la parte de las 3. Un este cardinal destella en blanco tres veces. Ahora piensa en el cardinal oeste: estará alrededor de la zona de las 9 de un reloj, y destellará en blanco nueve veces. El norte cardinal se encuentra en la zona de las 12 y destella en blanco de forma continua (seguramente pensaron en que destellara doce veces, pero se dieron cuenta de que los marineros estarían demasiado ocupados como para ponerse a contar tantos destellos, así que lo cambiaron a un destello continuo). El sur cardenal está en la zona de las 6 y destella en blanco seis veces, pero después se le añade un destello largo para que destaque y evitar confusiones con los otros.

Las marcas cardinales son simples y solo significan una cosa: que las aguas seguras están en la dirección de su nombre; pero se usan en multitud de situaciones. Indican a los barcos por dónde pasar, pero también avisan de una gran variedad de cosas, como una curva pronunciada en el canal. También se usan cerca de zonas potencialmente peligrosas, como arrecifes.

Durante el día, estas marcas tienen también sus propios códigos, como las formas de la parte superior, formadas por dos flechas triangulares de rayas amarillas y negras. Pero, como ya habrás percibido, hay poco en el mundo de las marcas náuticas que sea azaroso, e incluso esas rayas tienen un significado.

Los cardinales norte y sur tienen dos flechas apuntando hacia arriba y dos hacia abajo, respectivamente; un cardinal este tiene una flecha apuntando hacia arriba en la parte superior y otra apuntando hacia abajo en la inferior; un cardinal oeste, justamente lo contrario: la flecha de la parte superior apunta hacia abajo y la de la parte inferior hacia arriba. La raya negra estará hacia donde apunten las flechas.

## Marcas especiales

Si ves una luz amarilla, fija o a destellos, estarás ante una «marca especial». Son las marcas más vagas, algo así como una marca miscelánea que puede usarse para cualquier cosa que no encaje en el resto de las categorías. Es habitual verlas en carreras durante el verano, o para señalizar naufragios en el lecho del mar, tuberías, fondeaderos, piscifactorías, zonas de esquí acuático, etc. La presencia de una luz amarilla siempre indicará algo, pero conocer el motivo requiere de conjeturas y conocimientos.

Las marcas especiales son fáciles de identificar de día porque están pintadas completamente de amarillo o suelen tener una cruz de ese color en la parte superior.

## Marcas de peligro aislado

Si ves una luz blanca que destella cada cinco segundos, estarás ante una «marca de peligro aislado» y, como su nombre indica, señaliza que en el agua, a pesar de ser mayormente seguras, hay una zona concreta por la que es peligroso navegar, ya sea por la presencia de una roca o un naufragio.

Durante el día pueden identificarse por dos esferas negras en la parte superior de una estructura con rayas negras y rojas.

## Faros

Visto con perspectiva, es fácil entender por qué la historia era el escenario perfecto para el desastre en Gran Bretaña a principios del siglo XIX.[1] Los volúmenes de la navegación estaban creciendo rápidamente en una de las partes del mundo con algunas de las costas más complicadas y rocosas del mundo;

costas abruptas bañadas por algunas de las corrientes y mareas más extremas de la Tierra.

En la década de 1830, naufragaban más de dos embarcaciones al día en las costas de Gran Bretaña.[2] Eran tan habituales que desarrollaron su propia jerga para tratar con las consecuentes disputas legales, y una gran parte ha sobrevivido hasta nuestros días. La palabra inglesa *flotsam* ('pecio') hace referencia a los restos flotantes de un barco o su carga que han naufragado; *jetsam* ('echazón') es cualquier objeto que se ha lanzado deliberadamente al mar; *ligan* son los restos de naufragio que reposan en el lecho del mar, normalmente marcados con una boya para poder recuperarlos, y *derelict* ('derrelicto') es la carga que se encuentra en el lecho del mar y que es irrecuperable.

Desgraciadamente, la escala y el número de desastres tuvieron que alcanzar cotas dolorosas antes de que se tomara la iniciativa de intentar prevenir la mayoría de accidentes. En nuestra sociedad secular, empírica y obsesionada por la seguridad, nos cuesta entender esta respuesta torpe para hacer algo tan obvio. Y aún más si pensamos en que los faros han existido desde hace muchísimo tiempo: el faro de Alejandría, de unos 120 metros de altura, se remonta al año 260 a. C., y los romanos construyeron un faro en Dover tan solo 300 años más tarde. Sin embargo, el problema era más bien filosófico, no técnico. ¿Qué sentido tiene construir un faro si, de todas maneras, la voluntad de Dios es que el barco naufrague? Era una visión muy presente tanto entre los marineros como entre cualquier que estuviera en tierra firme. Y los cuerpos que las olas llevaban hasta las rocas no ayudaban demasiado.

Tal y como explica Bella Bathurst en su libro *The Lighthouse Stevensons*, la solución parecía sencilla en el papel, pero los mares tormentosos hacían que fuera un desafío técnico y con un coste muy elevado. Aunque lentamente al principio, ese sentimiento fue cambiando y durante el siglo xx se llegó a la conclusión de que no podía haber litoral que frecuentaran embarcaciones y que estuviera fuera del amparo de, al menos, un faro.

Todos reconocemos un faro cuando lo vemos durante el día, y es casi igual de fácil detectarlos por la noche: esos majestuosos y largos haces de luz que barren el mar y, a menudo, también la tierra, antes de volver a oscurecerse durante un rato.

Debemos pensar en los faros como en las luces que veíamos antes, pero identificarlos es más elaborado (y gratificante). Algunos tienen algunas características muy simples, pero el período de tiempo entre destellos es, a menudo, más prolongado que los de las luces pequeñas, lo que puede confundir a quienes no estén acostumbrados. Con un poco de práctica, serás capaz de distinguir fácilmente sus características y, para ello, te será muy útil contar con la ayuda de algunos elefantes.

Como comentaba antes, es importante ser consciente del color de la luz de los faros. Si no es blanca, como es habitual, probablemente será roja o verde. Algunos faros tienen lo que se conoce como «luces de sectores», que es una manera ingeniosa y sencilla de enviar mensajes de luz muy simples a los barcos. Mediante el uso de filtros es posible que una luz parezca de diferentes colores o que incluso sea invisible, según desde donde se mire. Por tanto, no es raro que un faro sea invisible de noche desde tierra firme, ya que no tiene ninguna utilidad, verde si lo ves desde la cubierta del canal ideal (recuerda que esto es desde la perspectiva de un barco que zarpa), rojo si la embarcación se dirige a puerto por el canal deseado y blanca si está en el canal prescrito.

Y, ahora, la parte divertida, dividida en dos fases. Primero, cuenta el número de destellos. Hazlo un par de veces para asegurarte de que no te has equivocado. A continuación, cuenta los segundos que dura el ciclo. Por ejemplo, ¿hay un destello cada cinco segundos? ¿O tres destellos cada veinte? Lo importante es recordar que el ciclo dura desde el inicio de los destellos hasta que vuelven a comenzar, no desde el final de una serie hasta el inicio de las siguientes (el tiempo será el mismo si cuentas desde el último destello hasta el siguiente último, pero a la mayoría le parece más fácil contar desde los inicios). Un truco útil al contar segundos es contar elefantes: un elefante, dos elefantes, tres elefantes... Hay muchísimas convenciones para contar segundos, pero la mayoría recurren a palabras de tres sílabas. La palabra inglesa *elephant* me ha servido durante muchos años en el caso de los faros, y me ha funcionado la mar de bien.

Repite los pasos anteriores para asegurarte de que has captado las características de la luz y, si quieres, compruébalas en una carta náutica, o busca en Google el nombre del faro y su ubicación si los conoces, para ver si has acertado. Usar Internet para que te ayude con el aprendizaje en esta etapa no es hacer trampas, sino acelerar el proceso. La próxima vez que estés junto al agua y sin acceso a Internet, estarás al día de todo.

El siguiente paso es intentar poner en práctica esas habilidades cruzado. Bueno, cruzado no, sino en el agua. La próxima vez que estés en un ferry cruzando el canal de la Mancha o similar, echa un vistazo a una carta o un mapa del puerto hacia el que te diriges e intentar rastrear cualquier faro que haya en la ruta que sigas. Después, lo único que tendrás que hacer es buscar las características y estarás preparado para detectarlas en el mar; serás de los primeros a bordo en «ver» vuestro destino al reconocer un faro concreto.

Cuando localices un faro en una carta (aparecerá en mayúsculas), verás también otros datos relacionados con las luces a su lado. Por ejemplo, es posible que encuentres lo siguiente:

D(3) 20s 28m 11M

Reconocerás algunos de estos símbolos de los párrafos sobre las luces más pequeñas, sobre todo los de la primera parte. La luz destella tres veces cada 20 segundos y, si no se especifica ningún color, podemos asumir que la luz es blanca. El resto de números cobran sentido cuando te acostumbras a ellos: este faro tiene una luz situada a

28 metros por encima del nivel del mar y puede verse a 11 millas náuticas (una milla náutica equivale aproximadamente a dos kilómetros).

Si el cuerpo te pide un reto, échale un ojo a las características del faro de The Needles, ubicado en el extremo oeste de la isla de Wight:

Oc(2) BRV 20s 24m 17/14M

Dale un par de vueltas, tómate un café, y mira a ver si puedes descifrarlo todo, o al menos una parte, antes de que revele el significado que se esconde detrás de este delicioso código.

El faro de The Neddles es una luz de sector de ocultación, lo que significa que será blanca, roja o verde según el sector desde donde la mires. Es de ocultación, lo que indica que estará más rato encendida que apagada; así que, en este caso, en vez de destellar un par de veces, se apagará dos veces cada 20 segundos.

Y, por fin, un trozo fácil: la luz está situada a veinticuatro metros por encima del nivel del mar.

Se marcan dos rangos, 17 y 14 millas náuticas, porque, de hecho, tiene más de un sector rojo: dispone de una luz roja más intensa que brilla a más distancia en un sector especial. De todas maneras, no te preocupes por esta parte del final; hay marineros que llevaban décadas en el mar y que ni les sonará, ya que es algo concreto y especial.

Seguramente te preguntarás por qué diantres debería preocuparnos cómo son las luces de los faros, si la carta ya nos dice a la distancia que es visible. Bueno, la carta nos informa de a qué distancia es visible a nivel del mar, pero si estás en un gran barco o en tierra firme, la distancia será mucho mayor. Con la ayuda de tablas y gráficos, algunas personas, como los marineros, pueden calcular la distancia a la que será visible un faro si conocen su altura total y su altura por encima del nivel del

301

mar. En el caso del faro de The Needles, si estás en la cubierta de un ferry a diez metros por encima del nivel del mar, podrás ver antes la luz que alguien que esté en un bote, que no podrá verla hasta que se acerque varios kilómetros más. El concepto es el mismo que veíamos en el caso del horizonte en el capítulo «Costas».

Cerraremos el tema de las luces y los faros con el consejo de un capitán. Si estás con alguien intentando confirmar que has identificado correctamente las características de una luz, hay un pequeño truco que vale la pena conocer. Un error que cometen los capitanes noveles es formular preguntas capciosas y no ser capaces de entender que esas preguntas suelen tender a generar siempre las mismas respuestas, habitualmente inútiles.

—¿Esa luz está destellando seis veces?

—Sí.

—¿Crees que han pasado 15 segundos desde el primer destello hasta volver a comenzar el ciclo?

—Sí.

—¿Es blanca o verde?

—Es verde… espera, puede que sea blanca.

La gente quiere gustar a los demás, pero eso, normalmente, no es demasiado fructífero. En cambio, intenta formular una pregunta que invite a una visión independiente de las cosas. «¿Cuántos destellos ves?», «¿Cuánto tiempo crees que pasa desde el primer destello hasta que vuelve a iniciarse el ciclo?» o «¿De qué color es la luz?».

## Luces extrañas

Hay muchas criaturas acuáticas que emanan luz por la noche, como el plancton fosforescente *Noctiluca scintillans,* que brilla cuando le molestan y se ha ganado el apodo de «chispa de mar». La mayoría de estas criaturas son muy pequeñas, pero algunas son de un tamaño considerable, como la medusa *Pelagia noctiluca*. Esta medusa, conocida, entre otros nombres, como «medusa luminiscente», fue noticia en 2007, pero no por su capacidad para brillar en la oscuridad: una multitud de ellas invadieron una granja de salmones en Irlanda del Norte, lo que causó daños por valor de un millón de libras.[3]

Los lectores del agua dedican, gustosamente, un montón de tiempo a observar las aguas de los puertos y los barcos que zarpan y llegan durante el día. La experiencia no es menos valiosa por la noche; pero, y temo aguarte la fiesta, si ves lo que parece ser un grupo fosforescente de pequeñas criaturas por encima de las amarras de los barcos, estarás viendo algo bastante menos mágico. Los propietarios de los barcos detestan volver al cabo de un tiempo y encontrarse su embarcación cubierta de guano, y una de las muchas tácticas para evitarlo es colgar una hilera de cedés por todo el barco para que sirva como un espantapájaros de una eficacia regular. Los cedés reflejan la luz a nuestros ojos, lo que genera ese extraño efecto brillante.

## *Una digresión celeste*

No podía ver nada, lo que complicaba seguir el balanceo del barco, así que me agarré fuerte al frío metal, guantes en mano. El aire de diciembre me congelaba el rostro, así que agradecí que, al menos, la venda de los ojos me mantuviera las orejas calientes. La conversación del resto de la tripulación se ahogaba casi por completo por el sonido de los motores mientras zarpábamos. La única pista que detecté fue que el mar se iba picando a medida que nos alejábamos de tierra.

Me dijeron que ya podía quitarme la venda de los ojos y, al hacerlo, vi que me estaban apuntando directamente a la cara. Afortunadamente, aquello no era un secuestro real: lo que me apuntaba era una cámara de televisión.

Unas semanas antes estaba en una playa en Mauricio, casualmente mirando el mar al atardecer, cuando me sonó el móvil. Mientras me maldecía por no haberlo apagado, contesté. No pude identificar a la persona que se estaba presentado al otro lado, la línea no era demasiado buena, así que lo primero que oí fue una pregunta.

—Si le vendamos los ojos, lo dejamos en un barco en medio del mar y, a continuación, le quitamos la venda, ¿sabría decir dónde está solo mirando las estrellas?

—Pues… sí —contesté.

—Y si le damos un sobre con un destino secreto, ¿sabría llegar hasta allí solo con ayuda de las estrellas?

—Sí —les dije—. ¿De dónde llama?

—De la BBC.

El productor con el que estaba hablando resultó que trabajaba para el programa de la BBC *Stargazing Live,* y esa llamada me llevó a encontrarme temporalmente desorientado en un barco en una fría y clara noche en el canal de la Mancha.

La navegación astronómica no tiene que ver estrictamente con la lectura del agua, pero es una parte tan fundamental de la historia del ser humano en las aguas nocturnas que justifica la pequeña digresión. No puedo enseñarte cómo usar un sextante en unas pocas páginas, pero, si te explico lo que hice en aquel barco, te harás una idea bastante buena de cómo funciona la navegación astronómica y, con suerte, añadirá una capa más a los momentos que pases en el agua por la noche. Si no te interesa el uso de las estrellas como navegante, no te sientas culpable por saltarte esta sección.

El desafío no era saber más o menos dónde me encontraba, sino ubicar mi posición con la mayor precisión posible usando solo las estrellas. El sol se estaba poniendo y le expliqué al presentador, Mark, que las puestas de sol son una oportunidad de oro para saber dónde estamos, ya que el sol es una brújula en sí mismo (por experiencia, sabía que aquel día el sol se pondría aproximadamente a 230 grados). También les expliqué que las cosas estaban a punto de complicarse. Mucha gente cree que la navegación astronómica es algo romántico y relajado. En última instancia, no lo es. Para ser más específicos, encontrar la dirección usando las estrellas puede ser un proceso muy relajado, algo realmente sencillo: basta con encontrar el Arado y aprovecharlo para encontrar la estrella polar para ponerse manos a la obra.

Sin embargo, ajustar tu posición usando las estrellas no es tan relajado. Hay un breve período de tiempo para ver lo que necesitas y en invierno, cuando desaparece, tarda trece horas en volver a mostrarse. Necesitas suficiente luz como para ver el horizonte y suficiente oscuridad como para ver las estrellas; el crepúsculo es una noción algo vaga para algunos, pero es un concepto muy concreto cuando hablamos de navegación astronómica. La razón por la que necesitas ambas cosas es que la navegación astronómica se basa en los ángulos, y si no puedes ver ni las estrellas ni el horizonte, no puedes medir a cuánta altura se encuentra una estrella.

Hice unos calentamientos con unos vistazos a Venus. Avisé a Mark para que comenzara a anotar la hora GMT al segundo. Le di los grados y los minutos leyendo el sextante. Cuando llegó el crepúsculo, estábamos preparados, como un equipo.

El director y yo habíamos mantenido largas conversaciones por teléfono las semanas anteriores. Solíamos hablar del método que usaría. Decidimos usar un enfoque poco ortodoxo por una buena razón. Lo más normal es observar tres estrellas, o, a veces, hasta seis; sin embargo, en un programa como aquel era muy importante que el espectador pudiera seguir la lógica de lo que yo haría, y es por eso por lo que no me importaba simplificar las cosas. Les sugerí que sacrificáramos un poco de precisión (y redundancia) usando solo dos estrellas. Calcularía la latitud con la estrella polar, también conocida como Polaris, y otra estrella del este o el oeste para calcular mi longitud. Teníamos la suerte de que, en los días que estábamos considerando, una de las estrellas más brillantes del firmamento nocturno estaría muy cerca del oeste.

Señalé hacia esa brillante estrella occidental, Vega, y todos se sorprendieron al descubrir que hubiera estrellas visibles aunque la mayoría creyese que era un momento tardío del día, no que fuera el comienzo de la noche. Es algo que suele sorprender a muchos: puedes detectar estrellas mucho antes de lo que imaginamos si sabes dónde mirar. De hecho, puedes usar este enfoque para encontrar a Venus durante el día, y vale la pena intentarlo si no lo has hecho nunca. Al amanecer o al anochecer, en un momento en que Venus sea nítido (es decir, razonablemente lejos del sol), mira dónde está en relación con el Sol. Al día siguiente, si el cielo está despejado hacia el mediodía, mira hacia el mismo punto en relación con el Sol (cúbrete los ojos con una mano) y lo más probable es que vuelvas a ver a Venus, incluso aunque sea el mediodía de un día con un sol radiante.

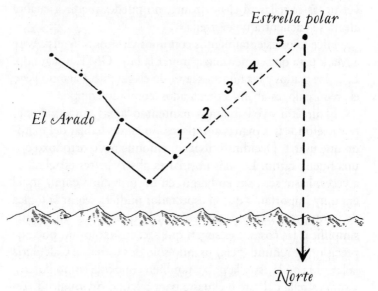

Encontrar la estrella polar gracias al Arado.

Dimos tres vistazos a Vega y, después, rastreamos el cielo en busca de Polaris. No nos costó nada encontrar Capella hacia el noroeste, y después apareció la estrella polar, muy tenue al principio. Otros tres vistazos y llegó el momento de hacer un poco de aritmética. De hecho, los pocos astronavegantes que quedan en el mundo usarían microchips llegados a ese punto, y yo podría haberlo hecho con una aplicación del iPhone; contiene datos hasta el 2500 y llenaría suficientes libros como para hundir el barco. Pero tanto el director como yo pensamos que aquello alejaría a los espectadores en sus casas de la lógica y lo que pasara a continuación y de la parte romántica.

Con la ayuda de un almanaque náutico y unas tablas de reducción de observación, comencé a recopilar la información con lápiz y papel. Le expliqué a Mark que, cuando hubiéramos promediado las observaciones de cada estrella, tendríamos dos piezas clave de información sobre cada una. La primera era la hora de la observación, y la segunda era un buen cálculo del ángulo de cada estrella por encima del horizonte. La hora ya la teníamos, porque habíamos usado un reloj que yo había sincronizado previamente con el GMT aquel mismo día. Pero el ángulo todavía estaba pendiente. Las sumas que teníamos que hacer antes de que los datos sobre ángulos fueran útiles eran simples pero esenciales.

En primer lugar, tenía que tener en cuenta el «error de índice»; este error se desprende del hecho de que ningún sextante es perfecto y que casi todos dan lecturas ligeramente erróneas. Mientras sepas que ese error existe, lo único que tienes que hacer es tenerlo en cuenta y será inocuo. Después, nos teníamos que enfrentar a lo que en inglés se conoce como *dip* ('altura del ojo'). Esta fase tomó a todo el mundo por sorpresa. La altura del ojo tiene en cuenta el hecho de que no estás observando a la altura del nivel del mar, sino ligeramente por encima. En nuestro caso, yo estaba unos dos metros por encima de una cubierta que, a su vez, se elevaba poco más de un metro por encima del mar. Puede que no parezca demasiado, pero eso implicaba que nuestras observaciones serían tres minutos (una veinteava parte de un grado) más largas de lo que serían a nivel del mar, y teníamos que restarlo. Un pequeño ajuste, aunque vital, ya que de lo contrario nos habríamos desviado unos cinco kilómetros.

Después también entraba en juego la «corrección de la altitud aparente», o, como yo prefiero llamarla, el «efecto del palo en el estanque». Cuando ves una estrella (o el Sol, o la Luna o los planetas) no está exactamente donde parece, porque su luz se tuerce ligeramente al entrar en nuestra atmósfera. Cuanto más baja esté una estrella, mayor será el efecto, y es por eso por lo que no se recomiendan observaciones por debajo de los 10 grados. (Si resulta que tienes una estrella justo encima de tu cabeza, la luz chocará contra la atmósfera de forma perpendicular y no habrá refracción; es decir, estará exactamente donde parece estar, aunque es algo muy infrecuente.)

Los últimos cálculos son aquellos en lo que realmente se basa la navegación astronómica. No son complejos, en absoluto, pero sus entresijos podrían ocupar un curso de cinco días. Nunca me han explicado con claridad la lógica de este proceso, pero me gustaría intentarlo.

## Pequeño desvío (extra) sobre la lógica de la navegación astronómica

Intenta encontrar una farola y ponte justo debajo. ¿A qué ángulo está la luz en la calle? La respuesta es 90 grados, lo que significa que, si me hubieras llamado y me hubieras dicho que has hecho una «observación» de la luz y que estaba a 90 grados, te podría haber dicho con certeza que estabas justo debajo. A continuación, si te alejaras cinco pasos de la luz y calcularas el ángulo, es posible que dieras con algo cercano a los 70 grados. La luz parece más baja a medida que te alejas. Y eso, en resumidas cuentas, es casi todo lo que tienes que saber sobre el funcionamiento de la navegación astronómica. Déjame que te lo demuestre con un extraño experimento mental.

Imagínate que te llamo al móvil y te pido que te pongas en algún lugar de la calle y me digas a qué ángulo por encima del suelo se encuentra una farola que ambos conocemos. Sea cual sea tu respuesta, yo sería capaz de calcular aproximadamente a qué distancia estás de esa luz. Si me dijeras que la luz está a 50 grados por encima del pavimento, yo te diría que probablemente estés a 12 pasos de la luz (y no es magia, sino trigonometría).

Pero, y es un pero enorme, aunque podría decirte aproximadamente a qué distancia estás de la luz, no sería capaz de saber el lugar exacto de la calle en el que te has puesto. Tendría lo que se conoce como «línea de posición», es decir, la línea en la que te encuentras, pero no es un punto exacto, sino que se extiende en un círculo alrededor del punto de luz, a una distancia idéntica de él. La razón es que solo hay una serie de lugares en la calle en los que la luz esté a ese ángulo por encima del suelo, y forma un círculo a su alrededor, con el centro en dicha luz.

Una línea de posición es una muy buena pista sobre dónde estás, pero no es lo suficientemente definitiva como para que sea realmente útil. Necesitaría al menos dos piezas más del puzle para establecer tu posición con precisión. Si me dijeras que al mirar en otra dirección veías otra farola que también conocíamos los dos y que estaba a un ángulo de 30 grados por encima del suelo, y te giraras y vieras una tercera a un ángulo de 20 grados, sería capaz de decir con exactitud dónde estabas. Solo puede haber un sitio en la calle en el que esté la luz A a 50 grados, la luz B a 30 y la luz C a 20. Cada ángulo crea una línea de lugares posibles en los que podrías estar, y el punto exacto en el que esas líneas se cruzan es el único sitio de la calle desde el que podrías haber observado esos ángulos concretos.

Así es como funciona la navegación astronómica; las estrellas son nuestras farolas. Lo único que hace que sea más desafiante con un cielo nocturno de fondo es que las farolas no se mueven, mientras que las estrellas no son estáticas en relación con el horizonte. Se elevan, aparecen y rotan porque la Tierra gira. Por tanto, necesitamos alguna manera de relacionar su posición con la hora: de aquí las tablas y los cronómetros de antaño y los relojes digitales y las aplicaciones del presente.

Volviendo al canal de la Mancha, el ángulo de Polaris por encima del horizonte me dijo mi latitud, que es, a fin de cuentas, una larga línea de posición que se extiende por todo el globo. Si Polaris está a 50 grados por encima del horizonte, tu latitud será aproximadamente de 50 grados al norte; podrías estar en el canal de la Mancha, pero también, para el caso, en Ucrania o Kazajistán. Afortunadamente, la observación de Vega me dio mi longitud, lo que acotaba las cosas hasta un punto preciso al sureste de Weymouth.

Parece ser que estaba a tres o cuatro millas náuticas de nuestra posición por GPS (probablemente nos habíamos desviado alrededor de un kilómetro y medio durante el rato que estuve planeando y llevando a cabo las observaciones). Era algo bastante aproximado, y lo mejor que podemos esperar de la observación de dos estrellas en una cubierta que se tambaleaba considerablemente.

Mark abrió el sobre cerrado que tenía en las manos. Sacó una tarjeta blanca en la que estaba escrito con claridad «ALDERNEY», una de las islas del canal.

Sabíamos que Alderney estaba al sur de nuestra posición, así que lo único que teníamos que saber era cómo ir en esa dirección, algo bastante sencillo en una noche despejada. Aprovechamos a Polaris, la estrella polar, para encontrar el norte y, después, las estrellas contrarias para mantener un rumbo sur. A medida que progresaba la travesía y las estrellas del sur giraban en el sentido de las agujas del reloj del sureste al suroeste, actualizamos nuestros objetivos. Es un proceso muy similar al de los navegantes del Pacífico, y suele decirse que se trata de seguir un «camino de estrellas». Dejamos pronto atrás a Fomalhaut, una de las estrellas más brillantes, y después fueron Markab y Algenib en Pegaso las que nos iluminaron el camino.

Orión se elevaba en el este y Júpiter brillaba intensamente bajo la constelación de Géminis. Pasaron las horas y comenzaron a aparecer luces por encima del horizonte al sur. Había un fulgor general y muchas manchas tenues de luces brillantes. También había tres ráfagas brillantes e intermitentes distintivas, mucho más claras que el resto. Señalé las estrellas del sur y recapitulé con Mark. Sabíamos que las estrellas del sur giraban de izquierda a derecha y la velocidad a la que se movían.

—¿Qué estrellas valdría la pena tener en cuenta ahora para seguir un rumbo sur? —pregunté a Mark.

—Este grupo, Cetus —me contestó, y señaló a la constelación.

—Estoy de acuerdo. Ahora baja la mirada y mira al horizonte directamente bajo ellas.

—¡Ah!

Mark había detectado los cuatro destellos cada quince segundos que caracterizaban el faro de Alderney. Habíamos seguido un rumbo sur y nuestro destino ya estaba a la vista.

Utilizamos papel, lápiz, un sextante y las estrellas para darle forma a nuestra breve travesía, pero no encendimos nada.

Aunque el uso de un sextante está fuera del reino de este libro, cualquiera que dedique tiempo a mirar las aguas nocturnas se beneficiará de su amistad con las estrellas. Plinio escribió sobre el hábito que tenían los que viajaban por el mar para darse cuenta de lo estrechamente relacionadas que estaban las estrellas con nuestra posición en la Tierra, y probablemente sigue siendo cierto que los que disfrutan estando cerca del agua tienen más interés por el cielo que los que no se mueven de tierra. Lo primero es que, si estás en la costa, el cielo nocturno se extenderá hasta llegar al nivel del mar en, al menos, una dirección.

Te recomiendo un ejercicio muy simple para empezar: aprende a encontrar el norte con el método de la estrella polar y El Arado que explicaba antes y observa la altura de la estrella polar por encima del horizonte. Ese ángulo será casi exactamente el mismo que el de tu latitud. La próxima vez que viajes al sur, al sur de Francia o a España (si estás en Inglaterra), vuelve a buscar la estrella polar y fíjate en que estará más baja que en casa. Este es el mismo ejercicio que yo hice en aquel barco para calcular mi latitud; la única diferencia sería la precisión, pero, si te digo la verdad, no es, ni de lejos, lo más divertido.

# Capítulo 17

## *La observación de barcos*

*Vimos el arte de esos capitanes y marineros dirigiendo el* jalbah *entre ellos; es extraordinario cómo lo hacen pasar por los estrechos canales, como un jinete que es sensible a las riendas y maneja con facilidad la brida; y con ello muestran una habilidad maravillosa, difícil de describir.*[1]

Ibn Yubair, siglo XII d. C.

El atractivo de los barcos acercándose a la orilla tiene la capacidad de lograr que no apartemos la mirada. La experiencia puede ser todavía mejor cuando sabemos lo que buscará el ojo entrenado. Érase una vez que la forma de cada embarcación podía revelar verdades sobre las aguas de la zona; las yolas de Stroma, una isla del norte de Escocia, eran barcos sólidos y anchos con un tajamar curvo que les permitía navegar con facilidad las aguas y adentrarse en la playa más tarde. Desgraciadamente, ese tipo de diseños perfectos son más insólitos cada año que pasa. Para mantenernos fieles al objetivo de este libro, este capítulo no se centrará en las embarcaciones en sí, sino en cómo ciertas pistas y señales nos ayudan a interpretar el agua. Hay técnicas que pueden aplicarse al balandro más ligero o a un petrolero.

Si la palabra *balandro* de la frase anterior te ha provocado las primeras punzadas de pavor por pensar que este es un mundo muy exclusivo, no te preocupes, no estás solo. La jerga de los marineros ha evolucionado en la salmuera de su propio mundo hasta tal punto que puede parecer algo elitista o limitado. Algunos han caído en el carácter román-

313

tico de esta *lingua franca,* pero no hay ninguna razón para el desánimo. Lo mejor que podemos hacer cuando las palabras se vuelven demasiado náuticas es reírnos y pensar en ese marinero cuando tiene que decirle al dentista qué diente le duele: «Es la muela de arriba, la más cercana a la popa, a estribor».[2] El truco es recordar que el lenguaje no puede cambiar la realidad física de lo que vemos y sentimos. Piensa en un yate navegando en la distancia; podríamos decir que está «superando una brisa fuerte, navegando de ceñida por el lado a estribor y bien arrizado», pero eso no cambiará el comportamiento del viento y del agua, son solo etiquetas. Lo único que tenemos que recordar son unas reglas muy simples y saber que todos los barcos a vela que veamos nos ofrecerán pistas del agua que los rodea.

Lo primero y más básico: cuanto más ventosas sean las condiciones, menos izadas estarán las velas («portar»). Por lo tanto, si los vientos son suaves, verás las velas mucho más altas, mientras que si hay un temporal fíjate en que la superficie de las velas se reduce («tomar rizo»). A continuación, observa cómo cuanto más cerca esté apuntando un barco en la dirección desde la que viene el viento, más alineadas estarán las velas con la embarcación. Si trazas una línea imaginaria de extremo a extremo del barco («de proa a popa»), cuanto más alineadas parezca que están las velas con esa línea, más cerca de la dirección del viento estará intentando navegar la embarcación.

Vamos a echar un vistazo a dos extremos. Si el viento sopla justo por detrás de un yate, las velas estarán lo más alejadas posibles, casi en ángulo recto con la línea del barco. A esto se le llamara «correr». No hay ningún barco que pueda navegar directamente contra el viento, desafiaría las leyes de la física, pero las embarcaciones modernas pueden acercarse, quizá a unos 45 grados respecto a la dirección del viento. Sin embargo, para conseguirlo, las velas tienen que sujetarse firmemente en la línea del barco. A esto se le llama «navegar en ceñida».

Hay otros rumbos de las velas entre esos extremos, como el «de través», cuando el viento sopla en perpendicular a la dirección hacia la que se dirige el barco:

Si es la primera vez que oyes estos conceptos, no dejes que te apabullen e intenta controlarlo todo observando los yates como si fueran tus veletas personales. Cuando hayas practicado la detección de diversos patrones de navegación (y los hayas aplicado a pequeños botes y a superyates), estarás preparado para descubrir cómo encajan entre ellas las ideas básicas del «rizo» y el «rumbo de vela». Imagina que sopla una brisa a 15 nudos (fuerza 4) y hay un yate navegando, de promedio, a 6 nudos. Una de las mayores sorpresas para los navegantes nove-

Rumbos de la vela.

les es la enorme diferencia que el rumbo de la vela provoca en la sensación de viento que se produce en ese yate en concreto. Esa diferencia se conoce como «viento aparente», en contraposición al «viento real», porque, incluso aunque la fuerza del viento no varíe, puede que dé la sensación de estar cambiando enormemente para cada embarcación según si está navegando con el viento a favor o en contra.

Vamos a ponerlo en práctica: para este ejemplo imagina un yate que está navegando con el viento a favor, que está corriendo. Es fácil detectarlo, porque las velas más grandes están izadas en ángulos casi rectos respecto a la línea del barco. El viento que sienten los tripulantes será el viento real menos la velocidad del yate, es decir, 15 nudos menos 6, lo que equivale a 9 nudos (una brisa suave). No debería extrañarnos, por tanto, que necesiten toda la vela posible para poder moverse. A continuación, imagínate que ese mismo yate vira hasta situarse casi contra el viento y navegando en ceñida (es decir, las velas está aferradas al barco). El viento que sentirá tripulación y que ahora llena las velas será radicalmente diferente, más cercanos a los 21 nudos (15 + 6). Sería una brisa más fuerte, el viento aparente se habría doblado y, probablemente, no se necesitaría tanta vela para coger velocidad, así que el capitán podría reducir la superficie del velamen y tomar rizo.

Espero que esto te haya ayudado a entender cómo están interrelacionados el ángulo del barco y de las velas respecto al viento y las velas izadas. No te hará falta estar mucho tiempo observando barcos para detectar todas estas cosas. En lugares ajetreados, lo más probable es que veas embarcaciones en todos los rumbos de vela a la vez.

Al final, y con un último consejo, no tardarás en sugerirle a un capitán que tome el rizo. Si un barco tiene demasiado velamen izado con respecto al viento que sople, uno de los síntomas será que la embarcación se inclinará demasiado («escorar» o «zozobrar»). Esto hace que el barco sea ineficiente, porque la forma del casco no está diseñada para navegar correctamente cuando está demasiado inclinado. Por lo tanto, en muchas ocasiones el capitán debe arriar velas para evitar que la embarcación escore.

Hay algunas excepciones, claro, y si estás viendo regatas, pasarán un montón de cosas extrañas que pueden o no ser una ventaja. Pero, por normal general, si ves un barco navegando con el viento a favor, corriendo suavemente y con tranquilidad, y, de repente, comienza a navegar con el viento en contra y empieza a inclinarse, escorándose peligrosamente, es una señal de que el capitán no ha predicho del todo la diferencia entre el viento real y el aparente.

Si lo juntamos todo, hay tres pistas que debemos observar en el velamen: la cantidad de velas izadas, su ángulo con respecto al barco y si la embarcación se está inclinando. Si practicas la detección de estas tres sencillas pistas durante un tiempo, verás que tu apreciación del comportamiento del viento en diferentes lugares se dispara. En resumen, los barcos actúan como veletas, lo que nos ofrece una imagen mucho más completa de los vientos de una zona que, además, nos ayuda a leer el agua.

Hay otras pistas en el agua que podemos encontrar en los yates, incluso aunque estén detenidos. Si ves una forma que se asemeja a una bola negra colgando en algún lugar cercano a la parte delantera del barco, se tratará de un yate fondeado y, por tanto, de aguas relativamente poco profundas. Esta es una de las muchas «marcas diurnas», señales visuales que las embarcaciones están obligadas a mostrar al resto de barcos para comunicarles lo que están haciendo (a pesar de ser obligatorio por ley, es un hábito en declive y, por lo general, las embarcaciones comerciales del mundo desarrollado y las de recreo británicas lo siguen haciendo, pero en el resto es una lotería). La marca de fondeado es la única con la que es probable que te cruces con regularidad, aunque hay muchas otras; sin embargo, mencionaré tres más, porque hay una extraña belleza en su naturaleza arcana.

Un cono negro con el vértice hacia arriba indica una embarcación que está usando su motor (algo que solo debe tenerse en cuenta porque pueden cambiar sus derechos de tránsito). Tres bolas negras, una encima de la otra, indican que la embarcación está varada. Y, mi favorita, por su surrealista mezcla de elegancia tradicional y horror contemporáneo: tres bolas negras, una en el tope del mástil y las otras dos en el extremo de la verga inferior del palo de trinquete que indica... una embarcación encargada de la limpieza de minas.

El código internacional de señales recoge las señalizaciones aceptadas para enviar mensajes en el mar sin recurrir al lenguaje oral. Una combinación de diseños de banderas, letras asociadas y código morse ayuda a que una embarcación pueda enviarle un mensaje a otra por radio, ondeando una bandera, haciendo destellar una luz o, incluso, con un grito, aunque no tengan ni idea de la nacionalidad de la persona con la que se están comunicando. Por ejemplo, una bandera con un cuadradito rojo en un fondo blanco y rodeado por un borde azul indica «Necesito asistencia médica». Y se puede decir lo mismo destellando la letra W en morse: punto, raya, raya. La mayoría de estas señales son bastante inusuales, pero hay una sorprendentemente habitual cuando sabes buscarla que es la bandera «Alfa».

Esta bandera tiene una mitad blanca (la más cercana al poste) y otra azul que parece que le hayan dado un mordisco triangular. Es muy común verlas ondeando en lanchas inflables rígidas, no demasiado alejadas de la costa, y que las identifica como una embarcación de buceo. Esta bandera significa «Tengo un buzo sumergido. Manténgase alejado y reduzca velocidad». Lo más probable es que veas una boya cercana con una bandera roja atravesada por una línea diagonal blanca, también conocido como la bandera del «buzo sumergido», que señaliza las aguas en las que se está practicando buceo. No debería sorprendernos que ambas banderas sean una de las pocas señales de uso habitual, ya que a los buceadores les aterra la idea de las lanchas motoras cruzando en zigzag la zona por la que pretenden emerger. Si pasas cerca de algún buque o de instalaciones navales, echa un vistazo en busca de alguna de las combinaciones de banderas que todavía se usan hoy en día. Hay algunas combinaciones que indican que se está produciendo fuego de artillería, y otras que señalizan que hay submarinos maniobrando en la zona.

Hay una bandera que siempre me hace reír y que creo que fue diseñada pensando más en las relaciones personales que en el mundo náutico: la bandera X, una cruz azul sobre un fondo blanco que indica «Suspenda sus maniobras y preste atención a mis señales».

En la playa, los socorristas tienen sus propias banderas, y te aliviará saber que son códigos mucho más sencillos de leer. El rojo indica que no puedes bañarte, y un par de banderas con una mitad amarilla y la otra roja señalizan una zona recomendada para bañistas, ya que la están controlando los socorristas. Un par de banderas a cuadros negros y blancos señalizan una zona de surfeo y motos acuáticas, y una manga de viento naranja indica que soplan vientos significativos en el litoral, así que deben tomarse precauciones con los inflables.

Si los yates son la parte estéticamente atractiva del mundo de la navegación, los cargueros se han convertido en la menos agradable, incuestionablemente. Es posible que los grandes buques portacontenedores carezcan de delicadeza, pero estos mastodontes nos ofrecen algunas cazas de pistas acuáticas que merecen la pena.

Lo primero que debemos hacer es observar los movimientos de los barcos en casi cualquier litoral. Detectarás lo regulares que son sus rutas, ya que todos estos cargueros siguen unos canales de navegación designados cuando están cerca de tierra. En mar abierto es más flexible, pero en las aguas ajetreadas están acorralados en carriles, como los coches. Y, como en el caso de las carreteras, estos canales también están segregados por la dirección del trayecto, así que lo próximo que debes observar es si el barco se dirige hacia tu izquierda o hacia tu derecha.

El tamaño relativo de los barcos puede que te ayude a saberlo, pero, si eso no funciona, hay un truco para resolver el misterio: cuanto más pálidos percibas los barcos, más lejos estarán. Es un efecto óptico conocido como «dispersión de Rayleigh», que consiste en que las cosas parecen más pálidas, e incluso cercanas a blancas, cuanto más lejos están; los colores se disipan cuando atraviesan la atmósfera. Aunque pueda parecerte que los barcos estén a la misma distancia, incluso a punto de chocarse, con la práctica sabrás detectar que uno es más pálido y que, por tanto, está más lejos. Si tienes tiempo, puedes esperar y ver cuál pasa por delante, para comprobar si estabas en lo cierto.

Si nos acercamos a la orilla, lejos de aquellos canales de navegación principales, suele haber un tránsito frenético de motores de variedades más pequeñas, que viajan por la zona y aprovechan las aguas costeras; pero si miras más allá, verás los carriles de los cargueros.

Si ves algún carguero cerca, vale la pena que le eches un vistazo al casco. Los marineros no tardan demasiado tiempo en saber que un barco que lleve demasiado peso puede ser vulnerable en mares picados, pero esa decisión tampoco suele corresponderles a ellos. Los comerciantes, que son los que obtienen los beneficios, tendrían una visión muy diferente de la de los marineros de cubierta, sobre todo si el mercader nunca ha puesto un pie en un barco. Esto condujo a una lucha entre la avaricia de los comerciantes y la sensatez de los capitanes que duró siglos. Los primeros intentos de regular la cantidad de peso que podía cargar un barco se remontan 4000 años, a la antigua Creta; pero no fue hasta las preocupantes pérdidas de embarcaciones durante el siglo XIX cuando se intentó plantear un enfoque más sistemático.

El ingenio convirtió el problema en la solución. Para apreciar su belleza, te propongo que hagas un sencillo experimento en casa. Llena una bañera, la pica o el fregadero con agua y coloca un vaso cilíndrico en posición vertical. Los vasos vacíos en posición vertical suelen flotar, pero, de una manera muy precaria e inestable. Si le añades un poco de agua al vaso y lo vuelves a colocar en el fregadero, verás que ha ganado estabilidad. Llevar un poco de lastre en la parte inferior de un barco es mucho más seguro que no llevar nada. Si recreases el mar en el fregadero y crearas algunas ondas suaves, es posible que el vaso se meciera un poco, pero no debería hundirse.

A continuación, calcula a ojo la distancia entre la superficie del agua y el borde superior del vaso. En este experimento, el vaso representa el casco de un carguero, y la distancia que hay entre el agua y el borde superior del casco se llama «francobordo», es decir, la parte seca del casco. Según el vaso y la cantidad de agua que le hayas echado, la altura del francobordo variará, pero ten por seguro que, si le echas más agua, la altura se reducirá. La reducción del francobordo incrementa la vulnerabilidad del barco en mares agitados, y eso es exactamente lo que ha pasado con los cargueros durante milenios.

Si llenas el vaso hasta que el francobordo sea muy estrecho y creas algunas ondas en el fregadero, alguna de ellas acabará por rebasar el borde del vaso, nuestro casco; momento en el que dará comienzo un círculo vicioso. Habrá más agua en el vaso, lo que significa que se reducirá el francobordo y, por tanto, las olas lo tendrán más fácil para entrar; en pocos minutos, el vaso, el barco mercante antiguo y el que construyeron el año pasado se hundirán rápidamente.

Samuel Plimsoll, un político británico del siglo XIX, se dio cuenta de que una altura reducida del francobordo podía suponer un problema, pero también de que aquello se convertía en la solución si le prestábamos atención. En otras palabras, podemos saber si un barco lleva demasiada carga mirando hasta qué altura asciende el agua por los lados del casco. Y la manera más fácil de saberlo es dibujar una regla en los lados del barco, calibrada según los conocimientos de un arquitecto o un ingeniero. Estas líneas, que llegaron a conocerse como marcas de Plimsoll, fueron un éxito tan sencillo y brillante que se convirtieron en la ley y proliferaron por todo el mundo. Actualmente podemos seguir viéndolas en la amplia variedad de embarcaciones.

Como pasa tan a menudo en el mundo náutico, tenemos que descifrar un sencillo código antes de disfrutar de la lectura de las marcas de Plimsoll. Estas marcas suelen estar compuestas por dos partes principales: una regla vertical, la parte más importante, acompañada de algunas letras, como TF, F, S, W o WNA. Estas siglas corresponden a tipos de aguas en inglés: *Tropical Fresh* ('agua dulce tropical'), *Fresh* ('agua dulce'), *Summer* ('agua de mar en verano'), *Winter* ('agua de mar en invierno') y *Winter North Atlantic* ('invierno en el Atlántico Norte'). Todo se vuelve más animado en el agua salada que en la dulce, y su temperatura también afecta a la densidad. Esto implica que un barco con la carga perfecta para navegar en aguas saladas frías se hundirá notablemente más, y por tanto será más peligroso, en aguas dulces calientes.

Las autoridades miran estas marcas desde un punto de vista más detallado y forense, pero nosotros podemos conformarnos con saber que cualquier barco en el que el agua alcance una de estas marcas estará muy cargado, mientras que si la línea de flotación desciende y las marcas se elevan, más ligera será la carga. Algunos han observado con ironía que podemos saber cómo va la economía global analizando estas marcas, y que poco después de 2008 salieron disparadas del agua. (Por cierto, en épocas de recesión de la economía mundial, los cargueros suelen superar la capacidad que necesitan para el comercio, por lo que es habitual verlos anclados en zonas cercanas a la costa durante meses, o incluso años.)[3]

Junto con las marcas de Plimsoll, puede que veas un círculo con una línea horizontal que lo atraviesa, acompañado de un par de letras. No son necesarias para entender el agua, pero, para acabar de descifrar los códigos, recuerda que esas letras

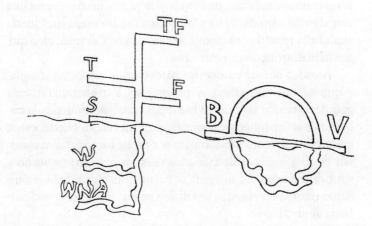

Marcas de Plimsoll.

hacen referencia a la autoridad que ha certificado las marcas y son, por tanto, una pista sobre el origen del barco. LR – Reino Unido (Lloyd's Register), BV – Francia (Bureau Veritas), AB – American Bureau of Shipping, NK – Japón (Nippon Kaiji), etc.

## Rastrear el agua

Después de que las malas condiciones meteorológicas nos obligaran a buscar refugio en el *dhow* en Omán, me acerqué al borde de un pequeño acantilado y observé cómo se acercaba la tormenta. Las olas cambiaron de dirección a medida que los nuevos vientos, más fuertes, se sobreponían a los anteriores, y veía cómo se acercaban a la costa. Poco después estaba entre risas con los habitantes de la zona mientras bailaban. Las lluvias fuertes son demasiado extrañas en esas partes del mundo como para aguar una atmósfera festiva.

A la mañana siguiente, subí hasta el *jebel,* las secas y calurosas colinas desde las que se veía el mar. Me llevé una mochila con algo de comida, agua y un plan a medio preparar. Quería analizar la relación concreta entre los barcos y el agua, algo que me había intrigado durante años.

A todos nos suena que los barcos dejan estelas en el agua, y que cuanto más grande y potente sea la embarcación, más grandes serán. Si alguna vez has estado tambaleándote en la cubierta de una pequeña embarcación en un río, no puedes evitar desarrollar un sexto sentido para el tipo de barcos que más agitan el agua y de sus descuidados dueños, que dan un sorbo a sus bebidas mientras su estela te balancea hacia un lado, y otro sorbo cuando las olas que se reflejan en los márgenes te inclinan hacia el otro lado.

Hace muchos años, mientras descansaba a la sombra en una colina de Grecia durante una calurosa caminata, fui testigo de algo que cambió mi percepción sobre las estelas y el agua. Una pequeña embarcación a motor irrumpió en la bahía que estaba contemplando, echó un rápido vistazo y volvió a marcharse. La espuma blanca de la estela llegó hasta los márgenes de la bahía, dejó una línea de burbujas detrás de ella y desapareció. Estuve un rato sentado, bebiendo agua, y después me tapé la cara con mi sombrero de ala ancha, me tumbé en una roca y me eché a dormir.

Era mediodía y hacía demasiado calor, así que a los pocos minutos volví a levantarme, esperé que los ojos se me acostumbraran a la brillante luz del sol en las rocas y el agua de la bahía y di otro sorbo de agua. Había algo en el agua que me pareció muy extraño: una curva perfecta que reconocí inmediatamente. Era el curso que había seguido la embarcación, unos diez minutos antes. Había un rastro en el agua.

El rastreo es una de las habilidades más antiguas del ser humano: entender las rutas, los horarios y el comportamiento de animales y personas que han pasado por una zona antes que tú. Es una habilidad que permitía a nuestros ancestros cazar mejor y evitar ser cazados por sus competidores, y es por eso por lo que fue algo tan vital durante miles de años. Ha vivido un renacimiento estos últimos años, a medida que más y más personas han empezado a apreciar la satisfacción y diversión que radica en aplicar la sabiduría fundamental de nuestros ancestros. Pero nunca se me había ocurrido la idea de rastrear el agua, así que desde aquel momento en una colina griega me han intrigado sus posibilidades.

Una de las verdades universales de la observación humana es que vemos más de lo que esperamos ver y menos de lo que desearíamos. Este extraño y simple hecho tiene unas ramificaciones enormes para los que están interesados en las pistas al aire libre de cualquier tipo. La riqueza de detalles de nuestros sentidos, sobre todo de nuestra vista, que el cerebro intenta procesar implica que descartará automáticamente todo lo que considere irrelevante, sin molestar a nuestra parte consciente, que suele estar saturada. Es extraño como el cerebro no registra el segundo «el» que hay junto al primero al principio de la frase.

La mayor parte de mi trabajo consiste en enseñar a la gente a percibir las cosas que se esconden a simple vista, no las que son difíciles de ver. Cuando tienes conciencia de que el liquen naranja, *Xanthoria,* aunque común en los tejados y en la corteza de los árboles, es mucho más común en las zonas orientadas hacia el sur e iluminadas por el sol, te sorprende cómo ese organismo, con el que te has cruzado a diario tantas veces, se ha escondido a la perfección. Y no hay nada que disfrute más que encontrar maneras de aplicármelo a mí mismo. Los rastros en las aguas griegas fueron uno de esos momentos. Desde entonces, comencé a darme cuenta de que todos los objetos que se mueven por el agua dejan una marca mucho más duradera de su paso por allí de lo que habría imaginado o percibido jamás.

Cuando nos volvemos más sensibles a nuevos detalles como estos, a menudo tendremos la sensación de que están por todas partes, en la vida y en la literatura. Por eso, me sorprendió y deleitó descubrir que el autor de *Waterlog,* Roger

Deakin, no solo había percibido los patrones de su propia estela mientras nadaba, sino también que Tarka la Nutria también los dejaba, incluso buceando. Parece ser que los submarinos a poca profundidad también dejan una estela perceptible en la superficie.

Mis cuestionamientos me llevaron a conocer la ciencia de las estelas, un presagio de ecuaciones y teorías en conflicto. *Lord* Kelvin, el formidable físico británico, hizo un descubrimiento matemático que puede sernos útil conocer para utilizarlo siempre que veamos estelas. La estela de una embarcación se propagará hasta cerca de los 20 grados respecto del rastro principal de dicha embarcación. Dado que se propaga en ambas direcciones, hay 40 grados entre una estela y la otra y, si tenemos en cuenta que un puño extendido genera un ángulo de unos 10 grados, eso significa que, si estás en una embarcación y miras hacia atrás, habrá cuatro puños de estela a estela, independientemente del tipo de embarcación, de su velocidad y de la distancia a la que mires. Lo sorprendente es que aplica el mismo ángulo a los patos que chapotean por el agua e incluso a un palo que arrastres por la superficie.

En muchas de las estelas que generan los barcos también se crearán una serie de olas entre las olas principales y que son más o menos perpendicularmente a ellas. Se conocen como «olas transversales», y cada una forma parte de un círculo que va creciendo (y, por tanto, las ondas pierden profundidad) a medida que se aleja del barco.

Como pasa siempre, la apariencia de estas olas cambia según la dirección del viento; en un día ventoso, en un río transitado como el Támesis, podrás observar que las estelas de embarcaciones similares, aunque vengan de direcciones opuestas, son diferentes.

Mi fascinación, desde el descubrimiento en Grecia, no se basa tanto en los patrones de las alteraciones posteriores al paso de una embarcación por el agua, sino en la marca duradera que estas dejan en su camino. En la zona directamente

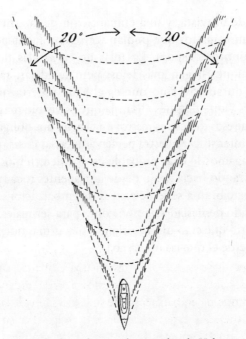

La estela de un barco y los ángulos de Kelvin.

posterior de los barcos, el agua que han atravesado las hélices emerge a la superficie. Es fácil detectarla detrás de la mayoría de barcos porque es de un color diferente y, normalmente, está llena de burbujas. Esa conmoción no tarda en desaparecer, pero el agua no vuelve exactamente a su estado anterior, sino que conserva una cristalinidad peculiar. Es algo que se ha observado durante muchísimos años y ha adquirido diversos apodos, como el de «estela muerta». Esta estela muerta es perceptiblemente diferente al agua que la rodea durante mucho más tiempo del que me habría esperado jamás, y, según el tamaño del barco, su velocidad y el estado del agua, es posible detectar los rastros de barcos que hace mucho pasaron por allí.

Desde el *jebel* omaní vi el rastro de pequeños pesqueros que duraron al menos siete minutos después de que desaparecieran de mi vista, y una embarcación de la armada omaní dejó unos rastros que podían leerse con facilidad más de veinte minutos después. Las olas de las estelas de grandes embarcaciones llegan más lejos, pero no dejan rastros demasiado duraderos, sino que es el agua muerta que agitan las hélices y que después alisan la que es visible más tiempo.

Buscar esos delicados rastros en el agua nos obliga a aguzar la vista e intensificar nuestra percepción de las cosas, y siempre que lo hagamos lo más probable es que detectemos otras señales. Mirando hacia abajo desde las calientes rocas pardas de Omán, percibí una serie de rastros de embarcaciones que habían durado demasiado tiempo como para ser reales. Al final, se demostró que eran unas corrientes suavísimas que rodeaban el cabo desde el que las observaba.

# Capítulo 18

## *Lo raro y lo extraordinario*

En este capítulo echaremos un vistazo a algunos fenómenos acuáticos que es improbable que veas a menudo pero que vale la pena conoce, pues, si te los cruzas, te afectarán enormemente. Los efectos drásticos de algunos de estos fenómenos también han provocado que reciban más atención y se hable más de ellos que de algunos de los efectos más sutiles que hemos visto hasta ahora.

## *Ondas Kelvin*[1]

La rotación de la Tierra genera un fenómeno en los océanos conocido como «ondas Kelvin». La ciencia que hay tras ellas es extremadamente confusa, pero el principio básico es bastante comprensible. Cuando remueves algo similar a una taza de té, es fácil ver cómo el movimiento genera algunas zonas más altas y otras más bajas, pequeñas ondas que dan vueltas por la taza. La rotación de la Tierra remueve e impulsa los océanos, y eso genera las ondas Kelvin.

Dado que las ondas Kelvin viajan en una dirección, de oeste a este, la topografía de la costa es algo importante que debemos tener en cuenta en relación con la altura de las olas, porque la zona orientada hacia el oeste tiende a ser la que recibe el embate. Las ondas Kelvin son la razón de que los puertos orientados hacia el oeste sufran las olas más violentas que los que están orientados hacia el este, a pesar de que puedan compartir el mismo mar.

## Tsunamis

Durante décadas, muchas personas usaban las palabras *tsunami* y *maremoto* casi indistintamente, pero era algo innecesariamente confuso. La tragedia esclareció las cosas en el año 2004, cuando el tsunami del océano Índico mató a miles de personas y obligó al mundo a enfrentarse a este monstruo marino y entenderlo mejor.

Un tsunami no tiene nada que ver con las mareas, sino que es una ola oceánica creada por una perturbación subacuática enorme, normalmente un terremoto o un volcán. Esta sacudida sísmica genera una serie de olas sorprendentemente largas y bajas cuando nace, de unos treinta o cuarenta centímetros de altura, con hasta diez minutos entre cresta y cresta. En 2004 fue la primera vez que se hicieron cálculos precisos en estas etapas tempranas de la altura de un tsunami con el uso de un radar: dos horas después del terremoto, la altura de las olas era de unos sesenta centímetros.[2]

Estas ondas, todavía suaves, radian de la violenta zona de su creación a gran velocidad, normalmente a unos 800 kilómetros por hora. Y, como pasa con el resto de ondas, su altura se reduce a medida que se propagan por el océano. Tres horas y quince minutos después del terremoto de 2004, las olas no medían más de cuarenta centímetros.

No hay demostración más terrible que un tsunami de las leyes físicas que dictaminan que la altura de una ola y su longitud cambiarán cuando alcancen aguas poco profundas. Cuando esas ondas, alargadas y bajas, alcanzan los bajíos de la costa, se acortan y alcanzan alturas devastadoras. En el diciembre de 2004, doscientas treinta mil personas de catorce países diferentes perdieron la vida cuando las olas que al principio no llegaban ni a la rodilla se convirtieron en monstruos de cuarenta metros que arrasaron las comunidades costeras.[3]

Una de las pocas señales perceptibles en la costa de que se acerca un tsunami es el retroceso repentino del agua, ya que se ve atraída mar adentro por la ola creciente. Los gitanos del mar moken, del mar de Andamán, lo percibieron y fueron de los pocos que apreciaron la gravedad de esa señal y se alejaron de la zona de peligro a tiempo.[4] Saleh Kalathalay, un pescador submarino, se dio cuenta de que imperaba un inusual silencio en animales como las cigarras, y se apresuró a avisar al resto del pueblo. Los habitantes se vieron persuadidos por las señales y subieron a terreno elevado. El tsunami destruyó el poblado, pero consiguieron salvarse.

## *Cuando no hay ninguna otra explicación para una ola...*[5]

Si observas una zona de aguas poco profundas cercanas a la costa durante un largo período, lo más probable es que veas un montón de tipos de olas diferentes de las que hemos visto anteriormente. Es posible que algunas las cree el oleaje que llega de mares lejanos, mientras que otras veces habrá un montón de olas que habrán creado los vientos de la zona. También verás en ocasiones olas entrantes provocadas por las estelas de las embarcaciones, cercanas y lejanas. Sin embargo, cuando no hay oleaje, ni viento, ni estelas, ¿es posible que sigan llegando ondas? Por supuesto. Como ya hemos visto, podemos concebir las mareas como ondas larguísimas y muy bajas que rodean medio planeta. Pero también hemos visto que las olas se acortarán (es decir, se reducirá su longitud de onda) cuando entren en aguas poco profundas.

Ocasionalmente, es posible detectar olas entrantes en una costa cuyo origen está en las mareas que rodean el planeta.

Esas son las verdaderas olas de marea y, a pesar de ser muy comunes, es muy extraño reconocerlas como tal.

## Macareo[6]

Si las olas de marea que acabo de mencionar llegan a zonas en las que se canaliza su energía y se encuentran con la fricción de un canal, comenzará a generarse una ola considerable. Si esa turbulenta ola tiene que enfrentarse a una corriente saliente, se producirá una gran cantidad de presión que acabará por liberarse en forma de una ola veloz de gran magnitud conocida como «macareo». La topografía y los ritmos de las mareas son regulares, así que los macareos tienden a ser predecibles en algunos lugares, pero no en otros. En el río Severn se suele producir un notorio macareo que se puede surfear.

El río Sena, en Francia, también tiene otro, conocido como *le mascaret*, y, antes de que su comportamiento se documentara, entendiera o predijera, segó las vidas de la hija de Victor Hugo y de su marido, recién casados.

## Anfídromos

Todas las fuerzas que hacen que las mareas suban y bajen se autoanulan en algunos puntos concretos, lo que deja los mares sin pleamares ni bajamares. Esos lugares se conocen como «anfídromos». Sigue habiendo corrientes, pero no hay movimientos verticales en el agua. Son habituales en mar abierto (no hay ninguna cerca de Reino Unido) y el impacto es bastante ínfimo, más allá de la mera una curiosidad.

# Olas gigantes

En febrero de 1883, un importante barco de vapor, el *Glamorgan*, se vio sorprendido por una ola que lo sobrepasó, destrozó uno de los mástiles y destruyó las camaretas y el punto de mando. La embarcación, de cien metros, se hundió al día siguiente, pero hubo suficiente tiempo para que escaparan cuarenta y cuatro miembros de la tripulación en botes salvavidas y explicaran la historia de una ola monstruo, una ola que ningún barco podría soportar.[7]

Durante décadas, los científicos creyeron que las noticias que les llegaban de los marineros sobre olas demasiado grandes para ser reales, olas que empequeñecían a sus vecinas y se tragaban barcos enteros, no eran más que habladurías de la gente del mar. Su explicación era que los modelos matemáticos que describían prácticamente todo lo que pasaba con las olas marinas no dejaba lugar para vagabundos o gigantes y, por tanto, no podían existir. Cientos de informes de testigos no fueron suficientes para desafiar las ecuaciones de ondas que habían desarrollado los matemáticos.

Lo que pasó fue que los científicos se estaban basando en una visión ligeramente simplista del comportamiento de las ondas. Una visión que cambio el 1 de enero de 1995, cuando una ola golpeó una plataforma petrolífera en el mar del Norte. Dicha ola no encajaba en ninguno de los modelos de los científicos. Se había medido con sensores láser y se había determinado su altura en 25,6 metros, más del doble del resto de olas enormes de la zona. La plataforma sufrió algunos daños, pero las explicaciones matemáticas que habían dirigido nuestros conocimientos sobre las posibilidades de las olas se rompieron en pedazos.

De media, las olas que crea el viento del mar encajan a la perfección en ciertos patrones de tamaños, y también en modelos matemáticos. Como hemos visto, la fuerza del viento, la distancia y el tiempo generarán olas de una altura concreta de

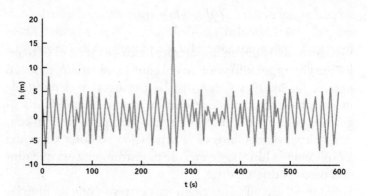

La ola gigante, medida desde una plataforma petrolífera del mar del Norte durante el día de Año Nuevo de 1995, que confirmó la existencia de las olas gigantes.

media. Sin embargo, el malentendido histórico principal era que aquello solo eran pautas de probabilidades, y que las olas que no encajaran en esos tamaños predichos también existían, aunque no fueran tan frecuentes. Todo es una cuestión de probabilidades: puede que pasen cien olas de la misma altura, pero eso no cambia el hecho de que exista la probabilidad de que la siguiente sea mucho más grande. Y, como es sabido desde hace siglos entre los capitanes, al menos entre los que han sobrevivido, hay una probabilidad mínima de que de vez en cuando se genere una ola monstruo.

Algunos de los factores que hemos visto en capítulos anteriores pueden aumentar la posibilidad de las olas más grandes y de las gigantes; por ejemplo, las fuertes corrientes que fluyen contra las olas que arrastra el viento. Esta es probablemente la razón por la que algunos lugares registran más avistamientos y naufragios misteriosos que otros, como el cabo de las Agujas de Sudáfrica, el más conocido de todos. Aparte de evitar esas zonas y las tormentas, algo que puede que no sea una opción para algunos marineros y, sin duda, no lo era para la mayoría en el pasado, no hay demasiadas opciones para predecir con exactitud cuándo y dónde golpearán esas olas. Es irónico que la ciencia más reciente le otorgue algo de credibilidad a la filosofía tradicional y fatalista de los marineros de que, cuando ha llegado tu hora, no hay mucho que puedas hacer para cambiarla.

## El desconcierto del desagüe

Los grandes remolinos rotan en el sentido contrario al de las agujas del reloj en el hemisferio norte y en el sentido correcto en el hemisferio sur. La dirección de la rotación se debe a la rotación de la Tierra, que provoca algo que se conoce como «efecto Coriolis». A grandes escalas, estos movimientos son muy predecibles, lo que permite a los meteorólogos pronosticar el comportamiento de los sistemas meteorológicos de bajas presiones y las corrientes oceánicas. Está garantizado que sucede en grandes sistemas como el tiempo o el océano, pero los científicos llevan mucho tiempo dudando si los pequeños cuerpos de agua también padecen este efecto.

Hay un consenso bastante amplio sobre la idea de que el agua se comporta de esa manera en todas partes, hasta en… las bañeras, pero aquí es donde empiezan las desavenencias. Algunos científicos, como el ingeniero hidráulico francés Francis Biesel, afirmaron que una bañera era algo demasiado pequeño como para mostrar este efecto y que esta agua giraría en una dirección concreta en todo el mundo. Sin embargo, el ingeniero estadounidense Ascher Shapiro no estaba dispuesto a que le aguaran la fiesta en su bañera, así que decidió emprender un experimento controlado para responder a la cuestión de una vez por todas. Shapiro declaró en 1962 que, bajo condiciones de laboratorio en el Massachusetts Institute of Technology de Estados Unidos (y, por tanto, en el hemisferio norte), el agua giraba siempre en la dirección contraria a las agujas del reloj al caer por el desagüe. No todo el mundo aceptó esos resultados. En lo que sí que se pusieron de acuerdo fue en que las condiciones iniciales eran vitales para entender el resultado: el agua tenía que estar inmóvil durante, al menos, veinticuatro horas para evitar cualquier ápice de movimiento residual.

Para demostrar la sensibilidad de la dirección del movimiento del agua al quitar el tapón, lo único que tienes que hacer es remover un poco el agua antes. La dirección que elijas será hacia la que gire el agua a medida que la bañera se vacíe, y no cambia su dirección, independientemente del hemisferio en el que esté.

Un buen resumen de esta situación sería el siguiente: el efecto Coriolis hará que el agua rote en la dirección contraria a las agujas del reloj en cualquier gran sistema del hemisferio norte, pero cuanto más pequeño sea el remolino, más afectarán a su dirección las condiciones iniciales. Puedes predecir la dirección de los remolinos oceánicos con bastante certeza, pero para predecir con seguridad el efecto Coriolis en lugares más pequeños, como una bañera, necesitarías convertir el baño en una laboratorio estéril sin movimientos de aire y esperar, al menos, un día antes de quitar el tapón, idealmente con un brazo robótico.

## Leats

Si en alguna parte remota de Gran Bretaña te encuentras con algo similar a un pequeño canal que se extiende en la distancia, probablemente hayas encontrado un *leat,* una especie de acequia. Estos canales se construían en zonas aisladas para transportar agua dulce de un lugar a otro. En Dartmoor puede contemplarse uno de los mejores ejemplos, un *leat* que se extiende a lo largo de kilómetros, como un modesto acueducto romano.

# Trombas marinas

Nunca olvidaré, hace ya muchos años, un día que volaba de vuelta a casa y estaba atravesando el canal de la Mancha en una avioneta. En un día por lo demás soleado, detecté una nube altísima y ominosa a pocos kilómetros al sur de la isla de Wight. Había algo en aquella nube que incomodaba, y la analicé durante bastante tiempo hasta que divisé la delgada columna de agua arremolinada bajo ella. Estaba delante de mi primera y, hasta el momento, última tromba marina o manga de agua. Me alejé de la nube y me puse en contacto por radio con el control del tráfico aéreo para informarles, y me prometieron que avisarían a otros controles y a la comunidad marítima.

Hay dos tipos de trombas marinas, las tornádicas y las no tornádicas; de este último fue la que vi aquel día de verano. Las trombas marinas no tornádicas están muy localizadas y es habitual verlas en días de bonanza, no duran mucho y, a pesar de que los vientos pueden ser peligrosos en algunas zonas, no suelen causar grandes daños. Las tornádicas son, como su nombre indica, tornados en el agua, y son harina de un costal totalmente diferente, ya que suponen una amenaza muy seria con un gran alcance.

# La Barrera del Támesis[8]

Mi amigo John Pahl, navegante y aficionado al Támesis, me informa de que la Barrera del Támesis* ofrece en ocasiones una oportunidad de ver algo que raramente puede observarse en otros lugares: la subida de la marea cuando está disminu-

---

* La Barrera del Támesis (*The Thames Barrier*, en inglés) es la segunda barrera contra inundaciones más grande del mundo, después de la de Oosterscheldekering, en los Países Bajos. Se finalizó su construcción en 1984, motivada por la inundación de los Países Bajos de 1953, que también había afectado partes del estuario del Támesis y de Londres. (*N. del T.*)

yendo. Cuando la barrera está alzada, la marea en descenso no puede seguir bajando, así que, cuando las corrientes de marea salientes intentan llevarse el agua hacia el mar, la barrera las detiene y el agua retrocede, lo que da lugar al extraño efecto de la marea descendiente en aumento.

## Giros oceánicos

El efecto Coriolis hace que las grandes corrientes de los océanos giren en el sentido contrario a las agujas del reloj en el hemisferio norte y en el sentido de las agujas del reloj en el sur. Cuando este efecto se combina con el hecho de que los continentes constriñen a los océanos, el resultado en algunos lugares es un giro oceánico, enormes masas de agua arremolinadas.

Los giros actúan como trampas para restos y desechos, tanto naturales como artificiales, que quedan atrapados en esos sistemas rotatorios, a veces durante años. Esto ha provocado algunas concentraciones desafortunadas de basura en algunos sitios; a uno de ellos se le ha apodado con el vergonzoso nombre de la «gran zona de basura en el Pacífico» o el «continente de plástico», entre otros.

## Andanas marinas

Tradicionalmente, la palabra «andana» *(windrow,* en inglés) se ha usado para referirse a los largos caminos de cosechas cortas que vemos en los campos en épocas de siega, pero el término se ha extendido y aplicado a muchas cosas que forman largas hileras en los paisajes.

Cuando el viento sopla sobre mar abierto, puede provocar un fenómeno conocido como «circulación de Langmuir», que consiste en la formación de vórtices de agua, algo así como sacacorchos en el océano. Estos sacacorchos forman largas líneas en paralelo a la dirección del viento. Estos vórtices obligan al agua a ascender en algunos lugares y a descender en otros. El efecto final son largas hileras visibles que pueden estar formadas por zonas de aguas tranquilas o picadas, algas u otro tipo de restos.

Por tanto, si ves largas líneas en el mar, alineadas con el viento, probablemente sean andanas. (Sin embargo, recuerda que, si ves largas líneas de aguas tranquilas y cristalinas muy cerca de la costa en un día de brisas suaves, lo más probable es que sean líneas oleosas entre ondas; consulta el capítulo «Leyendo las olas».)

## Remolinos

Si las fuertes corrientes de marea se encuentran con la topografía adecuada, las aguas comenzarán a girar y darán lugar a un «remolino». Los grandes remolinos pueden oírse a kilómetros de distancia. El Corryvreckan, cercano a la isla de Jura, en Escocia, es uno de los remolinos más grandes y poderosos, y estuvo a punto de provocar la muerte de George Orwell en 1947.

## Aguas inestables[9]

Los regatistas de las olimpíadas de Acapulco de 1968 presenciaron un curioso fenómeno conocido en inglés como «*slippery sea*» ('aguas inestables'). Ya sea en grandes estuarios o en ríos más modestos, es probable que dediques parte de tu tiempo en la costa cerca del punto en el que el agua dulce se encuentra con el mar, ya que son, además, lugares muy populares.

Cuando la marea se esté retirando, habrá momentos en los que el agua dulce fluya hacia el mar. El agua de los ríos flota mejor que el agua salada, así que no se mezclan demasiado bien, lo que provoca que el agua dulce forme una capa por encima del océano, sobre todo si las temperaturas son altas (lo que aumenta su probabilidad en verano). Esta capa inestable de agua se comporta de una manera notablemente diferente al agua salada inferior y a la que la rodea. El viento arrastrará la capa de agua dulce, lo que puede provocar que fluya en una dirección diferente al agua salada. Los regatistas de las Olimpiadas de 1968 tuvieron que pedir ayuda a los estrategas para entender por qué había zonas en el agua que se movían en direcciones tan contraintuitivas.

## Fuegos fatuos[10]

En aguas estancadas, como en los pantanos, la cantidad de materia orgánica en descomposición de la que se alimentan las bacterias bajo la superficie hace que el agua pierda todo el oxígeno disuelto. Las bacterias no se dan por vencidas llegado ese momento, sino que las sustituyen especialistas anaeróbicos que rompen la materia animal y vegetal mediante diferentes procesos. Las bacterias anaeróbicas producen gas metano y, si se produce el suficiente, saldrán burbujas hacia la superficie. En contadas ocasiones, este gas prenderá de forma espontánea, lo que creará llamas azules danzantes en la superficie del agua. Estas llamas han recibido multitud de nombres en inglés, entre los que destacan «*will-o'-the-wisps*» y «*jack-o'-lanterns*», «fuegos fatuos» en español.* En el Reino Unido hay, además, infinidad de variantes locales, lugares en los que estos fuegos se han entrelazado con las historias del folklore sobre espíritus malignos: las Hobby Lanterns (en Hertfordshite y

* *Will-o'-the-wisp* y *jack-o'-lantern* son dos términos que, en origen, se usaron para referirse a la misma realidad, lo que conocemos como fuego fatuo en español. Sin embargo, con el paso de los años, el término *jack-o'-lantern* comenzó a usarse casi exclusivamente para hacer referencia a las calabazas talladas donde se introduce una vela u otro tipo de fuente lumínica, típicas de Halloween en los países anglosajones. *(N. del. T.)*

East Anglia), los Hinky Punks (en Somerset y Devon) y los Peg-a-Lantern (en Lancashire). Siguen estando en mi lista de «cosas que ojalá pueda ver algún día», así que espero que tú tengas más suerte para detectarlas.

## El rayo verde

Si pasas suficiente tiempo entre marineros con algo de alcohol de por medio, no tardarás en oír a alguien discutiendo sobre el «rayo verde». Cuando se dan las condiciones atmosféricas adecuadas (y, sobre todo, durante el fenómeno meteorológico conocido como «inversión de temperatura»), hay un momento justo antes de la puesta de sol y justo después del alba en el que las partes rojas y amarillas de la luz del sol no pueden doblarse por el horizonte, pero sin embargo, los azules se doblan demasiado y se esparcen por completo por la atmósfera. En ese momento, solo hay un color capaz de viajar desde la zona inferior del horizonte hasta tus ojos, y, si eres paciente y afortunado, verás un estallido de una brillante luz verde en el horizonte. Es muy extraño ver ese destello verde, lo que le ha otorgado un carácter de ser medio mítico, pero se trata de un fenómeno real que perfectamente puede observarse.

Si, por casualidad, te fijas en que el sol adopta una forma ligeramente vertical, al contrario del efecto ovalado habitual, es una señal de una inversión de la temperatura, momento en el que el aire caliente se sitúa en la parte superior del aire frío, lo que ofrece las condiciones ideales para contemplar el rayo verde.

## Peces voladores[11]

Hay algo en el hecho de estar solo en un barco en medio del océano por la noche que mezcla a la perfección el placer y el miedo. Es una sensación de maravilla ante la vastedad del océano y del cielo estrellado con unos toques de conciencia de cuán a la merced de la naturaleza estás, así que lo mejor es disfrutar de los momentos de calma mientras duren. Me encontraba en esa situación en el Atlántico, en el mes de diciembre de 2007, admirando Marte y Orión y escuchando el golpeteo constante de la proa contra las modestas olas, cuando pasó algo para lo que no estaba preparado.

Una de mis rutinas matinales era caminar por la cubierta, inspeccionar el velamen y los aparejos y recoger cualquier pez volador que hubiera aterrizado en el barco durante la noche, para devolverlo al mar, la mayoría ya muertos. Ni los cocinaba ni me los comía, como hacía la tripulación de Thor Heyerdahl en su balsa, pero me reconfortó saber que era difícil morir de hambre en una parte del mundo en la que los peces comestibles saltaban del agua casi para caer en la sartén. Una noche, un pez volador consiguió regresar al agua con mi inestimable ayuda, pero no sin antes darme una bofetada con la cola, lo que desencadenó una escena de agitación cómica por parte de los dos y un diccionario de insultos entero.

Desde aquella abrupta presentación, he sentido cierta fascinación por los peces voladores. Se cree que existen entre sesenta y setenta especies diferentes, divididas entre los grupos de dos y cuatro alas, y que pueden llegar a medir hasta medio metro de longitud. Técnicamente no vuelan, pero planean con unas alas fijas y pueden llegar a cubrir distancias de entre quince y noventa metros con cada planeo. El récord se registró en Japón, cuando se consiguió filmar un pez que estuvo planeando durante 45 segundos. Puede que no nos sorprenda, pero comparémoslo con los humanos, que no somos capaces de salir del agua y mantenernos ni medio segundo en el aire.

Esa capacidad de volar es una táctica de escape muy ingeniosa, no solo por la velocidad o por el hecho de que les permita salir del agua, sino porque, además, pueden llevar a cabo un truco de magia para desaparecer detrás de un espejo. Los peces aprovechan las características espejadas del agua desde ciertos ángulos con el propósito, parecer ser, de que los depredadores les pierdan el rastro.

Este es el mismo efecto que nos permite ver el cielo en la superficie del agua desde ángulos bajos. Puedes probarlo mientras buceas: verás muchas cosas si miras más o menos hacia arriba en línea recta, pero solo verás la superficie argéntea si miras más o menos en horizontal. Es muy común ver la cabeza y los hombros de alguien en una piscina, pero no su mitad inferior.

Como las mariposas, los peces voladores están bendecidos con algunos nombres exquisitos en inglés: *Big Raspberry* ('gran grosella'), *Leopardwing* ('ala de leopardo'), *Sergeant Pepper* ('sargento pimienta', probablemente en referencia a uno de los discos de los Beatles, el *Sgt. Pepper's Lonely Hearts Club Band*), *Apache Pinkwing* ('ala rosa apache'), *Purple Haze* ('nebulosa púrpura', probablemente en referencia a la canción más popular de Prince), *Violaceous Rainmaker* ('hacedor de lluvia violáceo'), *Pacific Necromancer* ('nigromante pacífico'), entre otros.

Sus alas suelen mostrar unos preciosos colores iridiscentes que desaparecen poco después de su muerte. El porqué de la existencia de esos colores sigue siendo un misterio, ya que ni el cortejo ni la autodefensa acaban de dar cuenta de ellos; soy muy fan de la belleza que no puede explicarse con facilidad.

Son habituales en mares con aguas cálidas, a más de 20 ºC, y están entre los peces más comunes de la superficie de las aguas tropicales.

## Espejismos emergentes

Es muy común que el aire que se encuentra inmediatamente por encima del agua esté notablemente más frío que el de más arriba, y, siempre que haya franjas de aire a diferentes temperaturas cercanas entre sí, actuarán como lentes y harán que la luz que vemos se curve.

En las condiciones adecuadas, esa curvatura hará que las cosas que están más allá del horizonte aparezcan en el mar a nuestra vista. Los inuit llaman a este efecto «*puikkaqtuq*», que se traduciría aproximadamente como 'emerger', y lo han sabido aprovechar para orientarse y otear tierra a distancias a las que normalmente sería imposible.[12] Los isleños del Pacífico también están habituados a ese efecto, una técnica que llaman «*te kimeata*».[13]

## Ríos trenzados[14]

Es muy habitual ver ríos serpenteando en sus etapas inferiores, pero si el agua fluye por la inclinación y el tipo de sedimento adecuados, el canal principal se dividirá en docenas de canales estrechos, lo cual dará lugar a un río trenzado (*braid river*, en inglés). Los estrechos canales de los ríos trenzados serpentean cruzándose entre ellos y entre los bancos de arena y las islas. (Los ríos trenzados son el mismo efecto que las marcas de las que hemos hablado en el capítulo «La playa», aunque a una escala mayor.)

En inglés, la palabra *braid* viene del inglés medio «breyden», que significa 'moverse de repente', y tiene sus raíces en el inglés antiguo «bredgan» ('sacar' o 'desenvainar', como harías con una espada). Es una palabra muy acertada para esos canales que cambian de dirección de manera casi instantánea e impredecible, que abandonan el canal principal y toman otro curso con regularidad.

## Relámpagos submarinos[15]

Quizá la señal acuática más misteriosa sobre la que he oído hablar es el «*te lapa*», los 'relámpagos submarinos'. Cuando David Lewis estaba navegando con los habitantes del Pacífico, le dijeron que mirara hacia el fondo del mar, donde vio rayos y destellos de luz. Los isleños estaban acostumbrados a aprovechar aquellos destellos para navegar, porque siempre emanaban desde la dirección donde había tierra, y podían verse a ciento treinta y ciento sesenta kilómetros de una isla, cuando esta todavía no estaba al alcance de la vista.

Cualquier explicación científica sobre estos destellos es pura especulación, posiblemente algún tipo de bioluminiscencia creada por las olas reflejadas de la tierra, pero el asunto sigue siendo un misterio por resolver.

# Epílogo
## *Aguas inexploradas*

Cuando académicos como David Lewis comenzaron sus investigaciones sobre las islas del Pacífico de la Polinesia y la Micronesia en la segunda mitad del siglo XX, tuvo lugar una peculiar simbiosis intelectual.

Los isleños no acababan de apreciar la rareza del conocimiento que atesoraban, y estaban permitiendo que muriera con las últimas generaciones que seguían poniendo en práctica esas habilidades. Las viejas costumbres debieron de parecerles algo fútil en comparación con el progreso tecnológico occidental, incluso antes de que aparecieran los GPS. La gran ironía es que ese aumento del interés occidental reavivó la conciencia de los habitantes de las islas y entendieron que lo que tenían no solo era especial, sino único. No había ningún otro sitio en la Tierra en el que hubiera un repositorio tan rico de técnicas ancestrales de navegación todavía vivas y en uso. Los isleños cayeron en la misma trampa que los occidentales: creyeron que algo pierde todo su valor cuando se pierde la necesidad de usarlo. Se desencadenó un renacimiento que culminó con la creación de organizaciones como la Pacific Voyaging Society, que continúa atesorando las habilidades y el patrimonio y transmitiéndolo a los habitantes.

Para ser honestos, envidio a pioneros como David Lewis, que pudieron aventurarse en campos tan ricos de sabiduría inexplorada. Aquello fue un nuevo nirvana para la investigación náutica práctica, y *perdí el barco* por unas pocas décadas, por no haber tenido el cuidado de nacer antes.

Hay una colección de historias conocidas como *Landná-mabók*, una serie de informes nórdicos de asentamientos islandeses de los siglos ix y x. En el segundo capítulo de un informe llamado el *Hauksbok*, hay algunas referencias intrigantes a los métodos que usaban los vikingos para orientarse. Lo que más me picó la curiosidad fue una referencia a una manera de mantener la latitud en un viaje hacia el oeste desde Noruega hasta Groenlandia.

Los navegantes tenían que dirigirse lo suficientemente hacia el sur como para perder de vista Islandia y ver ballenas, pero no tanto como para dejar de ver «aves de la costa». Aquello era una referencia inequívoca a usos antiguos de la navegación natural en el mar, a miles de kilómetros del Pacífico (además de ser muchos siglos anteriores a nuestras fuentes más antiguas). Para mi sorpresa, no encontré ninguna referencia de alguien que hubiera investigado aquellos métodos de manera práctica. En un momento de cinismo, me pregunté si la causa no sería que un destino académico de seis meses a las arenas doradas de las islas tropicales del Pacífico no atraería más a los investigadores que una pequeña embarcación abriéndose paso por mares helados. Lo cierto es que es más probable que sea porque las tradiciones del Pacífico todavía las practican navegantes vivos, a los que puedes entrevistar, mientras que los vikingos hace mucho tiempo que ya no están.

Las investigaciones académicas sobre los métodos prácticos vikingos se han centrado desproporcionadamente en la *solarstein* o «piedra sol». La piedra sol es un feldespato translúcido islandés que se dice que utilizaron los vikingos para que les ayudara a conocer la dirección del sol en días cubiertos.

En mi opinión, y a pesar de que los vikingos pudieran usar la piedra sol, era algo simbólico, una pieza de la destreza de un navegante y un estatus elevado, no una ayuda a la navegación real. No imagino ninguna circunstancia en la que una piedra sol pudiera ser de más utilidad en altas latitudes que las técnicas con las que podían estar familiarizados los vikingos y que aparecen en este libro, sobre todo la lectura íntima de la relación entre el agua y el viento, la tierra y los animales.

Contemplar todas estas cosas me despertó un sentimiento familiar y recordé la palabra en nórdico antiguo *aefintyr* ('aventura'), usada para referirse a un sentimiento de curiosidad continua.[1]

Mi buen amigo John Pahl y yo zarpamos de Kirkwall, en las islas Orkney, con la intención de dirigirnos al norte. Mi objetivo era investigar si los vikingos habrían podido utilizar las aves, los cetáceos y otras pistas naturales para determinar a cuánta distancia estaban de Islandia. A John le gustó la idea de ayudarme a investigar aquellos métodos y estaba encantado de pasar unas vacaciones agotadoras en el Atlántico Norte, cuando otros habrían estado horrorizados.

Los últimos preparativos habían acabado con nuestras energías. Habíamos cargado a mano casi media tonelada de suministros en una embarcación de diez metros. Habíamos pasado cientos de quilos de combustible y provisiones por la barandilla. Teníamos que amarrar seis bidones de un rojo brillante a la popa y guardar latas de sopa en partes del barco que, con suerte, veían la luz del sol una vez al año.

Soltamos amarras y zarpamos bajo una llovizna suave, pasando cerca del *skerry* de Vasa, donde las focas habían encontrado un rayo de sol solitario y estaban echando la siesta. *Skerry* es una palabra usada en aguas escocesas que hace referencia a una cumbre seca, un escollo o arrecife, que suele estar sumergida con la pleamar. Tras una breve pelea con las aguas picadas del Westray Firth, izamos las velas y pusimos rumbo al norte. Mis ojos se deleitaban con los patrones en el agua, a medida que el viento, las corrientes de marea y la topografía cooperaban o se enfrentaban. El sol y las nubes proyectaban sombras sobre los bajíos que hacían danzar los colores del agua. Al dejar atrás tierra hacia el sur, el mar se calmó. Unas horas más tarde, y a pesar de estar atardeciendo, seguía habiendo luz. El cielo estaba lleno de una modesta muestra de cirros.

La primera noche en el mar, si se le puede llamar así a aquella débil oscuridad, nos permitió una primera y, como descubriríamos más tarde, última visión de las estrellas. El Triángulo estival de Altair, Deneb y Vega era nítido y apuntaba hacia el sur mientras el naranja brillante de Arturo resplandecía hacia el oeste. El Arado y Polaris eran igual de visibles, más altas en relación a como estoy acostumbrado a verlas. En una hora, los niveles de luz habían aumentado lo suficiente como para esconder las estrellas. No las volveríamos a ver durante el viaje.

Durante aquellos primeros días intentamos habituarnos, olvidarnos de los lujos de tierra firme y los pasamos volviendo a aprender las técnicas para una navegación feliz en mar abierto. No tardas en recordar el arte de hacer té con una pierna levantada, y el gusto se acostumbra a la vida en el mar. El curry enlatado sabe a gloria cuando no hay tierra a la vista.

La navegación a cuatro manos es igual que a dos, con la diferencia de que puedes dormir. Estás solo durante muchas horas, e intercambias novedades cuando acabas la vigilancia y antes de dirigirte a la litera para un merecido descanso. A John no le entusiasmaba tanto como a mí detectar cada uno de los nuevos patrones en el agua, cada cambio en las olas y la resistencia a las alteraciones del oleaje que subyacía. Mis sentidos se disparaban a medida que el agua nos contaba sus historias, desde las patas de gato hasta los largos y suaves movimientos acompasados, la espuma de las olas, los colores que cambiaban con la profundidad y el tiempo.

A medida que nos acercábamos a las islas Feroe, el cielo nos mostró pistas aéreas que los vikingos habrían podido leer sin esfuerzo. Vimos agrupaciones de nubes en el horizonte, justo enfrente de nosotros, que nos revelaron la presencia de tierra antes de que pudiéramos ver las islas. Aquellas «altas y empinadas montañas» que los vikingos describían en el *Land-*

*námabók* hacen que el aire se eleve, para después enfriarse y generar nubes, lluvia y niebla.

Vimos cómo las nubes se abrían y nos permitían ver tierra, las siluetas de aquellos acantilados inhóspitos y oscuros.

Cerca de las islas Feroe, había una esclusa de marea que debíamos atravesar y estábamos corriendo demasiado pronto. Las corrientes de marea que fluyen por las islas Feroe tienen una reputación que las hace merecedoras de respeto, sobre todo si vas en un barco pequeño. Viramos cuando todavía quedaban unos treinta kilómetros por correr. No quería que nos viéramos obligados a abrirnos camino desde demasiado cerca si la decisión era dejar las islas en el oeste y dar la vuelta. Después de virar, el viento cambió de dirección hacia el este y adquirió una fuerza 5. Un fuerza 5 cerca de la costa es casi idílico, pero en mar abierto parecía un fuerza 8, con unos *fetch* interminables, y el estado del mar se complicó hasta unos niveles incómodos en poco tiempo. Con una segunda toma de rizos en la vela mayor y el barco tambaleándose con cada embate de las olas, presentíamos las famosas corrientes de marea de las Feroe.

Afortunadamente, el cielo se despejó, los mares se calmaron un poco y en cuatro horas estábamos en la entrada del fiordo Kalsoy y nos dirigíamos hacia el canal de navegación más inquietante con el que habíamos tenido el placer de encontrarnos jamás. A nuestros lados se extendían acantilados empinados y oscuros, que bloqueaban lo poco de la débil luz del sol que conseguía atravesar las nubes.

Los vientos nos permitieron navegar hacia el norte. Las noches, que no eran más que una pequeña disminución de los niveles lumínicos, se hicieron más y más cortas hasta que acabaron por desaparecer. El alba y el anochecer eran uno. Lo habíamos conseguido: habíamos llegado al círculo polar ártico.

Establecimos rumbo al oeste y navegamos por la parte superior de Islandia hacia Groenlandia. Nos cruzamos con ballenas piloto, orcas y delfines. Encontrarse con estos cetáceos en un barco pequeño es siempre una experiencia intensa, porque hay algo fascinante en el hecho de que parezca que esas criaturas son conscientes de tu presencia y que, a pesar de ello, continúan su camino sin prestarte atención. Un delfín no se mostró tan indiferente y nos deleitó con sus acrobacias y altos saltos en el aire.

Después, el mar cambió de color de forma radical, porque habíamos entrado en una parte de la corriente de Groenlandia Oriental. Esta corriente fluye desde el norte, y en sus aguas gélidas y llenas de nutrientes medra el fitoplancton, lo que hace que el agua adquiera un color azul lechoso, muy diferente al azul oscuro de las aguas por las que habíamos navegado. A veces podíamos ver una clara línea entre las dos, como si se estuvieran uniendo dos grandes ríos. Esta corriente puede verse desde el espacio.

La temperatura se desplomó y registramos el horizonte en busca de icebergs, e hicimos una llamada con un teléfono satelital para comprobar si había algún tipo de información sobre aquella zona durante la temporada.

Al acercarnos a Islandia por el noroeste, se alzaba ante nosotros un paisaje espectacular, con cumbres que nos recordaron a *El Señor de los Anillos*. Nos aproximamos a tierra y nos dirigimos con cuidado hacia el fiordo Jökulfirðir. Dejamos atrás el glaciar Drangajökull y nos adentramos en aguas poco profundas, inexploradas. En nuestro mundo actual, en el que con Google Earth puedes plantarte en medio de una montaña en mitad de la Antártida, en el que los teléfonos por satélite funcionan de polo a polo y en el que la Wikipedia te responde preguntas que nunca te habías planteado, lo desconocido tiene una extraña atracción.

Navegábamos hacia el sur, aprovechando unos violentos vientos catabáticos de fuerza 7 que bajaban desde las montañas heladas hacia nuestro oeste inmediato. En medio de la niebla los frailecillos nos ayudaron a saber dónde estaba la tierra, ya que siempre se dirigen hacia allí en manadas interminables.

Apareció una hilera de edificios de Reikiavik, dominados por la imponente iglesia de Hallgrímskirkja, atrapados entre el mar y las montañas heladas. Estábamos divididos entre el deseo de continuar explorando aquellos impresionantemente salvajes y preciosos mares, seguir viajando hacia el norte o hacia el oeste, y la decisión más sensata y segura de acabar allí. Hace unos mil años, Erik el Rojo decidió continuar su viaje hacia Groenlandia, pero de una flota de veinticuatro barcos la mitad se quedaron en el camino.

Al contrario que aquel vikingo, nosotros amarramos el barco y no conseguimos reprimir la sonrisa al darnos cuenta de que los dedos que habían recorrido aquellas cartas náuticas en un restaurante de Londres habían trabajado duramente para forjar un viaje memorable, por las Feroe, hasta el círculo polar ártico y hacia aguas inexploradas. Después, hicimos lo que todos los marineros sensatos hacen al final de un largo viaje: fanfarronear sobre ir a un bar para caer, al poco rato, profundamente dormidos. Entre Kirkwall y Reikiavik, a lo largo de más de mil millas náuticas (unos mil ochocientos cincuenta kilómetros), no habíamos visto ninguna otra embarcación, de ningún tipo.

El artículo que escribí sobre aquel viaje lo titulé «Nature's Radar» ('El radar de la naturaleza').[2] El artículo íntegro fue publicado en el Royal Institute of Navigation's Journal, y está disponible de forma gratuita en mi página web www.naturalnavigator.com. Nuestro viaje me ayudó a corroborar que las aves y otras señales naturales pueden aprovecharse de manera efectiva para calcular la distancia que queda hasta llegar a tierra en las aguas del norte, tal y como habían afirmado los vikingos.

Poco después de que se publicara el artículo, el ejército me hizo un enorme favor al condensar «Nature's Radar» en unas pocas líneas que, actualmente, pueden encontrarse en los rotafolios de supervivencia que hay en todos los aviones militares.[3]

Si cuentas más de diez aves en un período aleatorio de cinco minutos, estarás a unos sesenta y cinco kilómetros de tierra, y si cuentas dos o menos, estarás a menos de sesenta y cinco kilómetros; entre ambos, no hay nada seguro.

Habíamos contemplado el sol de medianoche y la sublime vida salvaje. Me habían asombrado, lógicamente, las ballenas y me había sorprendido la retorcida belleza de la medusa melena de león ártica. Sin embargo, fueron los patrones en el agua y su relación con la tierra, el cielo, los animales y las plantas los que me impactaron más. Patrones en continuo cambio y, aun así, constantes, ondas que viajaban desde los charcos cercanos a mi casa hasta el Atlántico norte.

Al mirar por la borda de la pequeña embarcación, rodeados por glaciares en aguas ignotas, y utilizar los colores para entender el agua que nos rodeaba, me di cuenta de que con aquel viaje por el círculo polar ártico había cerrado el círculo. Cada una de las señales, pistas y patrones de este libro me ayudaron en aquel viaje, ya fuera de manera práctica o por diversión. Sin embargo, habría detectado o entendido muy pocas si no hubiera decidido, hace muchos años, estudiar por placer el agua que tenía cerca de casa.

Si me dieran a elegir entre volver a embarcarme en un viaje como aquel o saber que puedo ver todas esas señales cerca de casa, no tardaría ni un minuto en decidirme.

# Fuentes, notas
# y lecturas complementarias

## *Extraños comienzos*

1. Loren Eiseley, http://todayinsci.com/E/Eiseley_Loren/ EiseleyLoren-Quotations.htm (enlace recuperado el 08/06/16).
2. George Hourani, *Arab Seafaring*, pp. 114–17.
3. G. R. Tibbets, *Arab Navigation*, p. 273.
4. David Lewis y Stephen Thomas, *passim*.
5. Stephen Thomas, The Last Navigator, p. 26.
6. David Lewis, *We, the Navigators*, p. 202.
7. Harold Lindsay, *The Bushman's Handbook*, p. 1.
8. Ian Proctor: Ian Proctor, Sailing Strategy, p. 1.
9. http://voices.nationalgeographic.com/2014/03/03/hokulea-the-art-of-wayfinding-interview-with-a-master-navigator/ (recuperado el 04/03/15).

## *Preparativos*

1. Paul Younger, *Water*, p. 14.

## Cómo ver el Pacífico en un estanque

1. James Cook, *A Voyage Towards the South Pole and Round the World*, Strahan and Cadell, 1777, p. 316.
2. Thomas, p. 78.
3. Estoy en deuda con David Lewis, *The Voyaging Stars*, pp. 117–19.
4. Lewis, *WTN*, p. 132.
5. Íbid., p. 130.

## Ondas terrestres

1. Lindsay, p. 20.
2. https://www.woodlandtrust.org.uk/visiting-woods/trees-woods-and-wildlife/british-trees/native-trees/black-poplar/ (enlace recuperado el 11/05/15).
3. Nigel Holmes y Paul Raven, *Rivers*, pp. 18–19.

## La falsa humildad del charco

1. A. M. Worthington, *A Study of Splashes*, p. 30.
2. Adam Nicolson, p. 56.
3. http://blog.eyeem.com/2012/07/how-to-shoot-puddleography/ (enlace recuperado el 15/04/15).

## Ríos y arroyos

1. Holmes y Raven, p. 123.
2. Holmes y Raven, p. 15.

3. Simon Cooper, *Life of a Chalkstream,* p. 118.
4. Holmes y Raven, p. 65.
5. Gisela Brinker-Gabler (ed.), *Encountering the Other(s): Studies in Literature, History, and Culture,* p. 297.
6. Daniel Kahneman, *Thinking Fast and Slow,* p. 137.
7. Holmes y Raven, p. 194.
8. Younger, p. 24.
9. Philip Ball, p. 40.
10. Cooper, p. 215.
11. Bellamy, p. 140.
12. Chris Watson, de *Caught by the River,* p.63.
13. David Bellamy, *The Countryside Detective*, p. 136.
14. John Pahl, conversación privada.
15. http://www.int-res.com/articles/meps2002/234/m234p281.pdf (recuperado el 21/07/15).
16. Holmes y Raven, p. 124.
17. Le agradezco a Dominick Tyler, fotógrafo de exteriores y escritor, que me diera a conocer este fenómeno durante una charla que mantuvimos en los Costwolds.
18. Proctor, p. 10.
19. De Jonathan Raban, *Passage to Juneau,* p. 291.
20. *Reading Water,* p. 46.
21. Íbid., p. 45.
22. Philip Ball, *Flow,* p. 10.
23. Íbid., p. 175.
24. Holmes y Raven, p. 91.

## El ascenso

1. Holmes y Raven, pp. 273–4.
2. Cooper, pp. 7 y 31.

3. Brian Clarke, *The Pursuit of Stillwater Trout,* pp. 12 y 16.
4. Cooper, p. 167.
5. John Goddard y Brian Clarke, *Understanding Trout Behaviour,* pp. 19–24.
6. Cooper, pp. 160–161.
7. John Goddard y Brian Clarke, *Understanding Trout Behaviour,* p. 57.
8. Holmes y Raven, p. 259.
9. Cooper, p. 112.
10. Íbid. p. 46.

## *Los lagos*

1. Heather Angel y Pat Wolseley, *The Family Water Naturalist,* p. 10.
2. http://ea-lit.freshwaterlife.        org/archive/ealit:1105/OBJ/20000767.pdf (enlace recuperado el 28/05/15).
3. Wallace Nichols, *Blue Mind,* p. 95.
4. Tom Cunliffe, *Inshore Navigation,* p. 64.
5. Mary Burgis y Pat Morris, *The Natural History of Lakes,* p. 25.
6. Paul Sterry, *Pond Watching,* p. 106.
7. Angel y Wolseley, p. 11.
8. Terry Breverton, *Breverton's Nautical Curiosities,* p. 351.
9. David Houghton y Fiona Campbell, *Wind Strategy,* pp. 62–63.
10. Proctor, pp. 106–107.
11. Paul Sterry, *Pond Watching,*, p. 42.
12. Lewis, *Voyaging Stars,* p. 115.

## El color del agua

1.  https://en.wikipedia.org/wiki/Green#Languages_where_green_and_blue_are_one_color (enlace recuperado el 22/10/15).
2.  David Lynch y William Livingston, *Color and Light in Nature,* p. 66.
3.  Brian Fagan, *Beyond the Blue Horizon,* p. 200, citando a *The Baltic and the North Seas,* Merja-Liisa Hinkkanen y David Kirby.
4.  David Lynch y William Livingston, *Color and Light in Nature,* p. 67.
5.  http://epistimograph.blogspot.co.uk/2011/04/blue-waters-of-mediterranean.html (enlace recuperado el 15/05/15).
6.  Perkowitz, pp. 4–5.
7.  Sidney Perkowitz, *Universal Foam,* p. 131.
8.  Lynch y Livingston, p. 92.
9.  http://www.citclops.eu/water-colour/measuring-water-colour (enlace recuperado el 16/05/15).

## La luz y el agua

1.  Lynch y Livingston, p. 82.
2.  Íbid, p. 99.
3.  Adam, p. 138.
4.  http://epod.usra.edu/blog/2014/08/capillary-waves.html (enlace recuperado el 27/05/15).
5.  http://www.telegraph.co.uk/news/weather/11286360/God-or-Scrooge-Mysterious-face-spotted-in-the-waves.html (enlace recuperado el 27/05/15).
6.  John Naylor, *Out of the Blue,* p. 46.

7. Lynch y Livingston, p. 260.

## *El sonido del agua*

1. http://www.peaklandheritage.org.uk/index. asp?peakkey=40402121.
2. http://www.amazon.co.uk/    dp/0419235108/ref=rdr_ext_ tmb (enlace recuperado el 24/03/15).
3. http://www.wired.com/2014/06/airport-schiphol/   (enlace recuperado el 24/03/15).
4. http://www.amazon.co.uk/Darkest-Days-War-Battles-Corinth/dp/0807857831/ref=sr_1_fkmr0_1?s=books&ie=U TF8&qid=1427274802&sr=1-1-fkmr0&keywords=%E2%8 0%98Darkest+Days+of+the+War%E2%80%99+by+Cozzens (enlace recuperado el 25/03/15).
5. John Pahl, conversación personal.
6. http://rtd.rt.com/films/i-am-hunter/  (enlace  recuperado  el 10/01/15).
7. http://natgeotv.com.au/tv/kingdom-of-the-blue-whale/ blue-whales-and-communication.aspx (enlace recuperado el 26/03/15).

## *Leyendo las olas*

1. Drew Kampion, *Book of Waves*, p. 38.
2. Willard Bascom, *Waves and Beaches*, p. 11.
3. Proctor, p. 50.
4. Houghton y Campbell, p. 69.
5. Sarah Morison, conversación personal, citando a su hermano.
6. Carl Hobbs, The Beach Book, p. 38.

7. Pretor-Pinney, p. 31.
8. Homero, *La Odisea*.
9. Bascom, p. 74.
10. http://en.wikipedia.org/wiki/Diffraction (enlace recuperado el 09/06/15).
11. Proctor, p. 72.
12. Tibbets, pp. 25 y 252.
13. Gavin Pretor-Pinney, *The Wavewatcher's Companion*, p. 38.
15. Bascom, p. 172.
14. Scott Douglass, *Influence of Wind on Breaking Waves:* http://cedb.asce.org/cgi/WWWdisplay.cgi?68193 (enlace recuperado el 18/06/15).
16. https://en.wikipedia.org/wiki/Timeline_of_historic_inventions (enlace recuperado el 26/10/15).

## *Delicias omaníes: interludio*

1. Recuerdos personales.

## *La costa*

1. Sue Clifford y Angela King, *Journeys Through England in Particular: Coasting*, p. 34.
2. http://water.usgs.gov/edu/gallery/global-water-volume.html (enlace recuperado el 08/01/16).
3. Lewis, *Voyaging Stars*, p. 76.
4. Jamie Morton, *The Role of the Physical Environment in Ancient Greek Seafaring*, p. 52.
5. Will Kyselka, *An Ocean in Mind*, p. 26.
6. John Pahl, correspondencia personal.

7.   Bella Bathurst, *The Lighthouse Stevensons,* p. 7.

8.   Lewis, *Voyaging Stars,* p. 138.

9.   Thomas, p. 258 y *passim.*

10.  Ibn Mujawir, *A Traveller in Thirteenth-Century Arabia: Ibn al-Mu-jawir's Tarikh al-Mustabsir,* trad. al inglés de G. Rex Smith (Londres: The Hakluyt Society, 2008), p. 264. Gracias a Eric Staples por dirigirme hacia este maravilloso ejemplo.

11.  Bathurst, p. 94.

## La playa

1.   Lisa Woollett, *Sea and Shore Cornwall,* p. 87.

2.   Bascom, p. 170.

3.   Correo electrónico de la Chichester Harbour Conservancy, 24/12/14.

8.   Hobbs, p. 151.

4.   http://coastalcare. org/educate/exploring-the-sand/ (enlace recuperado el 11/06/15.)

11.  Clifford y King, p. 13.

9.   Clifford y King, p. 14.

7.   Woollett, p. 19.

10.  Clifford y King, p. 35.

5.   Bascom, p. 206.

6.   Íbid., p. 210.

12.  Woollett, p. 19.

13. h t t p : / / w w w . b b c . c o . u k / n e w s / s c i e n c e - environment-31500883 (enlace recuperado el 12/06/15).

15. http://www.bbc.co.uk/insideout/south/series6/ beachcombing.shtml (enlace recuperado el 15/06/15).

14.  Woollett, p. 17.

16.  Woollett, p. 15.

17. Íbid., p. 73.
18. Tristan Gooley, *The Walker's Guide to Outdoor Clues & Signs*, p. 307.
19. Woollett, p. 131.
20. Íbid., p. 135.
21. Íbid., p. 23.
22. Lewis, *Voyaging Stars*, pp. 124–5.

## Corrientes y mareas

1. John Pahl, correspondencia personal.
2. Woollett, p. 62.
3. Ball, *Flow*, p. 39.
4. Proctor, p. 16.
5. Houghton y Campbell, p. 65.
6. David Burch, *Emergency Navigation*, p. 130.
7. Proctor, p. 47.
8. Houghton y Campbell, p. 68.
9. Kyselka, p. 149.
10. Proctor, p. 74.
11. Woollett, p. 95.
12. Curtis Ebbesmayer y Eric Scigliano, *Flotsametrics and the Floating World*, p. 198.
13. Roger Deaking, *Waterlog*, p. 36.
14. Bella Bathurst, *The Wreckers*, p. 6.
15. Pretor-Pinney, p. 231.
16. John Pahl, correspondencia personal
17. John Macdonald, *The Arctic Sky*, p. 183.
18. James Greig McCully, *Beyond the Moon*, p. 6. [342]
19. Íbid., pp. 1-4.
20. Lewis, *Voyaging Stars*, p. 116 y https://en.wikipedia.org/

wiki/Battle_of_Tarawa (enlace recuperado el 29/06/15).

21. http://www.theguardian.com/uk-news/2015/jan/08/car-carrier-beached-solent-sandbank-refloats-itself (enlace recuperado el 29/06/15).

22. https://en.wikipedia.org/ wiki/2004_Morecambe_Bay_cockling_disaster/ (enlace recuperado el 29/06/15).

23. http://jerseyeveningpost.com/features/2015/03/31/when-low-water-means-high-excitement-discovering-the-wildlife-on-jerseys-south-east-coast/

24. Clifford y King, p. 14.

25. Woollett, p. 74.

26. Pretor-Pinney, p. 251.

27. http://legacy.fordham.edu/halsall/ancient/periplus.asp (enlace recuperado el 24/06/15).

28. Greig McCully, p. 57.

29. Raban, p. 224.

30. Proctor, p. 24.

31. Íbid., p. 22.

32. Cunliffe, p. 41.

33. John Pahl, conversación personal.

34. Eliano, traducción al inglés de A. F. Schofield, citado en Morton, p. 41.

35. Greig McCully, p. 11.

## Aguas nocturnas

1. http://www.maritimearchaeologytrust.org/eastwinnerbankshipwreck/ (enlace recuperado el 01/06/15).

2. Bathurst, *Lighthouse Stevensons,* p. 10.

3. http://en.wikipedia.org/wiki/Pelagia_noctiluca/ (enlace recuperado el 02/06/15).

## La observación de los barcos

1. Hourani, p. 122.
2. Peter Kemp, *Oxford Companion to Ships and the Sea,* prefacio.
3. Horatio Clare, *Down to the Sea in Ships,* p. 26.

## Lo raro y lo extraordinario

1. Greig McCully, p. 85.
5. Greig McCully, p. 101.
6. Kampion, p. 39.
2. http://www. noaanews.noaa.gov/stories2005/s2365.htm (enlace recuperado el 03/ 07/15).
3. https://en.wikipedia.org/?-title=2004_Indian_Ocean_earthquake_and_tsunami (enlace recuperado el 03/07/15).
4. http://www.cbsnews.com/news/sea-gypsies-saw-signs-in-the-waves/ (enlace recuperado el 06/07/15).
7. Kampion, p. 43.
8. John Pahl, correspondencia personal
9. Houghton y Campbell, p. 66.
10. http://www.mysteriousbritain.co.uk/folklore/will-o-the-wisp.html
11. Esta sección se la debo a *The Amazing World of Flyingfish* de Steve Howell.
12. Macdonald, p. 185.
13. Lewis, *Voyaging Stars,* p. 123.
14. Lawton, pp. 19–21.
15. Lewis, *Voyaging Stars,* pp. 48–49.

## Aguas inexploradas

1. Fagan, p. xvii.
2. Tristan Gooley, «Radar natural», *Journal of Navigation*, 66, 2013, pp. 161–179. doi: 10.1017/S0373463312000495.
3. Rotafolios SERE de la tripulación del JSP 374, gracias a John Hudson.

# Bibliografía

Angel, Heather y Wolseley, Pat, *The Family Water Naturalist,* Michael Joseph, 1982.

Ball, Philip, *H₂O,* Phoenix, 1999.

—, *Branches,* Oxford University Press, 2009.

—, *Flow,* Oxford University Press, 2009.

Barkham, Patrick, *Coastlines,* Granta, 2015.

Barrett, Jeff, Turner, Robin y Walsh, Andrew, *Caught by the River,* Cassell Illustrated, 2009.

Bartholomew, Alick, *The Story of Water,* Floris Books, 2010.

Bascom, Willard, *Waves and Beaches,* Anchor Books, 1964.

Bathurst, Bella, *The Lighthouse Stevensons,* Harper Perennial, 2005.

—, *The Wreckers,* Harper Perennial, 2006.

Bellamy, David, *The Countryside Detective,* Reader's Digest Association, 2000.

Breverton, Terry, *Breverton's Nautical Curiosities,* Quercus, 2010.

Bruce, Peter, *Heavy Weather Sailing,* Adlard Coles Nautical, 1999.

Burch, David, *Emergency Navigation,* McGraw-Hill, 2008.

Burgis, Mary y Morris, Pat, *The Natural History of Lakes,* Cambridge University Press, 1987.

Clare, Horatio, *Down to the Sea in Ships,* Vintage, 2015.

Clarke, Brian, *The Pursuit of Stillwater Trout,* A & C Black Ltd., 1975.

Clifford, Sue y King, Angela, *Journeys Through England in Particular: Coasting,* Saltyard, 2013.

Cooper, Simon, *Life of a Chalkstream,* William Collins, 2014.

Cox, Lynne, *Open Water Swimming Manual,* Vintage, 2013.

Cunliffe, Tom, *Inshore Navigation,* Fernhurst Books, 1987.

Deakin, Roger, *Waterlog,* Vintage, 2000.

Ebbesmeyer, Curtis y Scigliano, Eric, *Flotsametrics and the Floating World,* HarperCollins, 2010.

Evans, I.O., *Sea and Seashore,* Frederick Warne & Co., 1964.

Fagan, Brian, *Beyond the Blue Horizon,* Bloomsbury, 2012.

Ferrero, Franco, *Sea Kayak Navigation,* Pesda Press, 2009.

Gatty, Harold, *The Raft Book,* George Grady, 1944.

Goddard, John y Clarke, Brian, *Understanding Trout Behaviour,* The Lyons Press, 2001.

Goodwin, Ray, *Canoeing,* Pesda Press, 2011.

Gooley, Tristan, *The Natural Navigator,* Virgin, 2010.

—, *The Natural Explorer,* Sceptre, 2012.

—, *How to Connect with Nature,* Macmillan, 2014.

—, *The Walker's Guide to Outdoor Clues & Signs,* Sceptre, 2014.

—, «Nature's Radar», *Journal of Navigation,* 66, 2013, pp. 161–179, doi:10.1017/S0373463312000495.

Greig McCully, James, *Beyond the Moon,* World Scientific Publishing, 2006.

Hill, Peter, *Stargazing,* Canongate Books, 2004.

Hobbs, Carl, *The Beach Book,* Columbia University Press, 2012.

Holmes, Nigel y Raven, Paul, *Rivers,* British Wildlife Publishing, 2014.

Houghton, David y Campbell, Fiona, *Wind Strategy,* Fernhurst Books, 2012.

Hourani, George, *Arab Seafaring,* Princeton University Press, 1995.

Howell, Steve, *The Amazing World of Flyingfish,* Princeton University Press, 2014.

Humble, Kate y McGill, Martin, *Watching Waterbirds,* A & C Black, 2011.

Huth, John, *The Lost Art of Finding Our Way,* Belknap Press, 2013.

Kampion, Drew, *Book of Waves*, Roberts Rinehart, 1991.

Karlsen, Leif, *Secrets of the Viking Navigators*, One Earth Press, 2003.

Kemp, Peter, *The Oxford Companion to Ships and the Sea*, Oxford University Press, 1979.

Kyselka, Will, *An Ocean in Mind*, University of Hawaii Press, 1987.

Lawton, Rebecca, *Reading Water*, Capital Books, 2002.

Lewis, David, *The Voyaging Stars*, Fontana, 1978.

—, *We, the Navigators*, University of Hawaii Press, 1994.

Lindsay, Harold, *The Bushman's Handbook*, Angus Robertson, 1948.

Lynch, David y Livingston, William, *Color and Light in Nature*, Cambridge University Press, 1995.

MacDonald, John, *The Arctic Sky*, Royal Ontario Museum, 1998.

Morton, Jamie, *The Role of the Physical Environment in Ancient Greek Seafaring*, Brill, 2001.

Naylor, John, *Out of the Blue*, Cambridge University Press, 2002.

Nichols, Wallace, *Blue Mind*, Little, Brown, 2014.

Pearson, Malcolm, *Reed's Skipper's Handbook*, Reed Thomas Publications, 2000.

Perkowitz, Sidney, *Universal Foam*, Vintage, 2001.

Plass, Maya, *RSPB Handbook of the Shore*, A & C Black Publishers, 2013.

Pretor-Pinney, Gavin, *The Wavewatcher's Companion*, Bloomsbury, 2010.

Proctor, Ian, *Sailing Strategy*, Adlard Coles Nautical, 2010.

Raban, Jonathan, *Passage to Juneau*, Picador, 1999.

Rex Smith, G., *A Traveller in Thirteenth-Century Arabia: Ibn al-Mujawir's Tarikh al Musrabsir*, The Hakluyt Society, 2008.

Robson, Kenneth, *The Essential G.E.M. Skues*, A & C Black Ltd., 1998.

Severin, Tim, *The Ulysses Voyage*, Book Club Associates, 1987.

Sharp, Andrew, *Ancient Voyagers of the Pacific*, Penguin, 1957.

Steers, J.A., *The Sea Coast*, Collins, 1962.

Sterry, Paul, *Pond Watching,* Hamlyn, 1983.

Taylor, E.G.R., *The Haven-Finding Art,* Hollis & Carter, 1956.

Thomas, David y Bowers, David, *Introducing Oceanography,* Dunedin Academic Press, 2012.

Thomas, Stephen, *The Last Navigator,* Random House, 1987.

Tibbets, G.R., *Arab Navigation,* The Royal Asiatic Society of Great Britain, 1971.

Tyler, Dominick, *Uncommon Ground,* Guardian Books, 2015.

Walker, Stuart, *Wind and Strategy,* WW Norton & Co., 1973.

Woollett, Lisa, *Sea and Shore Cornwall,* Zart Books, 2013.

Worthington, A.M., *A Study of Splashes,* Longmans, Green & Co., 1908.

Yates, Chris, *How to Fish,* Penguin, 2006.

Younger, Paul, *Water,* Hodder & Stoughton, 2012.

# Agradecimientos

No es oro todo lo que reluce, ni el nombre que aparece en la portada de un libro es el de su único autor. Una vez leí, no recuerdo dónde, que hay 38 etapas entre la entrega de un manuscrito «completo» y la publicación de un libro. Me reí ante la imposibilidad de aquella cifra mientras lo escribía y asentí a su precisión cuando llegó el día de su publicación.

El equipo que hay detrás de este libro hizo un trabajo brillante al acompañarme por todas esas etapas, y quisiera agradecerle dar las gracias a Maddy Price, Neil Gower, Rebecca Mundy, Caitriona Horne y al equipo de Sceptre por su inestimable ayuda y trabajo duro. Sin embargo, soy el responsable de cualquier error que pueda contener este libro, así como de todos sus disparates.

Hay demasiadas personas a las que me gustaría agradecer su ayuda en la exploración del tema de este libro como para hacerles justicia a todos. Sin embargo, me gustaría dar las gracias a las siguientes personas por sus esfuerzos durante los últimos años: John Pahl, Eric Staples, Stuart Crofts y mi hermana, Siobhan Machin; gracias.

También me gustaría dar las gracias a todos los que apoyan mi trabajo de una forma más indirecta, pero igual de valiosa: los que vienen a mis cursos, los que compran mis libros, los que me escriben y envían joyas de cerca y de lejos, los que corren la voz sobre lo que hago y, por tanto, lo hacen posible. ¡Sabéis quiénes sois y os saludo!

Agradezco a mi editor, Rupert Lancaster, por encargar este libro en el sentido más estricto de la palabra. Fue su entusiasmo y creer que este libro tenía que ser escrito y que tenía que ser yo quien lo escribiera lo que me hizo superar los miedos hacia los esfuerzos que requeriría. Es improbable que esto fuera una realidad sin su apoyo. Quiero agradecer a Rupert y a mi agente, Sophie Hicks, su infinita ayuda, paciencia y apoyo desde el encargo hasta la publicación.

Mis últimos agradecimientos son para mi familia, por aguantar a una criatura tan curiosa como yo. No hace mucho tiempo, me detuve en un río a señalarle algo a mi hijo pequeño. Movió la cabeza, suspiró y dijo: «Oh, no… ¡otra vez no!».

# Índice onomástico y de materias

Los números de página en cursiva hacen referencia a ilustraciones.

390

Ático de los Libros le agradece la atención
dedicada a *Cómo leer el agua*,
de Tristan Gooley.
Esperamos que haya disfrutado de la lectura
y le invitamos a visitarnos
en www.aticodeloslibros.com,
donde encontrará más información
sobre nuestras publicaciones.